U0583553

《广西民族大学学报》人类学文萃·名家文选

主编：谢尚果　秦红增

STUDY ON CHINA'S
ETHNIC HISTORY
FROM A VIEW OF
HISTORIC ANTHROPOLOGY

王文光／著

中国民族史的历史人类学研究

社会科学文献出版社
SOCIAL SCIENCES ACADEMIC PRESS (CHINA)

自　序

　　我对中国民族史的研究始于 20 世纪 80 年代，最初研究百越后裔傣族的历史，后来扩展为研究百越民族史，出版的第一部学术著作就是《百越民族的源流与分布》，在对百越民族进行源流研究的基础上又出版了《百越民族发展演变史——从越、僚到壮侗语族各民族》。在研究和学习的过程中，我提出了"百越民族研究整体论"，希望对现代民族国家产生之前的百越民族进行整体研究，同时还提出了百越民族研究中"上承骆越、下启现代壮侗语族各民族的古代民族是僚族"的观点，这些学术观点都写入了我的《中国南方民族史》里。之后又从中国南方民族史研究扩展为对整个中国民族史的研究，出版了《中国民族发展史》。

　　由于云南大学地处西南边疆，1955 年 4 月周恩来总理在视察云南大学时指示要加强对西南民族历史的研究，在方国瑜先生的带领下，经过几代人的努力，云南大学的中国西南民族史研究成为在全国具有优势的研究领域。作为云南大学的中国民族史教师，我也积极参加到中国西南民族历史的研究队伍之中，发表了一些学术成果，例如《中国西南民族通史》，提出了"下启现代藏缅语族各民族的古代民族是乌蛮"的观点。

　　经过多年中国民族史的教学科研实践，我个人认为中国古代民族史已经是一个比较成熟的研究领域。为此，我结合自己对中国民族史研究的整体性理解，把中国民族史研究向近现代延伸，并且取得了一些成果。但是，纵观中国民族史研究的学术历程，尽管研究取得了很大的成绩，可研究者的学术研究方法仍然比较传统，仍然是在对基本文献进行考证、考释，导致研究的视角相对狭窄，研究方法比较单一，研究总体水平的提高较慢。这就有必要革新研究方法，从而推动中国民族史的研究向纵深发展，因此中国民族史的研究如何在方法论上有一个突破成了我不得不面对的问题，通过学习，我选择了历史人类学研究方法作为突破口，开始了中国民族史的历史人类学研究。

19世纪末期到20世纪初期，已经职业化了的西方历史学家们开始关注历史学与社会科学相结合的历史学革新问题。1929年法国斯特拉斯堡大学的历史学教授布洛赫和费弗尔创办了《经济与社会史年鉴》，标志着法国年鉴学派的产生。布洛赫和费弗尔两位教授在《经济与社会史年鉴》发刊词当中写道："目前的状况是，一方面历史学家在研究过去的文献材料时使用着陈旧的方法；另一方面，从事社会、近代经济研究的人正在日渐增加。这两个方面的研究者互不理解，互不通气。"显然，年鉴学派一开始就强调两个问题，一是历史学的研究方法"陈旧"，二是学科之间没有相互联系，没有"打通"。目前中国民族史研究也存在这些问题，因此如何打通中国民族史与其他学科的联系，是必须要思考的问题。

从学理上讲，历史人类学的概念反映了法国年鉴学派的创新，或者可以认为是年鉴学派理想的一种发展状态。历史人类学涉及历史学、人类学、社会学三个传统的学科，但历史人类学既不是这三个学科中的某一个，也不是这三个学科的综合，它是基于年鉴学派理论的新的历史思维，是一种新的历史研究方法。

从学科的角度来看，历史人类学不是任何一个学科的分支学科，而是一种研究方法，它的基本目的是修复现代学科分类越来越细化当中出现的学科研究缺失，与此同时也去主动弥合所有人文学科在发展过程当中形成的鸿沟。因此，20世纪60年代历史人类学研究方法呼声的高涨，绝非偶然，因为历史人类学追求学科综合，认为任何研究方法、研究手段，无论是人类学的田野考察方法、社会学的结构分析方法，还是历史学的情节叙事方法，都可以解答历史人类学为了认识人类而提出的问题，所以有必要进行学科综合。[1]

从方法论上讲，历史人类学是一种研究方法、一种理论分析范式。1949年，法国年鉴学派的第二代代表人物布罗代尔提出了关于历史发展的"时段"理论。1958年，布罗代尔出版了《长时段：历史和社会科学》，

---

[1] 本书编写组编《史学概论》，高等教育出版社、人民出版社，2009，第231页。

希望经济学家、民族学家、人类学家、社会学家、心理学家共同关注历史研究。与此同时，历史人类学也绝不是历史学、人类学、社会学这些学科简单的综合，而是一种认识历史、阐释历史的方法，是从历史学的角度出发，研究和回答人类学提出的问题，是历史学和人类学相互渗透、相互结合形成的一种方法论。

历史人类学的宗旨是全面研究人及其文化，强调研究中的整体观与适应性变化，重视探讨研究对象内部的文化要素及其变化过程。而历史学家主要是根据史料复原史实，而较少关注深藏其内的文化及其变化机制。如果我们采用历史人类学的研究方法，就会使中国民族史的研究进入一个新的研究状态，相关的研究将会由表及里，有助于探究中国民族史发展的内因与深层关联。

在上述认识的基础上，我开始尝试运用历史人类学方法进行中国民族史研究，发表了《国家权力与历史记忆：东汉时期中南各民族的历史人类学研究》《读〈后汉书·南蛮西南夷列传〉札记》《〈史记·西南夷列传〉的历史人类学研究》《〈史记·匈奴列传〉与匈奴社会——以历史人类学的视角》等文章，而且得到了学术界的一些认可，例如《国家权力与历史记忆：东汉时期中南各民族的历史人类学研究》就被多家刊物转载。

中国民族史的研究在中国是有悠久历史传统的。西汉王朝建立之后，司马迁从建构统一多民族中国历史的需要出发，把民族与国家联系起来，在《史记》当中建立起书写中国民族历史的传统，之后的正史基本上都有关于民族历史的传记，而且还形成了优良的历史传统，推动着中国民族史研究的发展，为统一多民族中国的发展奠定了坚实的文化基础，但二十五史当中的中国民族史记述还不是学科意义上的中国民族史研究。

二十五史当中关于中国民族史的记述与研究虽然与中国民族史学科建设没有直接的关系，但是在客观上为后来的中国民族史学科建设在基本文献方面提供了巨大的支持，为中国民族史学科的发展奠定了坚实的文献基础。但是，中国民族史研究的基础理论与相关学科相比显得不足，因此，我从民族与国家的关系着眼，探讨了中国民族与国家关系的"多元一统"格局理论问题。我认为，如果要对统一多民族中国国家发展历史与中国民族发展历史的关系进行概括的话，可以概括为"多元一统"，"多元一统"中的"多元"指中国历史上的民族以及现在还存在的中国各民族，每一个民族就是一元，"一统"指"大一统"的中国，因此"多元一统"指多民族共同生存于一个大一统中国之中并且与大一统中国互为发展的前提和条件。

"多元一统"与费孝通先生提出的"多元一体"概念是有区别的："多元一统"是从民族发展历史与国家发展历史的互动关系着眼，强调的是民族与国家的关系；"多元一体"概念是以中华民族为基点，着眼的是中国各民族之间的关系，强调的是中国民族的个体与整体的关系，目的是建设一个强大的中华民族。经过统一多民族中国发展历史实践，"多元一统"观念已经成为中国人崇尚国家统一的文化遗产和鲜明的政治价值取向，中国的大一统与中国国家发展的"多元一统"格局就成了中国各民族的宝贵财富和文化遗产。

学科意义上的中国民族史研究开始于梁启超等学者在中国处于边疆危机、民族危机的历史背景下从西方引进民族的相关理论所开始的中国民族史研究。发展的第一个阶段是民国时期，与抗日战争树立中国人的民族自信心有关联，而且还有批驳中国文明西来说的学术目的。发展的第二个阶段是中华人民共和国成立之后，这个阶段中国民族史的学科发展在理论上受斯大林民族理论和传统进化论的影响比较大，但是这个阶段中国民族史研究的深度和广度都有了空前的发展，研究成果质量高、数量多，对中国学术界的贡献是巨大的，对多民族中国的发展同样意义非凡。

20世纪末期到21世纪初期，中国民族史的学科建设出现了一些变化，表现为从事中国民族史的教学研究人员减少，开始转向一些相关学科，从而导致中国民族史学科研究领域缩减、研究内容发生变化、研究范式出现民族学研究范式倾向、研究成果减少，整个中国民族史学科进入发展的低潮时期，总的来说，中国民族史的学科发展开始异化。之所以出现这样的情况，是由深刻而复杂的因素共同造成的。

第一，中国民族史的学科发展过程当中开始出现强烈的行政色彩，在学科归属上人为地使中国民族史学科发生变化，例如把中国民族史学科改名为中国少数民族史并放到民族学一级学科之下。第二，由于中国民族史的学科归属出现了变化，因此学科的边界开始变得模糊不清。第三，从中国大学内部行政管理的角度来看，由于把中国少数民族史归入民族学一级学科，接下来就是中国少数民族史学科在很多学校被安排到民族学学院，或者是民族学与社会学学院，等等。在这样的情况下，中国少数民族史的教学计划、人才培养方案都纳入了民族学一级学科的教学体系当中，传统的历史学训练被淡化，而学生为了与整个学院的其他学科的同学有共同的学术语言，也自觉不自觉地向民族学大学科靠，于是中国少数民族史的教学也开始变异，学生们也开始找不到自己的学科归属。因此，我也对中国民族史学科的发展问题进行了一些思考，发表了相关的论文，且收入本书之中。

　　总的来说，收入本书的文章反映了我在中国民族史研究中的相关思考和学术实践，在出版时为了保持当初发表的原貌，没有进行修改，目的是希望读者看到一个中国民族史研究者走过的学术道路。

目录

1

第一编

中国古代民族的历史人类学研究

哀牢研究三题

——以历史人类学的视角*

哀牢是中国西南一个古老的民族，曾经建立过哀牢国。记载哀牢国最早的文献是《哀牢传》，作者是生活在东汉明帝时代的成都人杨终，他写《哀牢传》的动因是永平十二年（公元 69 年）哀牢国归附东汉王朝，此后，哀牢国王派遣使者到洛阳，在前往洛阳的途中是必须经过成都的，按照当时的政区管理关系，哀牢人分布区属于益州刺史辖地，所以要进入洛阳的哀牢国使者，必须先与益州刺史见面，然后再送洛阳，这个任务就是杨终完成的："杨终以年终上计簿，引导哀牢使者同至洛阳，且进《哀牢传》。"① 因为关于哀牢的历史都是杨终从哀牢人使者那里了解到的，所以杨终的《哀牢传》是较为可信的，为后来的《华阳国志》《后汉书》等历史著作不断引用。

古今学人对哀牢的历史多有研究，特别是 20 世纪 80 年代以后，对哀牢人历史的研究有了很大的推进。颇具代表性的成果有黄惠焜先生发表于《思想战线》1976 年第 6 期的《哀牢夷的族属及其与南诏的渊源》，王宏道先生发表于《云南民族学院学报》1986 年第 3 期的《关于哀牢与昆明及濮的关系和族属问题》，张增祺先生发表于《云南民族学院学报》1985 年第 3 期的《"哀牢"族源新议》，祁庆富先生发表于《云南民族学院学报》1985 年第 3 期的《哀牢夷族属考辨》，申旭先生发表于《东南亚》1990 年

---

  * 本文曾以《哀牢研究三题：历史人类学视角》为题，发表在《广西民族大学学报》（哲学社会科学版）2014 年第 2 期，第 133～137 页。

① 《哀牢传》"概说"，见方国瑜主编《云南史料丛刊》第 1 卷，云南大学出版社，1998，第 80 页。

第 4 期的《哀牢问题研究》，耿德铭先生发表于《保山学院学报》2010 年第 1 期的《哀牢族属百年争议的再认识》，高文先生发表于《学术探索》2013 年第 5 期的《历史人类学视野下的"古哀牢国"族属研究》，等等，由此我们可以看到哀牢人的族属问题是学术界研究热点。此外，近年来，还有人对哀牢人的文化进行了相关的研究，但大多是把哀牢文化作为一种地域文化而不是民族文化来看待，比较有代表性的是何明、李东红先生发表于《学术探索》2006 年第 5 期的《哀牢文化的性质与开发研究》。

上述相关的研究都极大地推动了哀牢历史及哀牢文化的研究，但存在的不足是对哀牢历史相关文献的深度解读不够，故本文试以历史人类学的方法解读之，以求教于方家。

一 哀牢分布区是中印两国重要的文化通道

在东汉王朝设置永昌郡之前，哀牢人分布区的地缘政治是复杂的，以鹿茤为代表的民族群体归附了东汉王朝，因此他们成了哀牢人攻击的对象，建武二十三年（公元 47 年），哀牢国王攻击鹿茤，其间出现了"神助鹿茤"的事件，这个事件直接引发了哀牢归附东汉王朝。当时哀牢王"贤栗遣兵乘箄船，南下江、汉，击附塞夷鹿茤，鹿茤人弱，为所擒获"。[①] 但出人意料的结果却是"震雷疾雨，南风飘起，水为逆流，翻涌二百余里，箄船沉没，哀牢之众，溺死数千人"。一场来自自然界的"震雷疾雨"使哀牢人的军队"溺死数千人"，哀牢王贤栗"复遣其六王将万人以攻鹿茤，鹿茤王与战"，结果是哀牢人的六王被杀，就在哀牢耆老共埋六王的时候，"夜虎复出其尸而食之"，显然在哀牢人攻击鹿茤人的过程当中，有"天神"帮助鹿茤人。这样的现象使哀牢人惊恐万分，"余众惊怖引去"。最后的结果是贤栗惶恐，对哀牢人的其他首领说："我曹入边塞，自古有之，今攻鹿茤，辄被天诛，中国其有圣帝乎？天祐助之，何其明也！"所以在建武二十七年（公元 51 年），哀牢国王贤栗等率"种人户二千七百七十，口万七千六百五十九"请求内附。[②] 与此同时，哀牢国王还"诣越巂太守

---

① 以下皆见《后汉书·南蛮西南夷列传》，中华书局标点本，1965，第 2848 页。
② 《后汉书·南蛮西南夷列传》，中华书局标点本，1965，第 2848～2849 页。

郑鸿降，求内属。光武封贤栗等为君长。自是岁来朝贡"。

关于哀牢国王为什么要到越嶲郡找越嶲太守郑鸿投降，请求归附东汉王朝，前人研究不多而且不深入，我们认为其中蕴含着许多民族政治问题和民族关系问题。

从地理方位上看，哀牢国王似乎应该到距离永昌郡更近的益州郡去投降，但是贤栗却选择了比益州郡更远的越嶲郡，我们认为这是因为哀牢人的分布区长期以来是中国南方丝绸之路的一个重要节点，即从成都出发的第一个重要节点就是越嶲郡的驻地，第二个重要节点是叶榆，而在进入身毒的盘越国之前的最后一个重要节点就是哀牢人分布的永昌郡。

从历史关系来看，哀牢人对越嶲郡的认识与了解甚于对益州郡的认识与了解，所以哀牢人选择了向越嶲郡太守郑鸿投降。

从民族关系来看，越嶲郡虽然主要是氐羌民族的后裔分布，但是在越嶲郡郡治邛都县生活的民族与哀牢是具有亲缘关系的民族，据《华阳国志·蜀志》记载，邛都县"其土地，平原有稻田。其人椎髻、耕田，有邑聚。俗多游荡，而喜讴歌，略与牂牁相类"。① 这是典型的定居的稻作农耕民族，其文化与云南境内的滇人、哀牢人以及牂牁境内的百越后裔的生产生活方式几乎完全相同，因此哀牢人要到越嶲郡去投降。此外，哀牢人在政治上还和整个西南的少数民族结成一个整体，在朝廷与地方少数民族发生冲突的时候，哀牢人常常作为主要的政治力量参加与朝廷的博弈，故《华阳国志·蜀志》说，东汉安帝元初六年（公元119年），因为越嶲郡官员"赋敛烦数"，所以引起了遂久县少数民族的反抗，"永昌、益州及蜀郡夷皆叛应之"，影响相当大，"众遂十余万，破坏二十余县，杀长吏，燔烧邑郭，剽略百姓，骸骨委积，千里无人"。②

东汉永平十二年（公元69年）之前，东汉王朝在西南的辖境还是维持西汉时期的辖境，即只有益州郡在西部沿澜沧江流域的比苏、不韦、嶲唐等县，为今天保山市隆阳区以东以北地区，全部都在怒江以西地区，今天云南省的临沧市、德宏州的全部，怒江州、保山市的一部分地区都还没

---

① 任乃强校注《华阳国志校补图注》，上海古籍出版社，1987，第204页。
② 任乃强校注《华阳国志校补图注》，上海古籍出版社，1987，第204页。

有完全纳入东汉王朝的版图①，但是因为哀牢人归附东汉王朝，东汉王朝以此为契机，建立了永昌郡，东汉王朝在西南的疆域一下子扩展到了与印度相连接的那加山脉，直接与古印度的盘越国为邻。②《三国志·魏书·乌丸鲜卑东夷传》注引《魏略·西戎传》载："盘越国一名汉越王，在天竺东南数千里，与益部相近，其人小与中国人等，蜀人贾似至焉。"③《后汉书·西域传》亦载："天竺国一名身毒，在月氏之东南数千里。……南至西海，东至磐起国，皆身毒之地。"④ 说明在汉以前就有蜀人通过哀牢分布区到身毒贸易，张骞通西域时所见的邛竹杖、蜀布便可与《魏略·西戎传》中的"蜀人贾似至焉"相印证。

在后来的文献当中，我们也可以看到印度与哀牢分布区相连接，《大唐西域记》"迦摩缕波国"条说"此国东，山阜连接，无大国都。境接西南夷。东南野象群暴。故此国中象军特盛"。⑤ 唐代印度的"迦摩缕波国"，任乃强先生认为就是今天印度的阿萨姆邦，也就是东汉时期的盘越国。⑥ 这条道路到唐代仍然有人在使用，义净《大唐西域求法高僧传》说印度室利笈多王朝时期，还有中国的和尚从蜀地到过印度，《新唐书·地理志》也说"自羊苴咩城西至永昌故郡三百里。……又自骠国西度黑山，至东天竺迦摩波国千六百里"。⑦ 显然可以从永昌直接进入迦摩缕波国。

此外，从《后汉书·南蛮西南夷列传》记载说哀牢分布区存在大量水精、琉璃、轲虫、蚌珠、孔雀、翡翠的交易来看，哀牢人的分布区成了中印两国第一个边境贸易区。当然，中印两国的贸易在东汉没有设置永昌郡的时候，就已经有人在悄悄进行。《史记·大宛列传》中说到的"蜀贾奸出物"，就是有一批蜀地的商人为了逃避税收，偷偷进入哀牢人分布区交易。绝大部分的蜀地商人不论是从成都出发经过邛地、叶榆，还是通过夜

① 详见谭其骧主编《中国历史地图集》第2册西汉"益州刺史部南部、哀牢"，中国地图出版社，1982，第31、32页。
② 详见谭其骧主编《中国历史地图集》第2册东汉"益州刺史部南部"，中国地图出版社，1982，第55、56页。
③ 《三国志·魏书》，中华书局标点本，1962，第860页。
④ 《后汉书·西域传》，中华书局标点本，1965，第2921页。此处的"磐起"当为"磐越"之讹。
⑤ 季羡林等校注《大唐西域记校注》，中华书局，2004，第799页。
⑥ 任乃强校注《华阳国志校补图注》，上海古籍出版社，1987，第325页。
⑦ 《新唐书·地理志七下》，中华书局标点本，1972，第1152页。

郎、滇国、叶榆，都是到哀牢分布区进行交换，只有极少数人进入印度的盘越国。反之亦如此，绝大部分的印度商人也都是只到达哀牢分布区进行交换，不再进入东汉王朝腹地。

除了民间的交流，许多官方的交流也是通过哀牢分布区完成的。例如敦忍乙、掸国、僬侥等与东汉王朝的交往都是通过哀牢分布区完成的，"永元六年（公元 94 年），郡缴外敦忍乙王莫延慕义，遣使译献犀牛、大象。九年（公元 97 年），缴外蛮及掸国王雍由调遣重译奉国珍宝，和帝赐金印紫绶，小君长皆加印绶、钱帛"。① 而到了永宁元年（公元 120 年），掸国国王雍由调又一次派遣使者通过哀牢人分布区向东汉王朝入贡，"献乐及幻人，能变化吐火，自肢解，易牛马头。又善跳丸，数乃至千。自言我海西人。海西即大秦也"。正是因为掸国把大秦的艺人引入东汉王朝的宫廷，所以汉安帝"封雍由调为汉大都尉，赐印绶、金银、彩缯各有差也"。

二　哀牢地区物产丰富、文化发达

哀牢人分布区江河众多，因此产生了与之有关的"九隆"神话、龙图腾崇拜与文身习俗。对照谭其骧主编的《中国历史地图集》第 2 册东汉"益州刺史部南部"②，我们可以发现，哀牢分布区为今天怒江和澜沧江的中游地区，伊洛瓦底江上游及其支流大盈江、瑞丽江流域，这些地区自然生态条件极好，物产丰富，是人类生存与发展的好地方，哀牢人就是以江河流域优越的自然环境作为自身发展的基本依托的。

在这样的自然生态背景之下，哀牢人和所有百越系统的民族一样③，有自己的龙图腾崇拜，沙壹"捕鱼水中，触沉木若有感"④ 的那段木头，后来化为龙，出水上。"沙壹忽闻龙语曰：'若为我生子，今悉何在？'……及

---

① 以下皆见《后汉书·南蛮西南夷列传》，中华书局标点本，1965，第 2851 页。
② 详见谭其骧主编《中国历史地图集》第 2 册东汉"益州刺史部南部"，中国地图出版社，1982，第 55、56 页。
③ 关于哀牢的民族源流与民族族属问题，我们认为哀牢为百越系统的民族，详见王文光、李晓斌《百越民族发展演变史》，民族出版社，2007。
④ 以下皆见《哀牢传》，见方国瑜主编《云南史料丛刊》第 1 卷，云南大学出版社，1998，第 81 页。

后长大，诸兄以九隆能为父所舐而黠，遂共推以为王。后牢山下有一夫一妇，复生十女子。九隆兄弟皆娶以为妻，后渐相滋长。种人皆刻画其身，象龙文，衣皆著尾。"① 这一段记录虽然仅仅是神话，但是其意义十分重要，通过生动的描述，说明了几个相当重要的问题。

第一，哀牢人的初祖沙壹是一位与龙交感而受孕的妇女，沙壹所有的孩子都是龙的孩子，因此哀牢人是一个以龙为图腾崇拜的民族群体，这与百越系统民族的图腾崇拜是一致的。

第二，哀牢国第一位国王九隆的王位是具有神性的龙授予的，因此具有无上的合法性，这就是历史上常常可见的所谓君权神授。

第三，为了表达哀牢人对龙图腾的崇拜，哀牢人把龙的形象刻在自己的身体上，于是哀牢人有了文身习俗。

在山地与江河交汇的许多地方同时又有许多盆地，从整体上构成了哀牢人的生存空间，温度、降雨等诸多自然条件良好，所以山地资源和丰富的物产孕育了较为发达的哀牢社会，由此产生了靠山吃山、靠水吃水的文化模式。

正是因为哀牢人分布区物产丰富，再加上有众多的人口，所以他们的物质文明也是高度发达的。

首先，哀牢人分布区有发达的农业、手工业，蕴藏着丰富的贵重金属和名贵珠宝等资源，所有这些资源对支持他们的社会生活和发展意义重大。《后汉书·南蛮西南夷列传》载："土地沃美，宜五谷、蚕桑。……其竹节相去一丈，名曰濮竹。"② 因为有强大的农业文明支持，所以哀牢人的纺织工艺、印染工艺都比较发达，"知染采文绣，罽毲帛叠，兰干细布，织成文章如绫锦"。在当时最受人关注的纺织品除了"罽毲帛叠，兰干细布"之外，还有著名的"梧桐花布"，这种布的特点是"有梧桐木华，绩以为布，幅广五尺，洁白不受垢污"。对"梧桐花布"的使用还有特殊的文化禁忌，即"先以覆亡人，然后服之"。

哀牢分布区蕴藏着丰富的贵重金属和名贵珠宝，这为哀牢人的社会发展提供了坚实的经济基础，《后汉书·南蛮西南夷列传》说哀牢分布区出

---

① 《哀牢传》，见方国瑜主编《云南史料丛刊》第 1 卷，云南大学出版社，1998，第 81 页。
② 以下皆见《后汉书·南蛮西南夷列传》，中华书局标点本，1965，第 2849 页。

"铜、铁、铅、锡、金、银、光珠、虎魄（即琥珀）"。注引《华阳国志》说："澜沧水有金沙，洗取融为金。有光珠穴。"注引《博物志》说："光珠即江珠也。""松脂沦入地千年化为伏苓，伏苓千岁化为虎魄。"

其次，哀牢分布区还盛产盐，永昌郡太守郑纯曾经与哀牢夷约定"邑豪岁输布贯头衣二领、盐一斛，以为常赋"。可见盐在哀牢人经济生活当中的重要性，这在当时是一种极富经济价值的物品。

最后，哀牢人分布区具有许多珍贵的动物，《后汉书·南蛮西南夷列传》说哀牢人分布区有"犀、象、猩猩、貊兽"。[①] 其中对猩猩的记述是目前汉文文献第一次对灵长类动物的人类学研究与记载。《后汉书·南蛮西南夷列传》注引《水经注》说："猩猩形若狗而人面，头颜端坐，善与人言，音声妙丽，如妇人对语，闻之无不酸楚。"又注引《南中志》说："猩猩在山谷中，行无常路，百数为群。"这首先肯定了猩猩群居的社会性特点。接着又说猩猩与人的博弈："土人以酒若糟设于路；又喜屐子，土人以织草为屐，数十量相连结。猩猩在山谷见酒及屐，知其设张者，即知张者先祖名字，乃呼其名而骂云'奴欲张我'，舍之而去。"猩猩这样的行为仅仅是在试探人的动静，因此很快就"去而又还，相呼试共尝酒。初尝少许，又取屐子著之，若进两三升，便大醉，人出收之，屐子相连不得去，执还内牢中"。结果还是猩猩上了大当，被人执入牢中。如果说猩猩与人博弈仅仅是思想与行为的表现，那么猩猩所具有的丰富情感是让人感动的："人欲取者，到牢边语云：'猩猩，汝可自相推肥者出之。'既择肥竟，相对而泣。"这些对灵长类动物的人类学描述在学术界是具有学术史意义的。

行文至此，关于哀牢国的人口数量问题也是值得探讨的。整个哀牢国是由 77 个部落构成的，除了哀牢国王和 77 个部落首领之外，绝大部分都是一般的哀牢民众，是他们构成了哀牢历史发展的主体，到他们归附东汉王朝的时候一共有"户五万一千八百九十，口五十五万三千七百一十一"。对这样一个庞大的人口数据，曾经有人怀疑过，认为一个西南边疆的民族怎么会有如此众多的人口，但是如果进行一下稍微精细的计算，就可以发现当时的历史学家是有根据的，因为用 77 个部落数来除 51890 户，则哀牢

---

① 以下皆见《后汉书·南蛮西南夷列传》，中华书局标点本，1965，第 2849~2850 页。

国每个部落平均有 674 户人家，又以户和口的数量进行相关的计算，大致哀牢部落每家有 11 人，那么每一个哀牢部落平均人口数就在 7000 多人。这样相对精确的计算使我们对哀牢人的社会有了一个关于数量的认识，也使我们对哀牢在量上的认识更加具体而明晰。

正是因为哀牢国有如此众多的人口，所以以哀牢国为主体设置的永昌郡就成了东汉王朝最大的郡国之一。据《后汉书·郡国志》记载，东汉王朝人口在 100 万以上的郡国是：南阳郡有 2439618 人，汝南郡有 2100788 人，永昌郡有 1897344 人，豫章郡有 1668960 人，陈国有 1547572 人，颍川郡有 1436513 人，蜀郡有 1350476 人，渤海郡有 1106500 人，巴郡有 1086049 人，长沙郡有 1059372 人，河南尹有 1010827 人，平原郡有 1002658 人。① 从中可以明显看出，从人口的数量来讲，永昌郡是东汉第三大郡，其中哀牢人占了总人口三分之一左右，这对多民族国家建设与发展的贡献是十分明显的。

三　哀牢对东南亚傣泰民族的发展贡献巨大

通过对有关哀牢人史料的深度解读，我们认为哀牢人内部的政治结构值得研究。

哀牢人最高的政治结构系统，是以"九隆"为代表的哀牢国国王系统，《后汉书·南蛮西南夷列传》注引《哀牢传》说："九隆代代相传，名号不可得而数，至于禁高，乃可记知。禁高死，子吸代；吸死，子建非代；建非死，子哀牢代；哀牢死，子桑藕代；桑藕死，子柳承代；柳承死，子柳貌代；柳貌死，子扈栗代。"② 这是目前所知道的哀牢国国王的世系，显然从九隆到禁高之间的国王世系不可知，真正可以明确的是从禁高开始到扈栗（即贤栗）。从哀牢国的辖境内发现的青铜器来看，其青铜编钟、铜案、铜鼓、铜斧等都是国王政治生活当中的祭器，而且从龙陵、腾冲、昌宁、澜沧等地发现的青铜冶炼遗址表明，到了东汉时期，哀牢人已经拥有大量自己的青铜冶炼和青铜器铸造作坊。③

---

① 见《后汉书·郡国志》，中华书局标点本，1965，第 3389～3532 页。
② 《后汉书·南蛮西南夷列传》，中华书局标点本，1965，第 2848 页。
③ 李昆声、钱成润主编《云南通史》第 1 卷，中国社会科学出版社，2011，第305 页。

　　哀牢国王之下的第二个层次是哀牢国内部的部落首领系统，一共有 77 个，他们接受哀牢国国王的治理，他们虽然也被称为"王"，但不是"九隆"直接嫡系，仅仅是一些部落的首领，但是都拥有政治上的绝对权利，甚至在"穿鼻儋耳"等文化习俗方面都有特殊规定，例如"哀牢人皆穿鼻儋耳，其渠帅自谓王者，耳皆下肩三寸，庶人则至肩而已"。①

　　中国的国家发展历史就是一部统一多民族国家发展的历史，因此作为统一多民族国家一部分的哀牢国同样也具有多民族的特点，哀牢分布区之内不但有众多的民族，而且还有境外的民族。《华阳国志·南中志》载："（永昌郡）其地东西三千里，南北四千六百里。有穿胸、儋耳种，闽越濮、鸠僚。……有闽濮、鸠僚、僄越、裸濮、身毒之民。"② 这一段文字是有些费解的，作者在短短不到 100 字以内，两次出现对哀牢分布区相关民族的记述，并且还有闽濮、鸠僚两个民族重复，其中的穿胸、儋耳是以民族风俗习惯命名的民族，闽濮、鸠僚、裸濮是东汉永昌郡辖境内的民族，僄越和身毒是境外的民族。③ 表明当时的人对边疆的民族情况在认识上还有些模糊，但是，认为哀牢人分布区有身毒人的记载却是相当重要的，因为这是第一次在汉文文献中出现中国西南边疆有身毒人的记载，说明东汉时期东汉的永昌郡已经和古代印度的盘越国在地域上相连接。④

　　特别值得说明的是，哀牢人对东南亚掸泰民族的发展有过积极的影响，对此何平教授认为："被称为哀牢的这些傣—泰民族的先民又从哀牢山向南向西发展，向南发展的哀牢人后来逐渐迁徙到今天的西双版纳和境外的老挝等中南半岛地区，并与当地的一些民族和后来又陆续迁往那一带地区的其他越人支系混合，逐渐形成了今天西双版纳的傣族和境外老挝的佬族以及泰国的泰族等民族。向西发展的哀牢后来归顺了东汉王朝，之

---

① 以下皆见《后汉书·南蛮西南夷列传》，中华书局标点本，1965，第 2849 页。

② 刘琳校注《华阳国志校注》，巴蜀书社，1984，第 428 页。

③ 闽濮，闽濮的"闽"当为"孟"（孟高棉）的对音，因此闽濮就是孟濮，是今天南亚语系孟高棉民族的先民，在中国境内就是今天的佤族、布朗族、德昂族的先民。永昌郡内的鸠僚后来发展为今德宏、西双版纳地区及境外掸泰民族。值得强调的是，鸠僚是他称，自称则为傣或者泰。僄越，即建立骠国的民族，当为缅族。裸濮，亦即孟高棉民族的先民，即唐代文献当中所谓的野蛮。身毒之民即印度人。对这些民族的识别较为复杂，本文不做展开。

④ 详见谭其骧主编《中国历史地图集》第 2 册东汉"益州刺史部南部"，中国地图出版社，1982，第 55、56 页。

后，又从永昌郡再往西迁，抵达瑞丽江一带。后来，又有一些越人支系陆续向那个方向迁徙，与早期的哀牢人混合，逐渐形成了德宏一带的傣族和境外缅甸北掸邦的掸族乃至印度阿萨姆地区的阿洪姆，即今天所称的'大泰'。"① 此外，老挝在明清时期的中国史书和越南史书中也往往被称为哀牢，至今老挝还流传着关于佬族起源的九隆神话传说，其故事情节与古代哀牢的九隆图腾故事几乎完全一致。这里面反映的渊源关系是不能忽视的。②

---

① 何平：《从云南到阿萨姆——傣—泰民族历史再考与重构》，云南大学出版社，2001，第203页。
② 刘稚：《东南亚泰佬族系民族源流初探》，《东南亚》1986年第3期。

南诏国国王世系考释

——以历史人类学的视角*

　　南诏国是唐代的一个边疆民族政权，南诏国国王曾经接受过唐王朝的册封；南诏国国王蒙氏的族属是西南夷地区强大的乌蛮，所以国王世系也按照乌蛮的文化习俗使用父子连名制度，这是南诏国国王坚持自己民族的文化传统，与此同时南诏国国王又吸收了大量的中原汉族文化，因此绝大部分国王都有谥号、年号，这就说明南诏国文化仍然是中华民族文化的一个组成部分。

　　南诏国从唐太宗贞观三年（629 年）细奴逻开始建国到唐昭宗光化二年（899 年）舜化灭亡，共有 14 个国王①，时间为 270 年②。文献记载南诏国王族最早的连名从舍龙开始，舍龙生独逻，独逻也称为细奴逻，史学界一般认为南诏国的国王从细奴逻开始，按照父子连名制，南诏国的 14 个国王分别是：细奴逻、逻晟、晟逻皮、皮逻阁、阁逻凤、凤伽异、异牟寻、寻阁劝、劝龙晟、劝利、劝丰祐③、世隆、隆舜、舜化。

　　关于南诏国国王的世系，唐人杜佑的《通典》中没有记载，在唐人樊绰的《云南志》中开始有记载，但不是十分具体，之所以会出现这样的情

---

　　* 本文原载于《中央民族大学学报》（哲学社会科学版）2018 年第 4 期。

　　① 按照《云南志略》的记载，南诏国共有 14 个国王，但是在《南诏野史》《滇载记》当中则为 13 个国王，在现代学者的研究当中也常常认为是 13 个国王，通常没有列出《云南志略》记载的"法尧"。

　　② 这是按照《云南志略》记载的时间计算出来的，但是在《云南志略》当中说南诏国存在的时间是 247 年，其他一些历史文献当中又有 250 年、279 年的说法。

　　③ 据《新唐书·南诏传下》记载，劝丰祐"慕中国，不肯连父名"，中华书局标点本，1975，第 6281 页。所以劝利和劝丰祐之间没有连名。

况，是因为杜佑生于 735 年，卒于 812 年，这段时间恰好是南诏国刚刚与唐王朝建立关系，又与唐王朝发生矛盾冲突的时间，所以关于南诏国的诸多历史杜佑在《通典》中没有记载；而樊绰因为是唐朝晚期的人，而且又在安南都护府任职，对南诏国的认识十分深刻，所以樊绰关于南诏国的记载就更加接近历史实际，但由于南诏国还没有灭亡樊绰可能已经去世，因此《云南志》对南诏国国王世系的记载也就不全面。元代李京的《云南志略》对南诏国国王世系的记载比较详细，元代以后云南的地方文献对南诏国国王世系的记载不断在增加，但是不同文本的记载出现了内容的差异，故我们试图综合相关文献进行考释，以求教于方家。在方法论上我们也试图以历史人类学的方法对南诏国国王世系进行阐释。此外，关于南诏国国王的世系还有诸多内容反映了唐王朝与南诏国的关系，是值得关注的。

一 南诏国的建立者细奴逻①考释

南诏国的第一个国王为细奴逻，按照南诏国自己建构的国王世系，细奴逻是南诏国的建立者②，还没有进行比较正式的制度建设，所以细奴逻没有谥号、年号。关于细奴逻的个人历史情况，《新唐书》《旧唐书》都没有记载。

最早系统记载细奴逻的是唐代樊绰的《云南志》："蒙舍，一诏也。居蒙舍川，在诸部落之南，故称南诏也。姓蒙。贞元年中（按：贞元，唐德宗年号，785～805 年），献书于剑南节度使韦皋，自言本永昌沙壶之源也。南诏八代祖舍龙，生龙独罗，亦名细奴逻。"③ 这一段话有三层意思：一是讲南诏国何以称为南诏，二是讲南诏国国王最早的祖源，三是讲细奴逻。比较有意思的是一开始就把南诏蒙氏和中国传统文化当中代表天神、王权的龙联系起来④，目的是要进行南诏国国王世系的文化建构。所谓的"自

---

① 亦名独逻、龙独罗。

② 738 年唐王朝册封皮逻阁为云南王，并不能认为这是南诏国正式建立的时间，从历史人类学的观点来看，皮逻阁被册封为云南王这个重大事件反映的是唐朝与南诏国正式建立了臣属的政治关系。

③ 木芹：《云南志补注》，云南人民出版社，1995，第 38 页。

④ 汉族的皇帝也称为"真龙天子"，"天子"住的地方称为"龙庭"，天子发怒称为"龙颜大怒"，等等。

言本永昌沙壶之源也",在《僰古通纪浅述·蒙氏世家谱》中是这样记载细奴逻的:"第一主讳细奴逻,其先永昌哀牢人,兄八人皆化为龙,独避难逃于蒙舍,故以蒙为姓,因号奇王,在位二十一年。"① 这与《云南志略》相比在内容上有了变化,应该是后人在《云南志略》的基础上进行了发挥。首先,在《白国因由·茉莉羌送子与黄龙》当中记载了化龙之事;其次,在《滇云历年传》卷四中倪蜕也说:"南诏蒙氏细奴逻,即习农乐,九隆五族牟苴笃之三十六世孙也。其父蒙迦独,即龙迦独。母摩黎羌,名沙壹,居哀牢山下,捕鱼为生。一日,忽于水中触一沉木,感而有娠。度十月,生子男十人。后,木化龙,出谓沙壹曰:'若为我生子,今何在?'九子见龙,惊走,独一小子不去,背龙而坐,龙舐其背。因与龙背坐,名之曰九隆。九译背,隆译坐。习农乐颇有神异,众推为王。又有奴波息,生十女子。习农乐兄弟分娶之。"② 而倪蜕讲的细奴逻出身是源自《后汉书·南蛮西南夷列传》的九隆神话,我们试比较一下《后汉书·南蛮西南夷列传》的记载:"哀牢夷者,其先有妇人名沙壹,居于牢山。尝捕鱼水中,触沉木若有感,因怀妊,十月,产子男十人。后沉木化为龙,出水上。沙壹忽闻龙语曰:'若为我生子,今悉何在?'九子见龙惊走,独小子不能去,背龙而坐,龙因舐之。其母鸟语,谓背为九,谓坐为隆,因名子曰九隆。及后长大,诸兄以九隆能为父所舐而黠,遂共推以为王。后牢山下有一夫一妇,复生十女子,九隆兄弟皆娶以为妻,后渐相滋长。"③ 显然《滇云历年传》中关于九隆的主要情节和结构都源自《后汉书·南蛮西南夷列传》,倪蜕自己也说见于《后汉书》。后来倪辂在《南诏野史》当中也说:"古有妇名沙壶(按:'壶'在其他文献当中也有写为'壹'的情况,当为二字相似而误),因捕鱼触一沉木,感而生十子,后木化为龙,九子惊走,一子背坐,名曰九隆。又云哀牢有一妇,名奴波息,生十女,九龙兄弟各娶之,立为十姓,曰董、洪、段、施、何、王、张、杨、李、赵。九隆死,子孙繁衍,各居一方,而南诏出焉。"④ 因此,关于南诏国王

① 尤中:《僰古通纪浅述校注》,见《尤中文集》第4卷,云南大学出版社,2009,第276页。
② 倪蜕辑、李埏校点《滇云历年传》,云南大学出版社,1992,第85页。
③ 《后汉书·南蛮西南夷列传》,中华书局标点本,1965,第2848页。
④ 《南诏野史》,见方国瑜主编《云南史料丛刊》第4卷,云南大学出版社,1998,第774页。

族祖先是由龙所化的传说是源于《后汉书·南蛮西南夷列传》当中的哀牢源流传说。

在《云南志略·云南总序》中对细奴逻的具体记载是："蒙氏名细奴逻，城蒙舍之龙于图而都之，国号大蒙，自称奇王。云南建国称王始此，唐贞观三年（629年）也。在位二十一年。"① 唐高宗时代，南诏国蒙氏细奴逻就派遣使者到过长安，唐高宗曾经赐给他锦袍。

关于细奴逻是如何成为南诏国的第一个国王的，《僰古通纪浅述·云南国记》记载："细奴逻，自在襁褓，至于蒙舍，日渐长成，娶蒙织，生男逻晟（按：《南诏野史》作逻盛炎）。既长，父子一日耕于巍山，妻炊麦饭将馌之。观音所化梵僧来家乞食，蒙织以饭饭僧。再炊而馌夫、男，僧又至。蒙织喜而复斋之。夫、男饥而放牛卧于树下，问曰：'何晏也？'妻告以饭僧之由，细奴逻甚悦。正食间，前僧又至。细奴逻见其貌像非常，趋而迎之。僧曰：'今日得汝家斋多矣，不必再饭。我此一来，为救民除罗刹，请汝为王。'细奴逻惊惧。僧乃取刀砍犁耙已，数有十三痕。僧曰：'自汝至子孙为王一十三代。我乃观音化身，奉天命受记汝也，汝其勉哉！'僧遂去。"② 这个故事在南诏国国王舜化贞中兴二年（889年）的《南诏中兴图卷》当中已经有记载，这应该是在强调南诏国的政权是观音授予的，表达的是君权神授的文化观念。

虽然观音进行了点化，但是还有一个权力交接的过程，当时洱海地区的政治首领是白子国的张乐进求，《僰古通纪浅述·云南国记》说："僰国酋长有张乐进求者，为云南诏（按：即云南王，诏即王也），都白崖，闻观音命细奴逻为国王，其心不怿，乃嘱诸部酋长，同约细奴逻，具九鼎牺牲，诣白崖铁柱观效于天，卜其吉者而王之。众皆悦而从之。祭毕将卜，忽有布谷飞在细奴逻右肩，连鸣大鸣于细奴逻者三，返于白檀香树上。众皆惊服，不复占卜，而咸顿首，请细奴逻登国王位。时张乐进求知天命有德，遂避位于罗，而以女妻之。"③ 对此《僰古通纪浅述·蒙氏世家谱》又

---

① 王叔武：《云南志略辑校》，云南民族出版社，1986，第72页。
② 尤中：《僰古通纪浅述校注》，见《尤中文集》第4卷，云南大学出版社，2009，第273页。相关的故事情节在《白国因由》有记载，但是在倪本《南诏野史》和《滇载记》中没有。
③ 尤中：《僰古通纪浅述校注》，见《尤中文集》第4卷，云南大学出版社，2009，第275页。

说:"唐太宗贞观二十年（646年），张乐进求率三十七部酋长，以云南国诏逊位于细奴逻，谦之再四，不得已，告于天地山川、社稷宗庙而即国王位，号大封民，以张乐进求为国老，无言和尚为国师。"① 张乐进求逊位于细奴逻后，细奴逻以大蒙国为国号。但是，倪辂的《南诏野史·大封民国》说:"奇主蒙氏，唐贞观初，灭南诏，号大蒙国，称王僭号自此始，伪谥高祖。"② 即细奴逻在贞观年间的国号是"大蒙"，不久之后又改国号为"大封"。倪辂的《南诏野史·大蒙国》又说:"细奴罗，因居蒙舍，以蒙为姓，伪谥奇王。唐太宗贞观初，蒙氏灭南诏。永徽四年（653年），蒙受唐封，即位改元大封。先是奴罗与张乐进求相让，奴罗曰，如我为君，砍石剑入。砍之入三寸，名曰盟石，今存。"③ 关于倪辂的《南诏野史》说的改元"大封"的事件是需要做进一步讨论的，因为是谁改元为"大封"在时间和人物上有差异。

倪辂的《南诏野史·大蒙国》说唐高宗永徽四年（653年），细奴逻改元大封，这是错误的，《新唐书·南蛮传》记载说:"酋龙恚、发疽死，伪谥景庄皇帝。子法嗣，改元贞明、承智、大同，自号大封人。"④《资治通鉴·唐纪》唐僖宗乾符四年（877年）记载说:"酋龙卒……子法立……国号鹤拓，亦号大封人。"注引《考异》:"徐云虔《南诏录》曰:'南诏别名鹤拓，其后亦自称大封人。'是以'封'为国号也。"⑤ 可见改元大封的人不是细奴逻，而是酋龙之子隆舜，因为当时避唐太宗李世民"民"字之讳，所以在汉族学者写的历史文献当中，所有的"民"都改为"人"，因此改国号为"大封"的人不是细奴逻，而是南诏国晚期的隆舜，这个事例说明在明代以后云南的地方文献中，关于南诏国的历史记载相互之间多有抵牾，例如署名杨慎编辑的胡蔚刻本《南诏野史》与倪辂的《南诏野史·大蒙国》在这

---

① 尤中:《僰古通纪浅述校注》，见《尤中文集》第4卷，云南大学出版社，2009，第276页。
② 《南诏野史》，见方国瑜主编《云南史料丛刊》第4卷，云南大学出版社，1998，第775页。
③ 《南诏野史》，见方国瑜主编《云南史料丛刊》第4卷，云南大学出版社，1998，第776页。
④ 《新唐书·南蛮传中》，中华书局标点本，1975，第6290、6291页。
⑤ 《资治通鉴·唐纪》，中华书局标点本，1956，第8190页。当然，需要说明的是"鹤拓"不是国号，而是地名。此处不展开讨论。

一点上就不同，杨本说："隆舜，一名法，改国号曰大封民国，伪谥宣武帝。"①

明代的蒋彬在他的《南诏源流纪要》当中也对细奴逻的历史进行了与上述文本有一定差异的记述："奴逻即牟苴笃三十六世孙也。"② 这一句话的目的是说明细奴逻家族的历史悠久。接下来的记述也与其他文献有不同："先是父（龙伽独）自哀牢将细奴逻居蒙舍，耕于巍山之麓，数有神异，滋牧繁衍，部众日盛，寻筑城龙宇图山，自立为奇王。……细奴逻既登位，时高宗命韦仁寿捡校南宁都督，将兵五千人临西洱河，周历数千里，诸夷望风归附，置七州、十七县。奴逻死，伪谥高祖（按：应该是庙号）。"

需要说明的是，《南诏野史》有多种版本，最早的是倪辂的《南诏野史》，其他还有阮元声改定的《南诏野史》、胡蔚刻本《南诏野史》（即卷首题有四川新都杨慎升庵编辑本）、王崧刻本《南诏野史》。方国瑜先生在《云南史料目录概说》当中认为："抄本流传题倪辂集者，盖先有成本，稍加董理为书，名《南诏野史》，前此述作有《南诏通记》《南诏事略》《南诏源流纪要》，而称野史自倪辂始。后来传抄增杨慎字样，非有根据。杨慎卒于嘉靖三十八年（1559年），何至参于万历年间始成之书耶？"③ 方国瑜先生所说甚是。但由于"杨慎编辑"的胡蔚刻本《南诏野史》与其他版本的内容有所不同，所以仍然可以作为一家之言参考。

二 逻晟等南诏国国王世系考释

1. 逻晟④

关于逻晟，晚唐时期樊绰在《云南志》中仅仅说了一句"细奴逻生逻晟"。⑤ 而其他关于逻晟生活的年代在历史文献中的记载是错乱的，《云南

---

① 《南诏野史》上卷，云南省图书馆藏胡蔚刻本。
② 以下皆见蒋彬《南诏源流纪要》，见方国瑜主编《云南史料丛刊》第4卷，云南大学出版社，1998，第746页。
③ 方国瑜：《云南史料目录概说》第1册，中华书局，1984，第377页。
④ 又名罗晟炎，也写作罗盛。
⑤ 木芹：《云南志补注》，云南人民出版社，1995，第38页。

志略·云南总序》说："景云元年（710 年），御史李知古请兵伐南诏，南诏臣服。知古增置郡县而重赋之，诸部皆叛，杀知古，以其尸祭天。罗晟在位三十七年。"① 对这一段文字当中关于逻晟生活的时间是需要辨析的，唐朝睿宗皇帝有"景云"年号，时间是 710～711 年，而从细奴逻到逻晟，唐朝皇帝从唐太宗到唐睿宗已经过了 60 年以上，所以细奴逻与逻晟生活的时间记载是错的，因为细奴逻如果是唐贞观三年（629 年）即位，在位二十一年也才是 650 年，怎么一下子就到了 710 年，所以当中错乱了 60 年。因此在一些地方文献当中关于南诏国国王的一些基本历史事实是不太准确的，仅仅可以作为参考。

对于逻晟去世的年代，《僰古通纪浅述·蒙氏世家谱》说："上元甲戌（674 年），主崩（按：即细奴逻去世），世子罗晟即位，年二十一岁，为第二主，讳罗晟。……生于唐高宗永徽六年（655 年）乙卯，封魏绛刺史。在位三十七年，寿五十，僭谥兴宗王（按：也写为兴中王），至景云庚戌（710 年）崩。"② 如果逻晟的确是在景云庚戌（710 年）去世，那么时间也是不对的，因为他是生于唐高宗永徽六年（655 年），710 年去世，寿应该是五十五岁才对。由于各个关于南诏国的文献不同，所以逻晟的年寿及在位时间差异也不小。

对此，尤中先生认为："如依倪本《南诏野史》，谓其于唐高宗上元元年（674 年）即位，年二十，至唐玄宗先天元年（712 年）死，则在位三十九年，寿五十八。胡本《南诏野史》言罗晟在位时间与倪本《南诏野史》同。但胡本《南诏野史》谓罗晟即位时年四十，则至其死时已年七十八。此皆与《僰古通纪浅述》所说'寿五十'不同。又，《僰古通纪浅述》说，罗晟生于唐高宗永徽六年（655 年），至唐睿宗景云元年（710 年）崩，则寿亦五十五，并非五十。《僰古通纪浅述》的记录亦先后自相矛盾。要之，罗晟年岁难考，可不必考。至于在位的时间，则倪本、胡本《南诏野史》谓为上元元年（674 年）至先天元年（712 年），似较可靠。"③

---

① 王叔武：《云南志略辑校》，云南民族出版社，1986，第 72 页。
② 尤中：《僰古通纪浅述校注》，见《尤中文集》第 4 卷，云南大学出版社，2009，第 280 页。景云是唐睿宗的年号（710～711 年）。
③ 尤中：《僰古通纪浅述校注》，见《尤中文集》第 4 卷，云南大学出版社，2009，第 281、282 页。

蒋彬的《南诏源流纪要》对逻晟的记述比较简单，仅说逻晟死后谥号为世宗。

2. 晟逻皮（又名炎阁）

逻晟之后是他的儿子晟逻皮继位，谥号为太宗王。樊绰在《云南志》中也仅仅说了一句"逻晟生晟逻皮"。① 晟逻皮是最早与唐朝建立友好关系的南诏国国王，开元二年（714年），晟逻皮派遣大臣张建成到达长安，"玄宗厚礼之，赐浮屠像，云南始有佛书"。② 晟逻皮在位三十七年。但是，《僰古通纪浅述》的记载与《云南志略》的有差异，《僰古通纪浅述》说："（罗晟崩）世子晟罗皮即位，为第三主，在位十六年，寿四十，僭谥威成王（按：《云南志略》的谥号为太宗王，而《僰古通纪浅述》为威成王）。"③

蒋彬的《南诏源流纪要》对晟逻皮（炎阁）的记述也比较简单："（罗晟炎）死，……子（炎阁）武后时袭。"④ 上面的《云南志略》《僰古通纪浅述》中都没有说晟逻皮还叫作炎阁，蒋彬的《南诏源流纪要》之所以要叫作炎阁也是有道理的，因为逻晟又叫作罗晟炎，按照父子连名制度，罗晟炎接炎阁，是没有错的。

按照《云南志》的说法逻晟与晟逻皮是父子关系，即"逻晟生晟逻皮"⑤，但是《南诏源流纪要》则说炎阁死后"开元时（按：开元，唐玄宗年号，713～741年），弟（晟逻皮）代之"。⑥ 因此，关于逻晟与晟逻皮的关系就有了两种说法，当然，一看就可以发现《南诏源流纪要》的说法是错误的，因为只有父子才会有"父子连名"，也就是逻晟与晟逻皮是父子连名，他们的关系是父子关系，不是兄弟关系。而且《南诏源流纪要》关于晟逻皮在位的时间也是错误的，因为唐玄宗在738年封皮逻阁为云

---

① 木芹：《云南志补注》，云南人民出版社，1995，第38页。
② 王叔武：《云南志略辑校》，云南民族出版社，1986，第73页。关于佛教传入云南的时间有许多说法，晟逻皮在位之时传入云南是诸说之一。
③ 尤中：《僰古通纪浅述校注》，见《尤中文集》第4卷，云南大学出版社，2009，第280页。
④ 蒋彬：《南诏源流纪要》，见方国瑜主编《云南史料丛刊》第4卷，云南大学出版社，1998，第746页。
⑤ 木芹：《云南志补注》，云南人民出版社，1995，第38页。
⑥ 蒋彬：《南诏源流纪要》，见方国瑜主编《云南史料丛刊》第4卷，云南大学出版社，1998，第746页。

南王。

3. 皮逻阁

晟逻皮去世之后，他的儿子皮逻阁继位。樊绰在《云南志》中仍然只说了一句"晟逻皮生皮逻阁"。① 皮逻阁"赂剑南节度使王昱，求合六诏。朝廷从之，封大酋帅、越国公、云南王，赐名归义，尽有云南之地。自是以后，不可复制。在位五十年"。② 《南诏源流纪要》又说："开元末，皮逻阁逐阿蛮取太和城。又袭大釐城守之。天子诏赐皮逻阁名归义。……册为云南王。……伪号神武。"③ 显然南诏国从一开始就是唐朝的一个封国，与唐朝的关系是一种从属关系。唐玄宗时代的初期，南诏国与唐朝的关系十分友好，到了唐玄宗开元末年（741 年），唐朝调动姚州都督府的力量，帮助南诏皮逻阁攻灭其他各诏。南诏则在唐王朝的支持下，统一了洱海地区，皮逻阁又因为打败了洱蛮，被唐朝封为云南王，而且还"赐锦袍、金钿带"。我们可以认为：南诏之所以能统一洱海地区，与唐朝从政治、经济、文化上给予的支持是分不开的。所以，南诏国的使者到达长安时"天子亦为加礼"。天宝初年（742 年）南诏国派遣阁逻凤的儿子凤伽异到长安"入宿卫，拜鸿胪卿，恩赐良异"。

按照《僰古通纪浅述》的说法，皮逻阁是开元十六年（728 年）即位，天宝七年（748 年）去世，在位二十年，而《云南志略》认为是在位五十年，当为《云南志略》有误。

738 年唐王朝册封皮逻阁为云南王，从历史人类学的观点来看，皮逻阁被册封为云南王这个重大事件反映的是唐朝与南诏国正式建立了臣属的政治关系，虽然后来南诏国与唐王朝发生矛盾冲突，但其性质应该是唐王朝与边疆民族政权的矛盾冲突。其冲突的根源是唐朝与渐渐强盛的南诏国之间的利益之争，唐王朝希望利用南诏国控制洱海地区抗击吐蕃，但是因为唐王朝地方官员民族政策的失误，导致双方的矛盾冲突，司马光曾经在《资治通鉴》中说："（皮逻阁）于是以兵威胁服群蛮，不从者灭之，遂击

---

① 木芹：《云南志补注》，云南人民出版社，1995，第 38 页。
② 王叔武：《云南志略辑校》，云南民族出版社，1986，第 73、74 页。
③ 蒋彬：《南诏源流纪要》，见方国瑜主编《云南史料丛刊》第 4 卷，云南大学出版社，1998，第 746 页。

破吐蕃，徙居大和城；其后卒为边患。"①

4. 阁逻凤

樊绰在《云南志》中仅说"皮逻阁生阁逻凤"。② 李京的《云南志略》记载说皮逻阁是禅位给儿子阁逻凤，谥号为武王，因为与吐蕃的关系，也称为赞普钟，即"改元建钟。云南改元始此"。③ 说明从阁逻凤开始，南诏国与唐朝的关系开始发生变化。也就是在阁逻凤时代，唐朝与南诏国发生了"天宝之战"。阁逻凤在位二十年，禅其子凤伽异，自号"主父"，居住在太和城。但是其他文献并没有记载皮逻阁禅位给儿子阁逻凤。《僰古通纪浅述》说天宝七年（748年），皮逻阁去世，阁逻凤继承了皮逻阁的王位，唐朝任命阁逻凤的儿子凤伽异担任阳瓜州的刺史。

对于阁逻凤继位的时间，《云南志略》与《僰古通纪浅述》的记述也有差异。《僰古通纪浅述》说："第五主讳阁逻凤，云南王子。以开元九年（721年）辛酉生。在位三十二年，寿九十九。……天宝八年（749年），改元长寿。……天宝十一年壬辰（752年），主始建年号曰赞普钟元年。"④ 不仅仅是《云南志略》与《僰古通纪浅述》有差异，倪辂的《南诏野史》记载说："神武王，名阁逻凤。《德化碑》云家居阁逻凤，因地名也。石刻名觉乐凤。唐天宝八年（749年）即位，年十九。改元长寿。……吐番以南诏为弟，封为赞普钟，赐金印。"⑤《南诏源流纪要》则认为阁逻凤是天宝七年即位："天宝七年（748年），皮逻阁死，逻凤袭，以伽异为阳瓜州刺史。"⑥ 在此，就有天宝七年（748年）和天宝八年（749年）两种说法，但不必一定要考证。

在南诏国所有的国王当中，阁逻凤是一个非常重要的历史人物。因为，从历史发展的宏观角度来看，细奴逻建立南诏国，皮逻阁与唐朝建立友好关系受封为云南王，阁逻凤则利用吐蕃和唐朝博弈并且与唐朝进行战

---

① 《资治通鉴·唐纪》，中华书局标点本，1956，第6836页。
② 木芹：《云南志补注》，云南人民出版社，1995，第38页。
③ 王叔武：《云南志略辑校》，云南民族出版社，1986，第74页。
④ 尤中：《僰古通纪浅述校注》，见《尤中文集》第4卷，云南大学出版社，2009，第288、289页。
⑤ 《南诏野史》，见方国瑜主编《云南史料丛刊》第4卷，云南大学出版社，1998，第777页。
⑥ 蒋彬：《南诏源流纪要》，见方国瑜主编《云南史料丛刊》第4卷，云南大学出版社，1998，第747页。

争，但是又想好了未来的对策，例如修建"万人冢"、立"南诏德化碑"。所以，阁逻凤是南诏国第一个值得全面关注的国王。

5. 凤伽异

从《云南志》的记载来看，凤伽异是没有当过南诏国国王的，《云南志》说："凤伽异先死。（唐代宗）大历十四年（779年），阁逻凤卒，伽异长男异牟寻继立，生寻梦凑，一名阁劝。"① 由于樊绰生活的年代距离阁逻凤时代比元代的李京近，所以樊绰的记载应该是比较准确一点的。但是李京的《云南志略》却记载说凤伽异谥号悼惠王，凤伽异有了年号长寿，而且开始向东方扩张，把滇池地区作为另外一个政治中心，名字叫作鄯阐，凤伽异在位十一年。② 也就是说凤伽异没有早亡，仍然当了南诏国国王。对此，《僰古通纪浅述》也说："第六主凤伽异，以丁酉年生，任唐鸿胪寺卿驸马都尉。时称上元皇帝，在位二十七年。"③ 但是，在其他历史文献当中是明确记载凤伽异没有当过南诏国国王的，天宝初年（742年），南诏国派遣阁逻凤的儿子凤伽异到长安"入宿卫，拜鸿胪卿，恩赐良异"。④ 到了天宝七年（748年），皮逻阁去世，阁逻凤继承了皮逻阁的王位，唐朝任命阁逻凤的儿子凤伽异担任阳瓜州的刺史。唐代宗大历十四年（779年），阁逻凤去世，因为凤伽异已经去世，所以南诏国立阁逻凤的孙子异牟寻为南诏国国王。"异牟寻与智数，善抚众，略知书。"⑤《资治通鉴》也记载说："（779年）南诏王阁逻凤卒，子凤迦异前死，孙异牟寻立。"⑥ 因此《云南志略》《僰古通纪浅述》关于凤伽异当过南诏国国王的记载是错误的。准确的历史应该是凤伽异未立而早死，仅仅是担任过阳瓜州的刺史。胡本《南诏野史》在记述了阁逻凤之后，马上记述异牟寻，在记述阁逻凤历史的时候的确讲述了一些凤伽异的事迹。倪蜕的《滇云历年传》也说："（大历）十四年（779年）九月，阁逻凤死，孙异牟寻立，追谥寻父凤伽异为悼惠王。"⑦ 以上诸书都认为凤伽异没有当过南诏国国王。由于《云南志略》有相关的记载，我们姑且把凤伽异放在

① 木芹：《云南志补注》，云南人民出版社，1995，第39页。
② 王叔武：《云南志略辑校》，云南民族出版社，1986，第75页。
③ 尤中：《僰古通纪浅述校注》，见《尤中文集》第4卷，云南大学出版社，2009，第294页。
④ 《新唐书·南诏传上》，中华书局标点本，1975，第6270页。
⑤ 以下见《新唐书·南诏传上》，中华书局标点本，1975，第6271页。
⑥ 《资治通鉴·唐纪》，中华书局标点本，1956，第7270页。
⑦ 倪蜕辑、李埏校点《滇云历年传》，云南大学出版社，1992，第118页。

南诏国国王世系当中。

6. 异牟寻

关于异牟寻的继位已有前述《云南志》的记载，其后《云南志略》记载说凤伽异的儿子异牟寻谥号为孝桓王，年号改为建龙，异牟寻在位期间是南诏国各种制度建设的时代，而且又重新与唐朝建立友好关系共同攻击吐蕃，其在位三十年。① 《僰古通纪浅述》说："第七主讳异牟寻，一名劝丰祐，以天宝十年辛卯（751 年）生。在位三十年，僭号曰东王，又僭号孝桓王。长寿二十六年，主即位。改元见龙（按：即《云南志略》的建龙），唐代宗大历十四年（779 年）也。"② 对照《云南志略》和《僰古通纪浅述》，不同点是《云南志略》说改元"建龙"，而《僰古通纪浅述》则说改元"见龙"，从古人改元年号的含义来说应该是"见龙"，不会是"建龙"。此外，在所有的文献中都没有说异牟寻"一名劝丰祐"，这也显然是《僰古通纪浅述》的错误。如果仅以《僰古通纪浅述》为据则可能出现引用的失误。

对于异牟寻，《南诏源流纪要》说："（唐）代宗大历十四年，阁逻凤死，孙异牟寻袭，伪号孝桓王……僭封五岳四渎，以乌蒙山为东岳，以蒙乐山为南岳（按：今无量山），以高黎贡山为西岳，以玉龙雪山为北岳。以澜沧江、金沙江、黑惠江、潞江为四渎。"③ 异牟寻封南诏国的五岳，从南诏国政治制度建设的角度来看，是一个重大事件，表达了以下几个意思：第一，南诏国到了异牟寻时代，开始有了明确的政权观念，与之相随的就是也有了疆域观念；第二，封五岳四渎的行为是南诏国疆域观念的进一步扩展，但是从文化的角度来看，这样的行为仍然属于中国文化的范畴，是南诏国国王对中原文化的一种学习与借鉴；第三，南诏国异牟寻所封的五岳四渎如果从自然地理的角度来看，实际上反映了南诏国总体上的地理格局，是南诏国地理环境的客观实际在南诏国政治家头脑中的反映。

---

① 王叔武：《云南志略辑校》，云南民族出版社，1986，第 75 页。
② 尤中：《僰古通纪浅述校注》，见《尤中文集》第 4 卷，云南大学出版社，2009，第 295 页。
③ 蒋彬：《南诏源流纪要》，见方国瑜主编《云南史料丛刊》第 4 卷，云南大学出版社，1998，第 747 页。

7. 寻阁劝①

《云南志》也无寻阁劝王位继承情况记载。《云南志略》记载说异牟寻的儿子寻阁劝继位之后，年号改为应道，在位两年，谥号孝惠王。② 寻阁劝的名字在其他文献当中多有差异，胡本《南诏野史》说："寻阁劝，又名新觉劝。袭封南诏王，伪谥孝惠王。寻阁劝唐宪宗戊子元和三年（808年）即位，年三十一岁。"③《僰古通纪浅述》则记载为："主（异牟寻）薨，世子寻务券立"。④ 寻阁劝和新觉劝、寻务券等差异，应该是对乌蛮语言发音的记音不同所致。

寻阁劝即位南诏国国王之后，开始自称为"骠信"，是乌蛮语言中对南诏国国王的称呼，唐朝因为地缘政治的需要与南诏国恢复友好关系之后，立即给寻阁劝赐了"元和印章"。⑤ 对此，《南诏源流纪要》也说："（唐）宪宗元和三年（808年），牟寻死，子（寻阁劝）袭，伪号孝惠，自称骠信，骠信华言君也。"⑥

8. 劝龙晟

《云南志》也无劝龙晟王位继承情况记载。《云南志略》记载说寻阁劝的儿子劝龙晟继位，年号改为龙兴，因为劝龙晟淫虐无道，所以被弄栋节度使杀死，在位五年，谥号幽王。⑦《僰古通纪浅述》记载说："第九主券龙成……在位十六年。"⑧ 显然在《僰古通纪浅述》中又把"劝龙晟"写为"券龙成"，也应该是同音异写，但是仅有《僰古通纪浅述》这样记载。

对于劝龙晟，《新唐书·南诏传下》是这样记载的："元和三年（808年），异牟寻死……子寻阁劝立……（寻阁劝）明年死，子（劝龙晟）

---

① 寻阁劝，也有文献写为新觉劝、寻务券。寻阁劝的"劝"，在一些文献中写为"券"，但是目前学术界统一使用"劝"。

② 王叔武：《云南志略辑校》，云南民族出版社，1986，第75页。

③ 《南诏野史》上卷，云南省图书馆胡蔚刻本。

④ 尤中：《僰古通纪浅述校注》，见《尤中文集》第4卷，云南大学出版社，2009，第299页。

⑤ 《新唐书·南诏传下》，中华书局标点本，1975，第6281页。

⑥ 蒋彬：《南诏源流纪要》，见方国瑜主编《云南史料丛刊》第4卷，云南大学出版社，1998，第747页。

⑦ 王叔武：《云南志略辑校》，云南民族出版社，1986，第76页。

⑧ 尤中：《僰古通纪浅述校注》，见《尤中文集》第4卷，云南大学出版社，2009，第300页。

袭。"① 也就是说寻阁劝仅仅在位一年就去世，儿子劝龙晟即位。对这件事《南诏源流纪要》的记载比较具体："（寻阁劝）明年死，子劝龙晟袭，淫雪，为臣王嵯巅弑之，立其弟劝利。"② 这里说因为长时间下雪成为自然灾害，被大臣王嵯巅杀死，如果真有此事，那么可以认为从劝龙晟开始，南诏国国王的权力下降，而一些掌握实际权力的节度使开始控制南诏国的政治大权。此外，也说明南诏国当时流行"天人感应"的理论，所以王嵯巅才会把自然界下雪不止的现象归咎于劝龙晟，认为是劝龙晟的暴虐引发了自然灾害。

9. 劝利

《云南志》也无劝利王位继承情况记载。《新唐书·南诏传下》记载说劝龙晟在位 9 年，"淫肆不道，上下怨疾。元和十一年（816 年），为弄栋节度王嵯巅所杀，立其弟劝利"。③ 唐朝没有对这次南诏国内部的国王更替插手干预，仍然派"少府少监李铣为册立吊祭使"前往南诏国吊祭劝龙晟，但值得关注的是，对新继位的劝利，唐朝没有马上赐印，而是在唐宪宗去世三年之后，唐穆宗长庆三年（823 年）才赐印，由此可以说明唐朝对节度使王嵯巅杀劝龙晟立劝利是有意见的，是用不马上赐印承认劝利来表示唐朝的政治立场，同时也表达了唐朝与南诏国的关系是一种隶属关系，对南诏国国内"不合法"的国王不马上承认，其中包含了唐朝处理这一类政治事件的政治智慧，所以从表面上来看，当时唐朝与南诏国的关系还没有太大的变化。

劝利继位与南诏国内部政治结构发生变化有关。王嵯巅杀劝龙晟立劝利的事件，至少可以说明南诏国内部也已经发生了统治阶层内部的力量变化，这就是南诏国的国王势力有所减弱，而各地的军事长官的势力有干预国王政治的势头。因为劝利是王嵯巅所立，所以赐王嵯巅姓蒙，封为"大容"，而"大容"是乌蛮语"大哥"的意思，可见南诏国国王的政治势力开始出现下滑的趋势。因此王嵯巅成了当时的重臣，南诏国的大权有很多

---

① 《新唐书·南诏传下》，中华书局标点本，1975，第 6281 页。
② 蒋彬：《南诏源流纪要》，见方国瑜主编《云南史料丛刊》第 4 卷，云南大学出版社，1998，第 747 页。
③ 《新唐书·南诏传下》，中华书局标点本，1975，第 6281 页。此外，南诏国实行的是父子连名制度，本来应该是劝龙晟去世之后他的儿子继承国位，但是因为劝龙晟被节度使所杀，立的是他的弟弟，所以没有连名。

落入王嵯巅手中。

《云南志略》记载，劝龙晟被杀死之后，没有进行传统的父子连名制度，而是由他的弟弟劝利继位，劝利改元为全义，在位八年，谥号靖王。[①]《僰古通纪浅述》记载劝利名字有两个："主（劝龙晟）薨，弟劝利成立，年一十六岁。……第十主劝利晟……在位八年，寿二十三。僭谥靖王。"[②]即劝利成和劝利晟都是指劝利一个人。

10. 劝丰祐

《云南志》也无劝丰祐王位继承情况记载。《云南志略》记载说劝利去世之后，他的弟弟劝丰祐继位，改元为保和，之后又改元为天启，劝丰祐在位期间发动了对剑南西川的攻击，进入成都。在位三十六年，谥号为昭成王。[③]《僰古通纪浅述》对劝丰祐的记载是："第十一主讳丰祐，一名劝丰祐……在位三十六年，寿五十二……僭号昭成王。……改元保和。"[④]据《新唐书·南诏传下》记载，唐穆宗长庆三年（823年），劝利刚刚得到唐朝的赐印不久去世，他的弟弟劝丰祐为南诏国国王，因为劝丰祐"慕中国，不肯连父名"[⑤]，唐朝对劝丰祐即位马上有政治表示，唐穆宗立即派京兆少尹韦审规持节册封，而劝丰祐也马上派人到长安"入谢天子"。对比唐朝于劝利的迟迟不封，更可见唐朝对南诏国国内政治变化的关注与政治态度。

由上可见，从异牟寻去世到劝丰祐为南诏国国王不到20年的时间内，先后有异牟寻、寻阁劝、劝龙晟、劝利、劝丰祐五个南诏国国王，是南诏国历史上国王更替最频繁的时期，其中还有节度使杀国王的事件，这至少可以说明南诏国的国内政治发展进入了一个低谷。对这种变化唐朝并没有乘人之危，发动对南诏国的攻击，而是对不合法的南诏国国王的即位含蓄地表示了唐朝的政治态度，即不马上赐印，不马上册封。如果从文化的角度来看，这与唐朝"忠、孝"的核心价值体系是有很大关

---

① 王叔武：《云南志略辑校》，云南民族出版社，1986，第76页。
② 尤中：《僰古通纪浅述校注》，见《尤中文集》第4卷，云南大学出版社，2009，第300页。
③ 王叔武：《云南志略辑校》，云南民族出版社，1986，第76页。
④ 尤中：《僰古通纪浅述校注》，见《尤中文集》第4卷，云南大学出版社，2009，第302页。
⑤ 《新唐书·南诏传下》，中华书局标点本，1975，第6281页。

系的，也就是社会发展要有"礼"，要有秩序，不能用杀戮来解决国王王位的继承问题。

11. 世隆（又名酋龙）

《云南志》也无世隆王位继承情况记载。世隆在《新唐书·南诏传下》中被称为酋龙。唐懿宗咸通元年（860年），唐宣宗和劝丰祐去世，唐朝派人到南诏国"告哀"，而南诏国新继位的国王酋龙埋怨唐朝不来吊慰，而且发来的诏书都是给劝丰祐的，对此大为不快，以最粗糙的食物接待唐朝的使者，进而称帝，建元"建极"，号"大礼国"，而唐懿宗认为酋龙的"龙"字犯了唐玄宗李隆基"隆"字的讳，也决定彻底断绝与南诏国的关系。① 因此在世隆为南诏国国王时期，唐朝与南诏国表面上的友好关系结束。其深刻的历史原因是"南诏酋龙嗣立以来，为边患殆二十年，中国为之虚耗，而其国中亦疲敝"。②

《云南志略》记劝丰祐去世之后，他的儿子世隆继位，不再称王，而是称帝，改元为建极，再次攻入成都，占领了大渡河以南地区，最后战死在越嶲，在位十八年，谥号景庄。③《僰古通纪浅述》对世隆的记载是："第十二主讳蒙世隆，《纲目》作酋龙。……僭号景庄皇帝，在位十九年……改年号曰建极。"④《南诏源流纪要》说："丰祐死，子（酋龙）袭，僭称皇帝，改号大理国（按：《新唐书》为大礼国）。……龙死，乃伪谥景庄皇帝。"⑤ 看来除了世隆和酋龙的名字差异之外，其他各书的记载基本一致。

12. 隆舜（又名法、世舜、法尧⑥）

《云南志》也无隆舜王位继承情况记载。《新唐书·南诏传下》把隆舜称为"法"："（高）骈结吐蕃尚延心、嗢末鲁耨月等为间，筑戎州马湖、沐源川、大度河三城，列屯拒险，料壮卒为平夷军，南诏气夺。酋龙恚，

① 详见《新唐书·南诏传下》，中华书局标点本，1975，第6282页。
② 《资治通鉴·唐纪》，中华书局标点本，1956，第8190页。
③ 王叔武：《云南志略辑校》，云南民族出版社，1986，第76页。
④ 尤中：《僰古通纪浅述校注》，见《尤中文集》第4卷，云南大学出版社，2009，第312页。
⑤ 蒋彬：《南诏源流纪要》，见方国瑜主编《云南史料丛刊》第4卷，云南大学出版社，1998，第747页。
⑥ 大部分文献都没有法尧作为南诏国王的记载，仅有李京的《云南志略》列入世系。

发疽死，伪谥景庄皇帝。子法嗣，改元贞明、承智、大同，自号大封人。"① 又载："法年少，好田猎酣逸，衣绛紫锦厕，镂金带。国事颛决大臣。"② 显然，宋代欧阳修看到的文献是把隆舜称为"法"的，以后才又有隆舜的记载。

《云南志略》记载，世隆死后，他的儿子法尧继位，改元为贞明，娶了昆仑人作为妻子，但是暴虐无道，被部下杀死，在位二十年，无谥号。③《云南志略》说的法尧应该就是隆舜，因为《僰古通纪浅述》中说唐僖宗时蒙世隆去世，"世子法立，年二十一岁，是为第十三主，在位二十年。第十三主讳法，一名世舜；《纲目》作法，又名隆舜"。④《南诏源流纪要》也说世隆死后，"子法袭，请和，许之。继请和亲，朝议未决。……（唐僖宗）中和元年（881 年），法上表款附，上以宗室女妻之。后内嬖失道为竖臣杨登所弑，伪谥宣武"。这是第一次记载南诏国希望与唐朝和亲。

综上所述，各种文献当中记载的法、法尧、世舜都是隆舜，这才基本符合南诏国国王绝大多数情况下父子连名的传统。

13. 舜化（又名舜化贞）

《云南志》也无舜化王位继承情况记载。《云南志略》记载说法尧（即隆舜）死后，他的儿子舜化继位，改元为中兴，在位三年，被郑买嗣杀死，南诏国灭亡，时间是唐昭宗光化二年（899 年）。⑤《僰古通纪浅述》则说隆舜去世之后，"子舜化（贞）立，年十岁。唐昭宗乾宁四年（897年）即位。以郑买嗣为国老，权归买嗣。主幼，只作俑人而已。……于是买嗣杀蒙氏八百人而篡位。蒙氏十三主，在位三百五十一年，国号大蒙、大封"。⑥

① 《新唐书·南诏传下》，中华书局标点本，1975，第 6290、6291 页。
② 《新唐书·南诏传下》，中华书局标点本，1975，第 6291 页。
③ 王叔武：《云南志略辑校》，云南民族出版社，1986，第 77 页。
④ 尤中：《僰古通纪浅述校注》，见《尤中文集》第 4 卷，云南大学出版社，2009，第 315、316 页。
⑤ 王叔武：《云南志略辑校》，云南民族出版社，1986，第 77 页。
⑥ 尤中：《僰古通纪浅述校注》，见《尤中文集》第 4 卷，云南大学出版社，2009，第 320 页。

三 关于南诏国国王世系文本书写的讨论

关于南诏国国王的世系，在成书于 801 年的杜佑的《通典》当中是一点都没有记载的，其《通典·边防典三·南蛮》中主要记载的民族有：盘瓠种、廪君种、板楯蛮、南平蛮、东谢、西赵、牂牁、充州、獠、夜郎国、滇、邛都、莋都、冉䮾、附国、哀牢、焦侥国、掸国、西爨、昆弥国、尾濮、木绵濮、文面濮、折腰濮、赤口濮、黑僰濮、松外诸蛮。① 上述民族基本上还是秦汉到魏晋南北朝时期西南夷的民族情况，801 年前后是唐朝与南诏国交往十分频繁的时期，但是在杜佑的《通典》中却没有南诏国的具体历史内容，说明汉族历史学家对南诏国国王世系的关注程度不是很高，我们认为更加重要的原因是杜佑对南诏国国王世系父子连名制度文化的了解不够，因为《通典》的主旨主要是记录制度性的历史，所以《通典》中就没有关于南诏国国王世系的记载。

到了晚唐时期，安南经略使蔡袭的幕僚樊绰在唐懿宗咸通三年（862年）完成了一部关于云南历史的著作《云南志》，这个时期是南诏国国王世隆在位时期。在《云南志》的第三卷"六诏"中，记载了南诏国国王的起源问题："蒙舍，一诏也。居蒙舍川，在诸部之南，故称南诏。姓蒙。贞元年中（贞元，唐德宗年号，785～805 年），献书于剑南节度使韦皋，自言本永昌沙壶（按：又作沙壹）之源也。"② 关于"自言本永昌沙壶"的事述前已有所论。这是交代蒙氏的起源。接下来，樊绰对南诏国国王世系进行记述："南诏八代祖舍龙，生龙独罗，亦名细奴逻。……细奴逻生逻盛，逻盛生盛逻皮，盛逻皮生皮逻阁……皮逻阁立。朝廷授特进台登郡王，知沙壶州刺史，赐名归义。……蒙归义卒，阁罗凤立，朝廷册袭云南王。……阁罗凤卒，伽异长男异牟寻继立。"③ 樊绰对南诏国国王的世系基本上记载到了异牟寻，对异牟寻之后的寻阁劝、劝龙晟、劝利、劝丰祐、世隆、隆舜、舜化等南诏国国王都没有记载，而樊绰写作《云南志》的时间就是世隆在位的时间，因为这个原因，后人对南诏国国王世系的记载就

---

① 杜佑：《通典·边防典三·南蛮》，中华书局标点本，1988，第 5040 页。
② 木芹：《云南志补注》，云南人民出版社，1995，第 37 页。
③ 木芹：《云南志补注》，云南人民出版社，1995，第 38、39 页。

出现了很大的差异。但是，南诏国晚期出现的《南诏中兴图卷》是十分珍贵的文献，其重大的价值在于在南诏国快要灭亡的情况下，再次表示南诏国国王的权力是"神授"的，不可能灭亡。

到了宋代，欧阳修写《新唐书·南蛮传》的时候主要关注的是唐朝与南诏国的关系问题，所以也没有对南诏国国王世系进行系统的记述，几乎就是把樊绰《云南志》当中的内容吸收到《新唐书·南蛮传》中来，因此在《新唐书·南蛮传》中没有南诏国国王世系的新内容。

在《宋史》中根本就没有关于大理国国王世系的任何记载，而是把大理国列入外国传中，内容及其简略，不到一千字。这样的情况可能与《宋史》的编修者脱脱是蒙古人有关，因为脱脱对大理国的历史认识不足，也没有看到大理国与宋朝依然存在的各种关系。

大理国时期段氏编过《爨古通纪》，据说此书最初是用爨文写的。这本书出自释儒之手，略记南诏国、大理国国王世系、年号、谥号，但是当中杂有诸多神话传说。元代还有人见过此书，但是元代以后被不同的学者按照自己的理解进行不同的引用、删减、增补，到了明代诸多云南地方文献中都可以看到《爨古通纪》的影响。清代，《爨古通纪》仍然存在，但是已经很难见到，所以出现了对《爨古通纪》进行阐释的《爨古通纪浅述》。①

到了元代，李京写出了云南第一部地方志《云南志略》，由于距离南诏国、大理国的时间还不是太久远，所以李京的《云南志略》的可信度应该比后来诸多云南地方文献要高一些。按照《云南志略》的记载，南诏国共有 14 个国王，但是在《南诏野史》《滇载记》当中则为 13 个国王，在现代学者的研究当中也常常认为是 13 个国王，本文按照《云南志略》列出的 14 个统计。之所以会出现这样的情况，我们认为是因为南诏国、大理国没有设置专门的史官，也就没有用文字记载下来的历史文本。

到了明代，云南的本土学者和外来学者发现云南没有关于南诏国、大理国系统的历史书写文本，于是开始撰写以南诏国、大理国为中心的云南

---

① 中华人民共和国成立之后，方国瑜先生对《爨古通纪》一书的源流情况有过研究，后来尤中先生又出版了《爨古通纪浅述校注》。

历史，但是因为在此之前没有系统的文献支持，所以大多采用当地的民间传说、宗教传说作为资料，因此如《滇载记》《滇系》《僰古通纪浅述》等文献在一些历史事实方面多有不同，甚至相互抵牾，故有学者认为《僰古通纪浅述》等书应该是民间文学著作。明代以后编撰的以南诏国、大理国为中心的历史著作有代表性的有：明代杨鼐的《南诏通纪》，但是其内容以佛教为主，讲述的是神僧事迹；明代蒋彬的《南诏源流纪要》虽然记载的是南诏国、大理国的世系，但是仍然以佛教为主，例如蒋彬在《南诏源流纪要》中把天竺国阿育王第三个儿子作为南诏国的创建者；明代杨慎的《滇载记》中有关于南诏国、大理国国王世系的记载，当然学术界对杨慎的学风评价不高，方国瑜先生在评价《滇载记》时引用梁启超在《古书真伪及其年代》中的话说"杨慎撰述文章很好，手脚有点不干净，喜欢造假"①；专门记述南诏国、大理国历史，而且对南诏国、大理国国王世系有系统记载的是明代倪辂的《南诏野史》，与之相关的还有阮元声改定的《南诏野史》、胡蔚刻本和王崧刻本。

清代，云南完成了融入统一多民族中国的历史过程，特别是在改土归流之后，云南在政治上基本实现了内地化，在清代就基本上没有出现系统地记载南诏国、大理国历史和南诏国、大理国国王世系的著作，这是因为清朝又重新建立了大一统多民族的中国，各个地方的历史文本书写必须聚焦到国家的大一统上来，各个地方的历史事迹都可以写入每个地方的地方志书当中，因此作为专门记述南诏国、大理国历史及其国王世系的文献渐渐淡出历史。这与现代专门把南诏国、大理国历史作为中国历史的一部分进行研究是有本质的区别的。

综上所述，唐朝中期杜佑的《通典》中没有南诏国国王世系的记载，樊绰第一次在《云南志》中记载了一部分南诏国国王的世系，说明樊绰已经开始关注这个问题，但樊绰记载的南诏国国王世系也是不完整的，所以在《资治通鉴》《新唐书》当中关于南诏国国王世系的记载也不完整，说明《资治通鉴》《新唐书》等书的作者是引用的《云南志》的相关史料。值得注意的是，《云南志》对南诏国国王世系的记载到了异牟寻以后就没有详细记述，而《资治通鉴·唐纪》唐玄宗开元二十六年（738年）如此

---

① 方国瑜：《云南史料目录概说》第 1 册，中华书局，1984，第 374 页。

记载："高宗时，蒙舍细奴逻初入朝。细奴逻生逻盛，逻盛生盛逻皮，盛逻皮生皮逻阁。"[①] 也是到了皮逻阁之后就没有进一步记载其他国王世系。这可能是因为从皮逻阁之后，南诏国与唐朝发生矛盾冲突，处于独立的状态，而此前的南诏国国王都是唐朝册封的，故详记之。除了这个原因之外，我们认为还有一个原因是南诏国本身的文化建设是不充分的。因为南诏国没有一套通行的文字，通常是借用汉字，而汉字不是整个南诏国百姓和官方都通行的文字，所以南诏国诸多历史没有记录下来。此外，南诏国建国之后虽然从唐朝大量学习和引进了诸多唐朝的制度文化和物质文化，却没有学习唐朝培养记录历史的史官，因此诸多历史是靠记忆保存，就没有给后代留下南诏国国王翔实的历史记载。这是十分遗憾的事情。

由于上述历史原因，元明清之后关于南诏国国王世系的记载就开始出现一些变化，即开始对每一个南诏国国王的历史进行建构，例如细奴逻的观音点化、张乐进求的禅位，其目的不外乎是要表明南诏国的王权是神授的，即所谓的"君权神授"，而张乐进求的禅位也是在观音的启示下进行的，合乎情理，顺乎天意。

因此，我们可以认为关于南诏国的历史及其国王世系都是在历史发展的过程当中被不断建构的，部分内容是不能作为信史使用的，由此说明了历史文本书写也同样具有情景性，具有文本书写者的诸多主观意识和文化想象。当然，如果从云南民族文化建设的角度来看，这些在云南地方文献当中存在的历史故事同样具有一定的历史意义和文化价值。

四 关于南诏国国王年号、谥号、庙号文化属性的讨论

从南诏国的绝大部分国王都存在年号、谥号，以及个别南诏国国王存在庙号的情况来看，南诏国的政治制度文化与中原内地的政治制度文化有紧密的联系性和共通性；从年号、谥号、庙号的用词来看，也同样体现了南诏国与中原内地文化的一致性，南诏国的历史及其文化是多民

---

① 《资治通鉴·唐纪》，中华书局标点本，1956，第6836页。

族中国历史文化的一个重要组成部分，体现了中国文化的基本特征。这是中国各民族的中国认同、中华民族认同、中华民族文化认同的重要历史基础。

年号是中国古代帝王即位后为了纪年而设置的称号，始于西汉武帝即位之年的"建元"（公元前 140 年）。新君继位，于次年改用新年号，叫"改元"。一个皇帝在位期间，遇到重大事件时常常改元，如武则天在位期间，用了 17 个年号。年号一般用两个字，也可用四个字，如"建武中元"（光武帝）、"天册万岁"和"万岁通天"（武则天）、"太平兴国"（宋太宗）等。这样的文化传统也被南诏国国王继承，除了细奴逻之外，其他南诏国国王都有年号，而且有的南诏国国王因为各种原因还不断"改元"，例如阁逻凤的年号为长寿、建钟，凤伽异年号为长寿，异牟寻年号为见龙（按：《云南志略》为建龙），寻阁劝年号为应道，劝龙晟年号为龙兴，劝利年号为全义，劝丰祐年号为保和、天启，世隆的年号为建极，隆舜的年号为贞明、承智、大同，舜化年号为中兴，等等。从上述列举的南诏国国王年号来看，基本上都特别讲究用词的文雅，而且字义还被寄予诸多美好的愿望，如凤伽异年号为长寿，劝利年号为全义，等等；与此同时，南诏国国王的年号还表达南诏国国王政权治理稳定、政权能够长期存在的政治理想，如南诏国最后一个国王舜化就希望南诏国还能够继续存在，所以年号为"中兴"；至于频繁"改元"，就是因为政治动荡，或者是自然灾害频繁发生，如隆舜在位时，社会动荡不安，所以他多次"改元"，具体有贞明、承智、大同。

谥号是中国华夏族和汉族文化当中对死去的帝王、大臣、贵族按其生平事迹进行主观的价值判断后，给予或褒或贬或同情的称号。在南诏国政治文化中，谥号这种文化也被吸收或者说是借鉴，因此南诏国国王几乎都有谥号。谥号使用诸多固定的词汇，这些词汇的含义可以分为褒奖、贬义、同情三种类型。

第一类是属于褒奖的，有文、武、景、惠、烈、昭、穆、英、成、康等，对这些词汇还有专门的文化阐释，如"经纬天地曰文""威强睿德曰武""布义行刚曰景""柔质慈民曰惠"。南诏国也是按照这样的文化传统对南诏国国王给予谥号的，如阁逻凤谥号为武王，因为在阁逻凤时代，唐朝与南诏国发生了著名的"天宝之战"，而且三次"天宝之战"都以唐朝军队的失败而告终，这在南诏国的价值观中，阁逻凤就应该属于"威强睿德"之人，所以谥号为"武王"；又如寻阁劝之所以谥号为孝惠王，是因为他在唐朝与南诏国建立友好关系方面起到了一定的促进作用，而且性格品行好，属于"柔质慈民"之人。

第二类是属于贬义的，有炀、厉、灵、幽等，对这些词汇也是有文化阐释的，例如"好内远礼曰炀""杀戮无辜曰厉"等，南诏国的劝龙晟谥号幽王，就是因为劝龙晟淫虐无道所以被弄栋节度使杀死，据《新唐书·南诏传下》记载，劝龙晟在位9年，"淫肆不道，上下怨疾。元和十一年，为弄栋节度王嵯巅所杀，立其弟劝利"。①

第三类是属于表同情的，有哀、怀、愍、悼等，对每一个词仍然有文化阐释，例如"恭仁短折曰哀"等。南诏国的凤伽异谥号悼惠王，之所以给凤伽异"悼惠王"的谥号，是因为凤伽异去世很早，值得同情。《资治通鉴》记载说："（779年）南诏王阁逻凤卒，子凤迦异前死，孙异牟寻立。"② 凤伽异未立而早死，仅仅担任过阳瓜州的刺史。

庙号是中国古代中原王朝的帝王死后，在他后面即位的帝王要立庙奉祀，追尊为"某祖""某宗"的名号。每个朝代的第一个皇帝称"祖"，如"高祖""太祖""世祖"；之后的嗣君称"帝"或"宗"，如"惠帝""文帝""太宗""高宗""中宗""世宗"等。南诏国的部分国王也有庙号，如细奴逻的庙号是高祖，蒋彬的《南诏源流纪要》说逻晟死后庙号为世宗。值得注意的是，在元代以前的文献当中都没有强调细奴逻的庙号是高祖，而明代以后的文献开始强调细奴逻庙号为高祖，目的就是要突出细奴逻是南诏国的建立者，这完全是按照汉族文化的思维模式进行的文化建构，即中原王朝的第一个建立者的庙号都称为高祖。例如汉朝的建立者刘邦是汉高祖，唐朝的建立者李渊是唐高祖，等等。这说明到了明代，云南的地方汉族学者已经完全按照多民族中国正统的历史观来建构云南的地方民族历史，包括南诏国国王的世系。

---

① 《新唐书·南诏传下》，中华书局标点本，1975，第6281页。
② 《资治通鉴·唐纪》，中华书局标点本，1956，第7270页。

五　结语

南诏国国王从没有年号、谥号到普遍有年号和谥号，反映了中国历史发展长时段的一种趋势，即多民族中国的各民族有一种共同的文化价值观，各民族还共享一些文化，南诏国国王世系文化当中的年号、谥号、庙号的使用，就是各民族共同的一种政治文化，表明南诏国国王力求与中原文化保持一致性。

虽然说南诏国的文化与中原王朝的文化属于一个文化系统，但是在中原文化的价值观中，南诏国不是正统，仅仅是一个边疆民族政权，所以在相关的文献中凡是提到南诏国国王的年号、谥号、庙号时，都使用"僭谥"或者"伪谥"这两个词。例如："罗晟……僭谥兴宗王。"① "晟罗皮即位……僭谥威成王。"② "酋龙……伪谥景庄皇帝。"③ "异牟寻……在位三十年，僭号曰东王，又僭谥孝桓王。"④ 之所以南诏国国王的年号、谥号要被汉族历史学家记载为"僭谥"或者"伪谥"，是因为在中原文化的价值观中，南诏国仅仅是一个王朝国家封的"王"，例如皮逻阁被封为"云南王"，所以南诏国国王使用年号、谥号，就是"僭"，就是超越了本分。汉族的历史学家针对南诏国国王使用年号、谥号的事，指责他们"僭越"的思想，说明在中原汉族历史学家和政治家的价值观和民族观中，南诏国不是王朝国家的"正统"，所以不能使用年号、谥号。

如果从历史发展的长时段来看，南诏国国王世系当中表现出来的种种文化现象，只能说明在多民族中国，各民族共同拥有大家创造的文化财富，各民族在发展的过程当中，都在不同程度地共享这些文化财富，这就是多民族中国的发展历史从来没有中断的重要原因之一。

① 尤中：《僰古通纪浅述校注》，见《尤中文集》第 4 卷，云南大学出版社，2009，第 280 页。
② 尤中：《僰古通纪浅述校注》，见《尤中文集》第 4 卷，云南大学出版社，2009，第 280 页。
③ 《新唐书·南诏传下》，中华书局标点本，1975，第 6291 页。
④ 尤中：《僰古通纪浅述校注》，见《尤中文集》第 4 卷，云南大学出版社，2009，第 295 页。

南诏国境内外的望蛮、扑子蛮、三濮研究

——以历史人类学的视角*

秦汉时期的闽濮到了唐代分化为望蛮、扑子蛮、三濮，与近代南亚语系孟高棉语族的布朗、德昂、佤族等民族的先民有民族的源流关系。而三濮是与扑子蛮和望蛮有同源异流关系的民族群体。

作为中国历史文献当中的正史，《新唐书·南蛮传下》对扑子蛮、望蛮、三濮的记载仅仅 100 余字，所以长期以来人们对扑子蛮、望蛮、三濮的了解不多，在诸多民族史著作当中对唐代南诏国境内的扑子蛮、望蛮、三濮的记载，主要就是引用这 100 余字，仅做简单介绍，但是如果我们对这 100 余字进行深度解读，可以发现许多丰富的历史信息，从而丰富今天布朗族、佤族、德昂族民族历史文化的研究。

现在试以《新唐书·南蛮传下》为据，参照《蛮书》的相关记载，并以历史人类学的视角分析之。①

一 关于望蛮的解读

（一）望蛮的内部结构与分布

综合各种历史文献来看，除了望蛮之外，在关于唐代民族的历史文献中，还有望蛮外喻部落、望苴蛮二个民族名称，于是需要明确它们到底是

---

* 本文曾以《南诏国境内外的望蛮、扑子蛮、三濮研究》为题，发表在《广西民族大学学报》（哲学社会科学版）2013 年第 5 期，第 105～109 页。

① 因为《新唐书·南蛮传下》的许多内容主要是引用《蛮书》，所以在此把二者进行对比。

37

一个民族，还是三个不同的民族。

通过对历史文献的深度解读，我们认为，望蛮是不同部分的总称，指的是整体，而望蛮外喻部落是望蛮当中的一部分，望苴蛮则是被南诏国国王征发的望蛮战士，不是一个民族群体，具体情况试述如下。

第一，望蛮是汉民族的历史学家记载的一个他称，其中"望"是民族名称，而蛮是在"贵华夏，贱四夷"思想指导下对南方少数民族的蔑称，望蛮的"望"与今天佤族的"佤"，是古今历史学家对同一个民族名称的同音异写，"望"即"佤"，所以望蛮指的是一个民族整体，望蛮是今天佤族的直接先民。

第二，望蛮外喻部落是望蛮分布在永昌西北的部分，《蛮书》卷四载："望蛮外喻部落，在永昌西北。"① 之所以叫作望蛮外喻部落，我们的理解是分布在永昌西北的望蛮由于距离这一个地区的政治中心永昌比较远，需要招徕与安抚，所以称为望蛮外喻部落，因此望蛮与望蛮外喻部落的关系是整体与局部的关系。

第三，南诏国时期望蛮分布在南诏国的西部地区，南诏国王从众多的士兵当中选出四支卫队，卫队的战士称为罗苴子（即卫士），其中就有大量的望蛮战士被征发为罗苴子，又因为在所有的罗苴子当中以望蛮的卫士最勇敢，所以《新唐书·南蛮传下》就把望蛮的罗苴子称为"望苴蛮"，每当有军事行动的时候"以望苴子前驱"，可见望苴蛮是指望蛮当中被南诏国国王征发的卫士，他们不是一个民族群体。方国瑜先生也认为望苴蛮不是一个民族群体，他曾经这样说过："望苴子，当是望蛮之军户，《樊志》卷九南诏兵志，罗苴子为精兵，有四军苴子，盖望苴子为其一。"②

关于望蛮的分布，《新唐书·南蛮传下》认为望蛮也在永昌的西边，但是没有具体指出到底分布在什么地方，所以需要我们研究，明确其具体的分布地望。我们认为，整个望蛮都分布在澜沧江以西的地区，即今天云南省的保山市、德宏州、临沧市一直到缅甸西北部地区，这与今天国内外佤族的分布大致相同。

---

① 向达：《蛮书校注》，中华书局，1962，第103页。
② 方国瑜：《中国西南历史地理考释》上册，中华书局，1987，第331页。

具体到望蛮外喻部落，《中国历史地图集》第五册隋唐五代十国卷"南诏"这一幅地图把望蛮外喻部落分为"望部"和"外喻部"，他们具体的分布地望是："望部"的分布区在今天云南省临沧市沧源佤族自治县并且向西延至缅甸掸邦，"外喻部"的分布区在今天云南省普洱市西盟佤族自治县并且向西延至缅甸掸邦。我们认为《中国历史地图集》第五册隋唐五代十国卷"南诏"这一幅地图有两点讹误。

第一，把望蛮外喻部落分为望部、外喻部两个部分，这是没有文献支持的，也就是说，没有看到其他文献把望蛮外喻部落分为望部、外喻部。

第二，《中国历史地图集》第五册隋唐五代十国卷"南诏"这一幅地图把望部、外喻部标注在永昌的正南，而且明确标注出望部分布在今天云南省临沧市沧源佤族自治县，外喻部分布在今天云南省普洱市西盟佤族自治县。与此相反，《蛮书》卷四非常明确："望蛮外喻部落，在永昌西北。"① 永昌西北，也就是今天保山市的西北边，当为保山市、德宏州、怒江州三地连接的地区，一直到以缅甸密支那为中心的伊洛瓦底江上游地区。对此，我们隐隐觉得当时历史地图集的绘制者认为既然望部、外喻部发展为今天的佤族，那么能够和今天两个佤族自治县相当的民族群体就应该是望部、外喻部。这样的观点值得商榷。

总之，我们认为望蛮外喻部落不是两个族群，更不能因为沧源、西盟是两个佤族自治县，为了对应沧源、西盟这两个佤族自治县就把望蛮外喻部落分成两个族群，而且标注到与文献记载南辕北辙的地方。

需要注意的是，《蛮书》卷六记载："永昌城所管有望外喻；拓东城，有南诏安置望苴子、望外喻等千余户。"也就是说，南诏国时期曾经把望蛮外喻部落的部分人口迁入东方爨区，但是到了下一个历史时期，东方爨区的望蛮都不再见于史书，也无迁出的记录，很可能是融合到了当地民族中。通过这种迁移，南诏境内的许多民族发生了大规模的融合，说明中国许多民族都是在融合中发展的，你中有我，我中有你。

（二）望蛮的文化

从文化上来看，望蛮的各个部分都拥有共同的文化特征。这些文化特

① 向达：《蛮书校注》，中华书局，1962，第103页。

征首先是由他们生活在热带、亚热带这样的自然环境所决定的，是这样的自然环境使他们在各个方面表现出了鲜明的民族个性。

首先，望蛮的物质文化当中最突出的是他们的武器木弓短箭具有强大的杀伤力："镞傅毒药，中者立死。"① 这种使用毒药的弓箭到近代佤族还在使用。

虽然望蛮外喻部落是望蛮分布在永昌西北边远地区的部分，但是民族性强悍，使用具有强大杀伤力的武器木弓短箭的文化特征完全相同，即"望蛮外喻部落，在永昌西北。其人长大，负排持矟，前往无敌。又能用木弓短箭，箭镞傅毒药，所中人立毙"。② 正是因为整个望蛮有强悍的民族性格和能够置敌人于死地的武器，所以被南诏国国王看中。文献是这样记述被南诏国国王征发的望苴蛮的："望苴蛮者，在澜沧江西。男女勇捷，不鞍而骑，善用矛剑，短甲蔽胸腹，鞁鍪皆插牦牛尾，驰突若神。"③《蛮书》卷四的记载更加详细："望苴子蛮，在澜沧江以西，是盛罗皮所讨定也。其人勇捷，善于马上用枪。所乘马不用鞍。跣足衣短甲，才蔽胸腹而已。股膝皆露。兜鍪上插旄牛尾，驰突若飞。其妇人亦若此。南诏及诸城镇大将出兵，则望苴子为前驱。"④

其次，喜养牛，妇女喜欢饮用牛乳。"其地宜沙牛，亦大于诸处角牛，长四尺已来。妇人惟嗜乳酪，肥白，俗好遨游。"⑤

最后，服饰文化相同，以发型来区别妇女的婚姻状况。望蛮"妇人亦跣足，以青布为衫裳，联贯珂贝、巴齿、真珠，斜络其身数十道。有夫者竖分发为两髻，无夫者顶后为一髻垂之"。⑥ 望蛮外喻部落同样是以青布为衫裳，以珂贝、巴齿、真珠为装饰，有夫的妇女竖分发为两髻，无夫的妇女顶后为一髻垂之。

总之，望蛮的民族性格与民族文化特点是比较鲜明的，可以概括为以下几点。

第一，望苴蛮不仅有男性，而且有妇女，表现出望苴蛮"其人勇

---

① 《新唐书·南蛮传下》，中华书局标点本，1975，第6325页。
② 向达：《蛮书校注》，中华书局，1962，第103页。
③ 《新唐书·南蛮传上》，中华书局标点本，1975，第6268页。
④ 以下皆见向达《蛮书校注》，中华书局，1962，第101页。
⑤ 向达：《蛮书校注》，中华书局，1962，第103页。
⑥ 向达：《蛮书校注》，中华书局，1962，第103页。

捷……驰突若飞。其妇人亦若此"的气概。

第二，他们是在晟逻皮时代加入南诏国的军队中的①，由此说明望蛮成为南诏国统治下的民族时间是比较早的，具体应该是在 700 年前后，是南诏国正在崛起的时期。

第三，具有强悍民族性格的望蛮善于骑马，能够在马上灵活使用武枪，骑马不用鞍。

第四，服装奇特，具有强烈的民族文化个性特征："跣足衣短甲，才蔽胸腹而已。股膝皆露。兜鍪上插旄牛尾。"

第五，望苴蛮的数量很多而且驻扎的地方很广，不但驻扎在洱海地区，在南诏国重要的军事要地都有望蛮，因此才说"南诏及诸城镇大将出兵，则望苴子为前驱"。望苴蛮是南诏国军队当中最能征善战的一支精锐部队。

第六，当时望蛮的社会生活是相当丰富多彩的，人们不是处在封闭的状态之中，而是和远方的人经常有交换发生，例如望蛮服饰上的装饰品珂贝、巴齿、真珠等都不是山地民族自己生产的，而是来自海洋民族，是与其他民族交换的结果。

二 关于扑子蛮的解读

（一）扑子蛮的分布问题

对于扑子蛮的分布《新唐书·南蛮传下》仅有一句话，说永昌西边"有扑子蛮"，即今天保山市以西的地方有扑子蛮分布，这句话十分模糊，没有具体指出到底在永昌以西的什么地方，仅仅让我们有一个模糊的印象。

由于《新唐书·南蛮传》的材料主要是从《蛮书》当中引用，所以我们在本文中将二者进行相关的对比。

关于扑子蛮的分布，《蛮书》卷四有详细的记载："（扑子蛮）开南、银生、永昌、寻传四处皆有，铁桥西北边延澜沧江亦有部落。"② 文中提到的开南、银生、永昌、寻传具体的地望为：开南即开南节度辖区，相当于

---

① 晟逻皮出生年月不详，728 年去世。
② 向达：《蛮书校注》，中华书局，1962，第 97 页。

今云南省普洱市和临沧市东部；银生即银生节度辖区，包括今云南西双版纳州及境外的一些地方；永昌即永昌节度辖区，即今云南省保山市、德宏州东部、临沧市西部；寻传即寻传地区，指今云南省澜沧江西岸的云龙县之地往西经德宏州北部而至缅甸克钦邦一带。

通过对比我们可以看出，《新唐书·南蛮传下》的作者虽然参考了《蛮书》，但是没有进一步考证，因此才会对扑子蛮的分布表达不清。而《蛮书》除了告诉我们在开南、银生、永昌、寻传有扑子蛮之外，还指出"铁桥西北边延澜沧江亦有部落"。铁桥城在今云南省丽江西北塔城一带，铁桥西北边一直到澜沧江上游之地，指的是自今天维西县沿澜沧江至云龙一带。因此，对照《蛮书》的记载可以看出以上各地都有扑子蛮分布，或杂居或聚居于同区域内的其他民族之中。

关于扑子蛮分布的结论是：在秦汉时期我们只是了解扑子蛮的先民分布在今天的滇西方向，没有准确的分布地望，但是到了唐代我们却发现扑子蛮已经向北扩展到了铁桥西北澜沧江的中上游地区。

对于扑子蛮的分布还有几个需要深入考虑的问题。

第一，是什么原因促使从东南亚由南往北迁徙的扑子蛮进入自己不太适应的澜沧江上游？澜沧江上游的生态环境与他们特别适应的热带、亚热带的自然生态环境有巨大的差别，从长时段研究的角度来看，当一个民族进入一个自己不太适应的地理环境时，首先是人地关系发生了根本性的变化，接下来是生产方式、生存模式的适应性变化，最终将带来民族性格、文化传统的变化等。这需要我们探索。

第二，他们是什么时候进入这一地区的？在汉晋时期永昌郡的境内有扑子蛮的先民闽濮，永昌郡的范围主要是在澜沧江中下游的西部，没有达到澜沧江的上游，从记载闽濮的文献《华阳国志》当中来看，扑子蛮的先民闽濮主要分布在今天的保山市、临沧市、普洱市等地，所以可以认为铁桥西北边澜沧江中上游地区的扑子蛮应该是南北朝晚期北上的，因为这个时期中原王朝的政治势力已经退出了这一地区，故《南齐书·州郡志》才记载说"永昌郡，有名无民曰空荒不立"。[①] 而《宋书·州郡志》则没有任何关于永昌郡的记载。

---

① 《南齐书·州郡志》，中华书局标点本，1975，第305页。

第三，从对历史文献的检索来看，近代以来澜沧江上游地区已经没有扑子蛮的后裔布朗族或者德昂族，那么进入澜沧江上游地区的扑子蛮后来又到哪里去了？我们假设有以下几种情况：或者因为不能适应自然生态环境，他们主动撤离；或者发生民族冲突，导致亡族灭种，因为他们的到来，必然会为土地、水源、生产生活资料的占有发生争执，甚至是武装冲突；或者是发生了民族融合，但是从今天滇西北的民族构成及其体质特征来看，几乎没有这样的可能性。所以因为不能适应自然生态环境，他们主动撤离的可能性最大。

（二）扑子蛮的民族性格问题

史学界绝大多数人认为扑子蛮、望蛮与今天布朗、德昂、佤族先民有民族的源流关系，所以在很大程度上布朗、德昂、佤族的民族性格对其先民有一定的继承关系。但是，文献当中记载的扑子蛮等的民族性格相当强悍，而今天布朗、德昂、佤族的民族性格比较温和，极少有攻击性。

对于扑子蛮极为彪悍的民族性格，历史文献的记载是："善用竹弓，入林射飞鼠无不中。"唐朝的军队曾经"生擒得扑子蛮，拷问之并不语，截其腕亦不声"。[①] 由此说明这个民族的民族性格强悍到了"截其腕亦不声"的地步。与《新唐书》相比较，《蛮书》对扑子蛮的记载更加详细："扑子蛮，勇悍趫捷，以青婆罗段为通身袴。善用泊箕竹弓，深林间射飞鼠，发无不中。"[②]

于是我们以之和今天孟高棉语族各民族的民族性格进行对比，发现当代孟高棉语族各民族的民族性格没有如此强悍，如果认为扑子蛮与今天云南三个孟高棉语族民族的先民有关的前提不错的话，那么我们可以认定其民族性格所发生的巨大变化，由两个方面的原因所导致：一是一部分孟高棉语族的民族因为信仰南传上座部佛教，南传上座部佛教以"空"为核心的精神消解了他们强悍的民族性格，例如信仰南传上座部佛教的佤族、布朗族的民族性格就比较温和；二是他们长期处在政治、经济弱势的格局当中，民族性格渐渐发生变化，例如佤族历史上就被称为"卡佤"，而"卡"

---

① 向达：《蛮书校注》，中华书局，1962，第97页。
② 向达：《蛮书校注》，中华书局，1962，第96页。

在傣族语言当中是"奴隶"的意思。

（三）扑子蛮的民族关系与社会发展问题

由于关于扑子蛮的文献记载十分少，所以人们几乎没有关注他们的民族关系问题，实际上还是有的。

唐代的扑子蛮不但分布区有所扩展，而且与唐朝的地方官员还发生过正面冲突："蔡袭咸通四年（863 年）正月三日阵面上生擒得扑子蛮，拷问之并不语，截其腕亦不声。安南子城虞候梁轲云是扑子蛮。今梁轲见在贼中，僭称朱鸢县令，其梁轲始由再宾任使，前后三度到蛮王处通好，结构祸胎。"[①] 从文中提到扑子蛮梁轲还担任安南子城虞候的记载来看，我们当然是大大低估了扑子蛮当时的发展水平，尽管按照传统进化论的观点，与扑子蛮有源流关系的布朗族等民族到 20 世纪 50 年代还属于处在原始社会发展阶段的民族，但是从对历史文献的深度解读当中我们可以发现，事实上扑子蛮内部的发展是不平衡的，如梁轲等已经融入统一多民族国家的政治生活，这与他们所处的地域有关，即与唐朝的辖境接近，故然。由此说明在唐代中国境内的各民族内部就已经存在发展不平衡问题，当代中国各民族之间和各民族内部发展不平衡问题是几千年以来的历史事实，不是到了某个朝代才开始出现的。

（四）特定自然环境之下的生存模式与社会形态

从文化相对论的角度来看，扑子蛮"善用泊箕竹弓，深林间射飞鼠"并不是生产力发展水平低，而是对特定自然生态环境的有效适应。在云南古代所有的历史学家和地方志的记载当中，都认为扑子蛮及其后裔"无食器，以芭蕉叶籍之"是其处在原始社会发展阶段的一个标志，实际上这是一个误读，到今天为止在云南南部、东南亚各地广大的热带、亚热带地区，"无食器，以芭蕉叶籍之"的饮食文化比比皆是，而这些地区的民族基本上没有处在所谓的"原始社会"。

---

① 向达：《蛮书校注》，中华书局，1962，第 96、97 页。

三 与扑子蛮、望蛮有同源异流关系的三濮

关于"三濮",《新唐书·南蛮传下》说:"三濮者,在云南徼外千五百里。有文面濮,俗镂面,以青涅之。赤口濮,裸身而折齿,劓其唇使赤。黑僰濮,山居如人,以幅布为裙,贯头而系之。丈夫衣榖皮。多白蹄牛、虎魄。龙朔中,遣使与千支弗、磨腊同朝贡。"① 这一段文献引自郭义恭的《广志》,对这一条史料,前人关注不够,今试分析之。

所谓的"三濮"指的是文面濮、赤口濮、黑僰濮,是汉民族的历史学家对某些民族的民俗文化进行概括,然后把民俗文化的特点作为民族的名称。

从民族名称来看,"三濮"都保留着"濮"的民族名称,秦汉时期这一地区曾经有过闽濮,到了唐朝闽濮分化为扑子蛮、望蛮、三濮,所以三者是具有同源异流关系的民族群体,方国瑜先生曾经说过:"所谓扑子即汉晋时期之永昌濮人(亦称哀牢夷),为永昌郡之主要部族,多见于纪录,散居甚广,支系较多。如郭义恭《广志》所载有黑僰濮、赤口濮、折腰濮、文面濮、木棉濮,以生活习俗而任意称之,今之布朗族、崩龙族、佤族,即其遗裔。"②

从分布的地望来看,南诏国徼外的文面濮、赤口濮、黑僰濮的分布区都在南诏国的西边,是今天印度与缅甸相连接的地区,与南诏国境内的扑子蛮、望蛮在分布区上是连成一片的,他们比望蛮当中的望蛮外喻部落分布得离永昌更加遥远③,所以汉民族的历史学家只能根据相关文献转抄,故记载十分简略,仅仅抓住了一些文化特征,更加具体的文化信息几乎没有。

总的来说,从民族名称都带有濮,而且在分布区上连成一片,我们初步认为文面濮、赤口濮、黑僰濮与扑子蛮、望蛮是具有同源共祖的同源异流关系的民族群体。

---

① 《新唐书·南蛮传下》,中华书局标点本,1975,第6328、6329页。
② 方国瑜:《中国西南历史地理考释》上册,中华书局,1987,第330页。
③ 因为在《新唐书》中对扑子蛮、望蛮分布的记述是以永昌作为一个地理参照基点,故言。

四　从《新唐书》与《蛮书》对扑子蛮、望蛮记载的比较看《新唐书》的不足

如果我们把《新唐书·南蛮传下》和《蛮书》中关于扑子蛮、望蛮的记载进行比较，就会发现《新唐书·南蛮传下》存在许多问题，使我们相信"尽信书不如无书"这一古训是正确的。

《新唐书·南蛮传下》对扑子蛮、望蛮的记载绝大多数引自《蛮书》，但是并没有进行认真的阐释，而是断章取义，删除了许多有意味的内容，如果我们今天不和《蛮书》进行比较，把《新唐书·南蛮传下》记载的内容不加考辨地使用，就不能很好地认识扑子蛮、望蛮。例如《蛮书》对望蛮文化的记载："又能用木弓短箭，箭镞傅毒药，所中人立毙。妇人亦跣足，以青布为衫裳，联贯珂贝、巴齿、真珠，斜络其身数十道。有夫者竖分发为两髻，无夫者顶后为一髻垂之。其地宜沙牛，亦大于诸处牛，角长四尺已来。妇人惟嗜乳酪，肥白，俗好遨游。"① 《新唐书》并没有原文照抄，而是进行了删减，即望蛮"用木弓短箭，镞傅毒药，中者立死。妇人食乳酪，肥白，跣足；青布为衫裳，联贯珂贝珠络之；髻垂于后，有夫者分两髻"。② 我们在此把两者进行比较之后，就可以发现《新唐书》的问题，这样的删减是人的主观行为，由于《新唐书》的作者没有告诉我们资料的来源，于是我们不能不对作为正史的《新唐书》产生怀疑，因为《蛮书》的作者樊绰是亲自到过云南的人③，而撰写《新唐书》的欧阳修没有到过云南，仅仅是在他人的文献当中遥想远方的"南蛮之地"，在书房中对"南蛮之地"的"野蛮人"进行文化想象，以"贵华夏，贱四夷"的文化价值观、民族观进行历史文本的书写。故要有对古代文献的质疑精神，方可进入古代民族历史的深处。

虽然《蛮书》的作者到过云南，但是仍然没有到过望蛮的分布区，这

---

① 向达：《蛮书校注》，中华书局，1962，第103页。
② 《新唐书·南蛮传下》，中华书局标点本，1975，第6325页。
③ 关于樊绰的生平事迹不太清楚，只知道在唐懿宗咸通三年（862年）担任安南从事，其间到过云南的部分地方，主要是交通比较通畅的地方，南诏国攻陷交趾之后，樊绰逃走，咸通五年（864年）六月左授夔州都督府长史。

是因为当时望蛮的分布区不在南诏国的交通要道之上，是难以达到的边远地方，所以《蛮书》的作者想当然地认为望蛮的妇女经常饮用牛乳一定长得又白又胖，实际上望蛮从体质人类学的角度看应该属于蒙古利亚人种与尼格罗人种的过渡人种，肤色是比较黑的，再加上他们生活在气温比较高、湿度比较大的地方，一般人的体格都比较瘦小，不可能因为饮用了牛乳就变得肥白。对此，《新唐书》不加考辨地进行引用，就给历史留下了一些错误的记载。

此外，《新唐书·南蛮传下》认为扑子蛮"人多长大，负排持稍而斗"。[①] 学术界的研究认为以扑子蛮为主体发展成为当代的布朗族，但是布朗族的体质特征并没有体格高大的特点，而是与之相反，说明《新唐书·南蛮传下》的记载有误，对于初学者来说，将会造成误解。

---

① 《新唐书·南蛮传下》，中华书局标点本，1975，第6325页。

国家权力与历史记忆：东汉时期中南各民族的历史人类学研究*

    2004 年我们曾经在《广西民族研究》发表过《读〈后汉书·南蛮西南夷列传〉札记》一文，近来重读《后汉书·南蛮西南夷列传》，有了许多新的心得体会，特别是用历史人类学的方法对相关文献进行分析，又有了一些不同于以前的观点，现写成本文以求教于方家。

一　国家权力的深入与民族名称的命名

    《史记》通过《西南夷列传》《南越列传》《东越列传》来记述中国南方的民族历史，《汉书》基本继承了《史记》的内容，但是也有部分变化，把《史记》的《西南夷列传》《南越列传》《东越列传》《朝鲜列传》合起来写成了《西南夷两粤朝鲜传》，显然《汉书》并没有按照西汉时期民族分布的空间方位来书写民族历史，其原因是这些地方在汉武帝时期都已经成为汉王朝的郡县。《后汉书》在《汉书·西南夷两粤朝鲜传》的基础上有了更加大的变化，第一次写出了《南蛮列传》。①

    与华南地区的百越系统民族相比较，中南地区的民族比较复杂，具体是指分布在东汉荆州刺史部由北向南的南郡、武陵郡、长沙郡的民族，以

---

* 本文原载于《贵州社会科学》2017 年第 9 期，第 52~57 页。

① 值得说明的是，在《后汉书》当中是把南蛮传与西南夷传合传的，即《南蛮西南夷列传》，其中的南蛮列传包括原来的华南地区的百越系统民族，新增加了中南地区（或者可以称为华中地区）的民族。所以《后汉书·南蛮列传》当中所说的南蛮，已经不是先秦时期十分模糊的一个民族泛称。

及分布在益州刺史部巴郡的民族。随着统一多民族中国国家的发展，到了东汉时期统一多民族中国的边疆发生了巨大的变化，疆域扩大了很多，历史上的边疆成了内地，因此历史上的边疆少数民族也成了分布在内地的少数民族，他们分布在特定的郡县之内，被相关的郡县管理，于是在中国的历史文献当中出现了以郡县名称作为少数民族的族称，所以《后汉书·南蛮列传》中把分布在巴郡的民族群体称为巴郡蛮、把分布在南郡的民族群体称为南郡蛮、把分布在武陵郡的民族群体称为武陵蛮，等等。

值得注意的是，在具体的文献记载当中，也还有用更小的地名、县名、河流名、山川名来命名同一个民族的不同部分。例如《后汉书·南蛮列传》记载东汉章帝建初元年（公元76年）武陵蛮的反抗时说"肃宗建初元年（公元76年），武陵澧中蛮陈从等反叛，入零阳蛮界。其冬，零阳蛮五里精夫为郡击破（陈）从，（陈）从等皆降。三年（公元78年）冬，溇中蛮覃儿健等复反，攻烧零阳、作唐、孱陵界中。明年春，发荆州七郡及汝南、颍川弛刑徒吏士五千余人，拒守零阳，募充中五里蛮精夫不叛者四千人，击澧中贼。五年（公元80年）春，覃儿健等请降，不许。郡因进兵与战于宏下，大破之，斩儿健首，余皆弃营走还溇中，复遣乞降，乃受之。于是罢武陵屯兵，赏赐各有差。"① 这段记载当中一共提到了澧中蛮、零阳蛮、溇中蛮、五里蛮等民族群体，其中的澧中蛮是武陵蛮中分布在澧水流域的群体，是用江河的名称来作为民族名称②；零阳蛮是武陵蛮中分布在武陵郡零阳县的群体，是用县名来作为民族名称③；溇中蛮是武陵蛮中分布在溇水流域的群体，是用江河的名称来作为民族名称④；五里蛮是武陵蛮中分布在武陵郡充县的群体⑤。又例如文献记载汉光武帝建武二十三年（公元47年），南郡的少数民族反抗，"潕山蛮雷迁等始反叛，寇掠百姓，遣武威将军刘尚将万余人讨破之，徙其种人七千余口置江夏界中，今沔中蛮是也。和帝永元

---

① 以下皆见《后汉书·南蛮西南夷列传》，中华书局标点本，1965，第2832页。
② 澧水是长江的支流，位于长江中游、湖南省西北部、洞庭湖西岸。
③ 《后汉书·南蛮西南夷列传》，中华书局标点本，1965，第2832页的注说："零阳，县，属武陵郡。"
④ 《后汉书·南蛮西南夷列传》，中华书局标点本，1965，第2832页的注说："溇，水名。"
⑤ 《后汉书·南蛮西南夷列传》，中华书局标点本，1965，第2832页的注说："充，县，属武陵郡。"县中五里蛮之"五里"为何意不详。

十三年（公元 101 年），巫蛮许圣等以郡收税不均，怀怨恨，遂屯聚反叛"。① 文中就提到了漊山蛮、沔中蛮、巫蛮。其中的漊山蛮是指南郡蛮分布在漊山的群体，是用山的名称来作为民族名称；沔中蛮是南郡蛮分布在沔水流域的群体，是用江河的名称来作为民族名称②；巫蛮是南郡蛮分布在南郡巫县的群体，是用县名来作为民族名称③。

虽然《后汉书》把中南地区的民族称为南蛮，具体又称为巴郡蛮、南郡蛮、长沙蛮、武陵蛮，但是在以郡县名称命名民族的时候，《后汉书》也考虑到了文化的因素，比较早地在中国的历史文献当中把少数民族崇拜的图腾与之相联系，例如认为武陵蛮是崇拜槃瓠的民族，认为巴郡南郡蛮是崇拜廪君的民族，与此同时还以一些少数民族的生产生活特点来命名少数民族，例如对板楯蛮夷的命名。

从民族源流的角度来看，巴郡蛮、南郡蛮应该是古代的巴人与楚人的民族融合体；长沙蛮、武陵蛮与古代的三苗有民族的源流关系，但是应该也吸收了一部分没有融入华夏族的楚人；板楯蛮夷则属于氐羌系统的民族，但是因为处在秦、巴、蜀等民族的相连接地区，所以也在历史的发展过程当中吸收过相关民族的成分。因此，从民族形成的类型来看，到了东汉时期中南地区的民族基本上都属于多源合流的民族，他们当中的一部分与现代的苗族、瑶族、土家族有源流关系，而更多的群体则在历史的发展过程中与汉族发生融合，成为汉族的一部分。这些案例同时也说明汉族是一个典型的多源合流的民族，是以华夏族为中心在长期的历史发展过程中不断吸收其他民族群体而形成的世界上最大的民族。

二 长沙蛮、武陵蛮等民族群体的槃瓠崇拜与"华夷共祖"

从《后汉书·南蛮列传》的记载来看，崇拜槃瓠的民族以长沙蛮、武陵蛮为代表，此外还有零阳蛮、汉中蛮、零陵蛮、沔中蛮、巫蛮、江夏蛮等。以上诸蛮基本上都把槃瓠作为人文初祖或者把槃瓠当作图腾来崇拜。

---

① 《后汉书·南蛮西南夷列传》，中华书局标点本，1965，第 2841 页。
② 沔水为汉江的上游，沔中蛮指分布在沔水流域的少数民族。
③ 《后汉书·南蛮西南夷列传》，中华书局标点本，1965，第 2842 页的注说："巫，县，属南郡。"

关于长沙蛮、武陵蛮等民族群体崇拜槃瓠的历史，《后汉书·南蛮列传》认为是十分久远的，最早可以追溯到华夏族传说的帝喾（按：五帝为黄帝、颛顼、帝喾、尧、舜）时代。当时有一个叫作犬戎的民族不断攻击帝喾，虽然帝喾进行了反击，但是没有能够战胜犬戎，所以帝喾"乃访募天下，有能得犬戎之将吴将军头者，购黄金千镒，邑万家，又妻以少女"。① 虽然帝喾有这样的重赏，但是仍然没有人出来应聘，就在这个时候，帝喾自己养的一只叫作槃瓠的犬"遂衔人头造阙下，群臣怪而诊之，乃吴将军首也"。对此帝喾大喜，但是因为槃瓠是一只犬，"而计槃瓠不可妻之以女，又无封爵之道，议欲有报而未知所宜"。帝喾的女儿知道她的父亲没有按照原来的约定办理，提出了疑问，认为"帝皇下令，不可违信"，坚决要求嫁给槃瓠，帝喾迫不得已，"乃以女配槃瓠"。

槃瓠之所以能够有如此的能耐，是因为槃瓠不同于一般的犬，槃瓠的出生以及槃瓠名称的命名都与帝喾的妻子有关。《后汉书·南蛮列传》注引《魏略》说："高辛氏（按：即帝喾）有老妇，居正（王）室，得耳疾，挑之，乃得物大如茧。妇人盛瓠中，覆之以槃，俄顷化为犬，其文五色，因名槃瓠。"② 即槃瓠是帝喾妻子耳中之物变化而来的，这样的出生方式十分奇特，《后汉书》如此安排槃瓠的出生是颇有深意的，是要说明槃瓠与华夏族的五帝之一帝喾具有某种联系，这种联系在暗示帝喾的女儿嫁给槃瓠是不唐突的，具有内在的历史逻辑。

《后汉书·南蛮列传》接下来的记述更加具有特别的文化意义，"槃瓠得女，负而走入南山，止石室中。所处险绝，人迹不至"。③ 文中槃瓠和公主居住的"石室"，李贤注"今辰州庐溪县西有武山"④，又注引黄闵的《武陵记》说武山"山高可万仞。山半有槃瓠石室，可容数万人。中有石床，槃瓠行迹"。接着李贤又说："今案：山窟前有石羊、石兽，古迹奇异尤多。望石窟大如三间屋，遥见一石仍似狗形，蛮俗相传，云是槃瓠像也。"也就是说到了唐代，中南地区的少数民族仍然有对槃瓠的图腾崇拜。此外，公主进入崇拜槃瓠的少数民族地区之后，也经历了一个文化适应过

---

① 以下皆见《后汉书·南蛮西南夷列传》，中华书局标点本，1965，第2829页。
② 《后汉书·南蛮西南夷列传》，中华书局标点本，1965，第2830页。
③ 《后汉书·南蛮西南夷列传》，中华书局标点本，1965，第2829页。
④ 以下皆见《后汉书·南蛮西南夷列传》，中华书局标点本，1965，第2830页。

程。首先是对服饰进行再造，目的是要适应槃瓠民族集团的服饰文化，"于是女解去衣裳，为仆鉴之结，着独力之衣"，这与当年庄蹻入滇"变其服，从其俗"的情况完全相同，就是为了文化融入。

此后，帝喾十分思念自己的女儿，派遣使者去寻找公主，但是每一次去寻找都遇上暴风雨，无法找到。多年以后，槃瓠和公主"生子一十二人，六男六女"。①《后汉书》的作者之所以要强调槃瓠的子女是"六男六女"，这是因为槃瓠死后，这些兄妹"自相夫妻"，即他们结为夫妻，是兄妹婚姻。这最少可以说明长沙蛮、武陵蛮等民族群体最早是有图腾崇拜的，这个崇拜对象就是槃瓠，槃瓠与公主生下来的子女实行的是具有血缘关系的兄妹婚，这或许能够反映汉藏语系古老先民在历史上曾经存在过血缘婚的发展历史。

在后来的历史发展过程中，槃瓠的子孙对槃瓠的崇拜，具体表现在服饰和饮食两个方面。首先是槃瓠的子孙们按照槃瓠的一些特点进行了文化再创造，"织绩木皮，染以草实"，因为槃瓠"其文五色"，所以槃瓠的子女们制作的衣服也是五色衣服，而且还有尾巴，即"制裁皆有尾形"，以表达对槃瓠的崇拜，进而成为一种文化符号。在饮食方面，李贤注引干宝的《晋纪》说："武陵（郡）、长沙（郡）、庐江郡夷，槃瓠之后也。杂处五溪之内。槃瓠凭山阻险，每每常为害。糅杂鱼肉，叩槽而号，以祭槃瓠。俗称'赤髀横裙'，即其（槃瓠）子孙。"② 由于槃瓠的子孙们生活在五溪之内，所以也被汉族的历史学家称为"五溪蛮"，当然五溪之外也有槃瓠后代分布，李贤注引《荆州记》说："沅陵县居酉口，有上就、武阳二乡，唯此是槃瓠子孙，狗种也。二乡在武溪之北。"③

帝喾的女儿最后还是回到了帝喾的身边，把所发生的一切告诉了帝喾，于是帝喾派遣使者去迎接自己的外孙，但是槃瓠和公主所生的子孙们在文化上和"外祖父"帝喾已经产生了差异，特点是"衣裳班兰，语言侏离，好入山壑，不乐平旷"。④ 帝喾没有强求，而是"顺其意"，且"赐以名山广泽"。这些与帝喾有亲缘关系的民族渐渐成为中国南方的民族，人

---

① 《后汉书·南蛮西南夷列传》，中华书局标点本，1965，第 2829 页。
② 《后汉书·南蛮西南夷列传》，中华书局标点本，1965，第 2830 页。
③ 《后汉书·南蛮西南夷列传》，中华书局标点本，1965，第 2830 页。
④ 以下皆见《后汉书·南蛮西南夷列传》，中华书局标点本，1965，第 2829、2830 页。

口越来越多，被华夏族称为蛮夷。其民族性格也发生了变化，被华夏族认为是"外痴内黠，安土重旧"。但是因为祖先槃瓠曾经在帝喾的时代有功，老祖母又是帝喾的女儿，所以他们得到了特别的关照，"田作贾贩，无关梁符传、租税之赋"。在此李贤注说："优宠之，故蠲其赋役也。"除了经济上的优待之外，在政治上槃瓠的后代也得到优待，槃瓠后代政治首领的名称叫作精夫，相互称呼为我辈，朝廷对槃瓠后代的政治首领"皆赐印绶，冠用獭皮"。

总而言之，关于槃瓠崇拜的神话传说应该是汉藏语系古老先民较早的图腾崇拜文化遗留，是统一多民族中国重要的文化遗产。从槃瓠与帝喾的关系来看，《后汉书·南蛮列传》仍然具有一定的"华夷共祖"意识。

三　廪君对盐控制权的争夺与巴郡南郡蛮的发展

巴郡南郡蛮虽然分布的地区自西向东很宽，但都源自同一个远古祖先，与先秦时期的巴人、楚人有民族的源流关系。巴郡南郡蛮内部有五个支系，其分别是巴氏、樊氏、瞫氏、相氏、郑氏。据《后汉书·南蛮列传》记载，武落钟离山是这些支系的发源地，在武落钟离山上有红、黑两个洞穴，巴氏支系起源于红洞穴，而其他四个支系都起源于黑洞穴，因此红、黑两个洞穴是否代表两个有一定差别的古老民族群体的起源地，对于我们理解巴郡南郡蛮的起源是有启发意义的，因为类似关于洞穴人类起源的神话传说在世界的民族志中是比较多的，例如中国西南佤族的"司岗里"传说就认为佤族是从叫作"司岗里"的洞穴当中出来的。

在早期的发展历史中，巴氏、樊氏、瞫氏、相氏、郑氏这五个支系一直都没有产生势力强大的政治首领。随着社会发展，为了推举能够统一各个支系的政治首领，各个支系的人聚集在一起约定"共掷剑于石穴，约能中者，奉以为君"。[①] 五个支系的首领分别以石穴为靶子，以剑投掷，但是只有巴氏的首领务相一个人投中，对此，所有的人都感到惊叹。接下来，

① 以下皆见《后汉书·南蛮西南夷列传》，中华书局标点本，1965，第 2840 页。

五个支系的民众又提议："令各乘土船，约能浮者，当以为君。"结果仍然是樊氏、瞫氏、相氏、郑氏四个支系的首领乘坐的土船全部沉入水中，而"唯务相独浮"。于是大家都认为是神在保佑务相，因为土船见到水是会散的，务相的土船却安然无恙。面对如此奇特的现象，所有的人都认为是神在帮助务相，就共同拥立务相为君，从此务相由一个支系的政治首领成了巴氏、樊氏、瞫氏、相氏、郑氏共同的政治领袖，而且名称也由务相改为廪君。从民族政治集团发展的角度来看，巴郡南郡蛮是通过神的意志来选择政治首领的，具有一定的民主选举意味。

其后，廪君又乘着土船，从夷水到了盐阳。对于为什么廪君要从夷水到盐阳，注引《荆州图（副）》说："夷陵县西有温泉。古老相传，此泉元出盐，于今水有盐气。县西一独山有石穴，有二大石并立穴中，相去可一丈，俗名为阴阳石，阴石常湿，阳石常燥。"① 这是一段颇有深意的记载，说明盐阳就是能够出产盐的地方。对于盐在历史发展中的重要性，任乃强先生曾经这样说过："人类文化，总是从产盐地方首先发展起来，并随着食盐的生产和运销，扩展其文化领域。"② 此外，任乃强先生还认为："川鄂接界的巫溪河流域，是与湖北神农架极其相似的一个山险水恶、农牧都有困难的贫瘠地区。只缘大宁的宝源山，有两眼盐泉涌出咸水来，经原始社会的猎人发现了。（相传是追神鹿至此，鹿舐土不去，被杀。因而发觉其水能晒盐。）进入煮盐运销之后，这个偏僻荒凉的山区，曾经发展成为长江中上游的文化中心（巴楚文化的核心）。"③ 注引《荆州图（副）》里说的东汉时期的夷陵县就是今天湖北的宜昌市，是一个巴郡和南郡之间物资和文化的重要集散地，宜昌市西部巫峡的神女峰之神女实际上就是盐神，故《后汉书·南蛮列传》注引《代本》说："廪君之先，故出巫诞。"④ 由此说明，廪君生活的地方虽然有盐，但是因为在峡谷当中，无法进一步扩展生存空间，因此廪君借助神的力量再去寻找盐这种重要的战略资源，同时也在开拓巴郡南郡蛮先民的生存空间，所以又注引盛弘之《荆州记》说："昔廪君浮夷水，射盐神于阳石之上。案今施州清江

---

① 以下皆见《后汉书·南蛮西南夷列传》，中华书局标点本，1965，第2840页。
② 任乃强校注《华阳国志校补图注》附《说盐》，上海古籍出版社，1987，第52页。
③ 任乃强校注《华阳国志校补图注》附《说盐》，上海古籍出版社，1987，第53页。
④ 《后汉书·南蛮西南夷列传》，中华书局标点本，1965，第2840页。

县水一名盐水，源出清江县西都亭山。"这里说廪君战胜盐神，实际上就是占领了能够出产盐的地方，廪君及其民族群体的生存空间有了进一步的扩展。

从文献记载来看，当时的盐是井盐，是用盐水（即卤水）来制作盐，盐由盐神来控制，为了让盐生产得更多，巴郡南郡蛮把盐神塑造为一个女神，就如傣族为了让稻谷产量增加，就认为谷神是一个女神。对进入盐阳的廪君，盐神首先是想把他留下来成为自己统治的一部分人，所以对廪君说："此地广大，鱼盐所出，愿留共居。"① 这是盐神和廪君进行谈判，盐神希望控制廪君及其民众，但是廪君没有同意。于是双方进行了博弈，首先是盐神作法，"暮辄来取宿，旦即化为虫，与诸虫群飞，掩蔽日光，天地晦冥"。这样的状况持续了十余日，其后廪君进行了强硬的回击，"伺其便，因射杀之，天乃开明"。取得胜利的廪君得到了对战略资源盐的控制，"于是君乎夷城，四姓皆臣之"。廪君作为巴郡南郡蛮最早的政治首领，死后魂魄化为白虎，所以白虎成了巴郡南郡蛮崇拜的图腾，而且巴郡南郡蛮还认为"虎饮人血，遂以人祠焉"，即用人作为牺牲来祭祀廪君化成的白虎图腾。

上述关于务相成为廪君，廪君死后又化为白虎的神话，实际上是记述廪君在成为巴郡南郡蛮的政治首领之后，进一步向其他地区扩张，并以对盐的控制作为政治扩张的战略目标。在这个过程当中一定是会发生与其他民族群体的矛盾冲突的，所以以廪君为首领的巴郡南郡蛮在盐阳这个地方遭遇到了也能够生产盐的民族群体，双方发生了矛盾冲突，最后廪君以武力取得了胜利，成为一个更加广大区域的政治首领。廪君对于巴郡南郡蛮的发展贡献非常大，所以在他去世之后，被巴郡南郡蛮的民众神化为白虎，作为图腾进行崇拜，实际上就是要表达廪君对巴郡南郡蛮发展的历史性贡献。与此同时，巴郡南郡蛮的民众也完成了对自我民族群体源流发展历史的建构。

总的来说，崇拜廪君的巴郡南郡蛮是因为寻找盐而发展，是因为寻找盐而扩张，是因为盐而壮大起来的。

---

① 以下皆见《后汉书·南蛮西南夷列传》，中华书局标点本，1965，第2840页。

四　秦国对板楯蛮夷的利用与秦国势力进入中南地区

板楯蛮夷分布的巴郡阆中县位于嘉陵江中游，巴山南麓是先秦时期秦国进入巴蜀地区进而深入中南地区的战略要地，而板楯蛮夷则是秦国从关中南下巴蜀最先征服的民族群体。《后汉书》的作者范晔把板楯蛮夷放在《后汉书·南蛮列传》当中，却没有把板楯蛮夷放在巴郡南郡蛮中进行记述，而是单独记述，这是因为板楯蛮夷在文化上与巴郡南郡蛮有区别，例如巴郡南郡蛮崇拜的对象是廪君死后变成的图腾白虎，与之相反，板楯蛮夷却是替秦国去射杀白虎，所以板楯蛮夷的民族名称与巴郡南郡蛮不同，即在"蛮"字的后边又加了一个"夷"字，目的是要说明板楯蛮夷与巴郡南郡蛮在民族源流上有区别，在民族文化上不同类。因此，从巴郡南郡蛮崇拜廪君化成的白虎，而板楯蛮夷却射杀白虎这两种截然相反的情况看，巴郡南郡蛮与板楯蛮夷在先秦时期应该是两个不同的民族群体。因为早期的人们认为自己的祖先是由某一特定的动物、植物或其他无生物体转化而来，同该物有一定的血缘亲属关系，它对本民族有保护作用，便有目的地加以崇拜，板楯蛮夷不但不崇拜白虎，反而射杀白虎，故巴郡南郡蛮与板楯蛮夷非同一民族。[①]

《后汉书·南蛮列传》记载说板楯蛮夷与秦国的关系发生在秦昭襄王（公元前306～公元前251年）时，当时有一只白虎，"常从群虎数游秦、蜀、巴、汉之境，伤害千余人"。[②] 我们认为文中说的"白虎"实际上应该是指在"秦、蜀、巴、汉之境"有一个崇拜"白虎"的民族群体，而且还能够控制区域内也同样以虎为图腾崇拜的相关民族群体，所以能够在这个地区伤害"千余人"。此外，文中提到的"秦、蜀、巴、汉之境"实际上指的是"秦、蜀、巴、汉"的相连接地区，也就是秦岭以南从汉中郡到巴郡的广大地区。因为有秦岭的阻隔，所以秦国一直没能征服这个地区，但由于征服这一地区是秦国南下发展战略的一个重要组成部分，因此秦昭襄王"乃重募国中有能杀虎者，赏邑万家，金百镒"。但秦国没有人敢来杀

---

① 王文光、翟国强：《读〈后汉书·南蛮西南夷列传〉札记》，《广西民族研究》2004 年第 4 期。

② 以下皆见《后汉书·南蛮西南夷列传》，中华书局标点本，1965，第 2842 页。

"白虎"，也就是说秦国虽然一直想征服这个地区，但是战略目标一直没能实现。

在这样的历史背景之下，秦国寻找到了分布在"秦、蜀、巴、汉"相连接核心地区的巴郡阆中县的"夷人"，即"阆中有渝水（按：即嘉陵江），其人多居水左右"，这些分布在嘉陵江的"夷人"民族性格强悍，"天性劲勇"，而且他们还能够制作杀伤力很强的"白竹之弩"，所以这些"夷人"在秦国的支持下"乃登楼射杀白虎"。《后汉书》注引《华阳国志》说"巴夷廖仲等射杀之"，这里明确了巴郡阆中县的"夷人"就是"巴夷"。对此，《华阳国志》又记载说："秦昭襄王时，白虎为害，自秦（黔）、蜀、巴、汉患之。秦王乃重募国中：'有能煞虎者邑万家，金帛称之。'于是夷朐忍、廖仲、药何、射虎秦精等乃作白竹弩于高楼上，射虎。中头三节。"① 和《后汉书》相比较，《华阳国志》的记载更加具体，明确了射虎的人是夷人朐忍、廖仲、药何、射虎秦精，我们认为朐忍、廖仲、药何、射虎秦精是分布在嘉陵江中游的"夷人"的政治首领，他们代表着一个民族群体，表面上看是朐忍、廖仲、药何、射虎秦精等人射杀了白虎，而实际上是"夷人"替秦国战胜了分布在"秦、蜀、巴、汉"相连接核心地区的崇拜"白虎"的民族群体，从而使秦国的势力扩展到了西南与中南相连接地区，在战略上实现了从西北南下中南地区的战略目的。

由于"夷人"替秦国战胜了崇拜"白虎"的民族群体，秦国实现了南下的战略目的，秦昭襄王准备嘉奖"夷人"，但因为"夷人"还不是秦国的臣民，所以没有按照通常的惯例进行封赐，于是秦昭襄王就按照"夷人"的文化习俗刻石碑为据，给了"夷人"经济上法律上极大的优惠，这是秦昭襄王对"夷人"帮助秦国实现南下战略目的的回报，所以注说秦昭襄王特别优宠"夷人"。在经济方面，"一户免其一顷田之税，虽有十妻，不输口筭之钱"②；在政治方面，"夷人"即使犯了杀人的罪也可以得到从宽处罚，也就是"杀人者得以倓钱赎死"，对于"以倓钱赎死"，注引何承天《纂文》说："倓，蛮夷赎罪货也。"与此同时，秦昭襄王还与夷人结

---

① 任乃强校注《华阳国志校补图注》，上海古籍出版社，1987，第14页。这里的"三节"指的是射入了虎头很深的地方，即三个竹节，因为"白竹"是一种特殊的竹子，体小但是韧性很好，故能够射中虎头很深的地方。

② 以下皆见《后汉书·南蛮西南夷列传》，中华书局标点本，1965，第2842页。

盟，用结盟的方式来确定秦国与"夷人"的双边关系，以及如果出现矛盾之后的处置办法："秦犯夷，输黄龙一双；夷犯秦，输清酒一钟。"从此，秦国通过嘉陵江南下的通道建立起来，而且巴郡的"夷人"也很好地接受了秦国的治理，成为秦国南下可以借重的一支军事力量。

五　小结

第一，《后汉书·南蛮列传》第一次系统地书写了中南地区相关民族的历史与文化，对这些民族历史文化的文本书写的变化实际上反映了统一多民族中国国家内部各民族的分化与融合，反映了统一多民族中国国家对各民族治理的不断深入，同时也反映了统一多民族中国疆域的扩大。从统一多民族中国国家形成与发展的角度来看，统一多民族中国的发展是一个历史过程，历史上的边疆随着统一多民族中国的发展而变化，上一个历史时期的边疆可能到了下一个历史时期就成了内地，成了统一多民族中国郡县治理下的地方，《后汉书·南蛮列传》当中以郡县名称来命名民族名称就反映了这样的历史变化，这种以郡县名称作为民族名称的变化说明统一多民族中国的边疆在变化，统一多民族中国国内民族的情况也在发生变化。

第二，对于《后汉书》当中所记载的中南地区民族的历史，如果从统一多民族中国发展的全局角度来看，他们的历史活动是统一多民族中国发展历史的一部分，是各民族共同缔造统一多民族中国的历史例证。秦国利用分布在巴郡阆中县以板楯为武器的"夷人"战胜了崇拜白虎的民族群体，顺利地实现了南下汉中以南的战略目的就是一个典型例子，而秦国南下对于后来建立第一个统一多民族中国的意义相当重大。

第三，在《后汉书·南蛮列传》当中还有一个值得关注的历史叙事，那就是统一多民族中国的各民族有一个共同的人文初祖，各民族之间都有内在的历史文化联系。例如崇拜槃瓠的长沙蛮、武陵蛮等民族群体与华夏族有一个共同的祖先，具有"华夷共祖"的关系，长沙蛮、武陵蛮与华夏族的人文初祖帝喾有民族亲缘关系，因为帝喾的女儿是槃瓠的妻子，所有的长沙蛮、武陵蛮都是帝喾的女儿和槃瓠的子孙，都是一个共同祖先的后裔。这样的历史文本书写是我们今天中华民族认同与中华民族文化认同的历史文化根据，同样意义重大。

《史记·匈奴列传》 与匈奴社会

——从历史人类学的视角 *

匈奴作为汉代一个强大的民族群体，制约和影响着中国民族在汉代的形成与发展，故《史记·匈奴列传》从民族研究的角度看最为重要，其虽然记载了远古至汉武帝天汉四年（公元前 97 年）的匈奴历史，但是远古时期的匈奴历史相当简略，主要内容是汉代匈奴的文化以及所表现出来的匈奴社会。

虽然在《诗经》中就出现了对匈奴的记载，却极其简略，说明华夏族对匈奴社会还不了解。从春秋战国开始，包含匈奴在内的北方游牧民族频频向华夏族发动攻击，所以当时齐桓公利用这一个历史机遇提出了"尊王攘夷"的口号，其中的"攘夷"就是防御北方游牧民族对华夏族的攻击。

由于当时的史官对"四夷"的记述主要着眼于政治、着眼于政治关系，而且是站在大民族主义的立场，以"贵华夏，贱四夷"的民族观来书写民族历史，此外当时的历史学家几乎都没有深入过北方游牧民族地区，也就不可能有关于北方游牧民族的详细记载，所以以匈奴为中心的北方游牧民族在华夏族的思想意识中就十分模糊，在文献记载中也十分简略。这种情况到汉代发生了变化，匈奴作为中国北方最为强大的游牧民族登上了历史舞台，向刚刚建立的汉王朝发动了猛烈的攻击，汉王朝一时间只有防御之势，无反击之力。于是汉匈民族关系成了汉王朝最大的国家大事，在这样的宏大历史背景之下，司马迁写出了至今仍然没有人能够超越的关于中国北方游牧民族的《匈奴列传》。从当时的历史角度看，《史记·匈奴列

* 本文原载于《思想战线》2013 年第 1 期，第 26～30 页。

传》就是一份关于匈奴的民族志，而到了今天，我们才把它作为民族史研究的文献来看待，因此，仅仅把《史记·匈奴列传》作为民族史研究的文献是片面的，它应该还是研究历史人类学的重要文献。

在《匈奴列传》中，司马迁首先简要勾勒了匈奴社会的发展历史，其次从文化的角度记述了匈奴民族的诸多文化事项，最后从汉匈民族间经济、政治互动的角度论述了汉匈关系。其中需要特别注意的是，司马迁把匈奴的社会发展放到统一多民族国家形成与发展的历史背景下来考察，提出了匈奴与汉族都是黄帝的后裔的观点。这种"华夷共祖"的思想，在今天建设中国统一多民族国家的历史进程中，其现实意义与学术价值都是巨大的。

一

在《史记》中有关中国边疆民族的六个列传中，有三个列传与匈奴相关，数量上占了《史记》边疆民族列传的一半。对此，司马迁说："自三代以来，匈奴常为中国患害，欲知强弱之时，设备征讨，作《匈奴列传》第五十。"① 这里说的"自三代以来，匈奴常为中国患害"，指的是先秦时期华夏民族与匈奴的民族关系以及后来汉王朝与匈奴的民族关系，都主要记述在《史记·匈奴列传》中。

《史记·匈奴列传》所反映的匈奴发展史从总体上来说可分为三个时期。第一个时期，冒顿时代以前的匈奴社会。由于尚未以匈奴作为整个北方游牧民族的民族名称，因此可以认为是匈奴与北方其他游牧民族共同发展时期。第二个时期，冒顿为匈奴单于，匈奴政权统治北方各游牧民族时期。第三个时期，匈奴自身分化与融合时期。这三个时期是中国北方游牧民族最为活跃、民族关系最为复杂的时期。

著名的匈奴史学家林幹先生认为，匈奴包括原先活动在大漠南北的各民族群体，在形成过程中，被称为"匈奴"的那个部分因社会生产力较其他部分先进，力量强大，起着主导作用，随着民族共同体的形成，便以个

---

① 《史记·太史公自序》，中华书局标点本，1982，第3317页。

别的名称代表整个民族群体。① 也就是说，匈奴只是所有北方游牧民族的一部分，因为其强大，所以用匈奴的民族名称指代整个中国北方的游牧民族。在《史记·匈奴列传》中，早期的匈奴实际上是指整个中国北方草原的游牧民族群体。当时各游牧民族群体之间有近亲血缘关系，其中匈奴最强，所以将众多民族写入《史记·匈奴列传》。传中所提到的民族有西戎、戎狄、畎夷、戎夷、犬戎、山戎、戎、猃狁、戎翟。从这些名称上来看，大都带有戎字，可以理解为是一个泛匈奴民族群体，而戎字的前边或后边所缀有的字，则是戎的支系，可能因方位、居住地、崇拜对象的差异而有所不同。因此我们认为匈奴到战国时日益强大，成了北方游牧民族的代表，正式登上了中国历史舞台，因而司马迁将匈奴作为所有北方游牧民族代表性的统称。

在匈奴强盛时代，不能不提匈奴的冒顿。冒顿是匈奴历史上一位胆识过人的政治家，公元前209年，冒顿代其父头曼单于自立为单于后，"大破灭东胡王，而虏其民人及畜产。既归，西走月氏，南并楼烦、白羊河南王"。② 而就在此时，"汉兵与项羽相距，中国疲于兵革，以故冒顿得自强"。③ 匈奴政权的强大使冒顿完成了中国北方大草原的地区性统一，打破了北方草原政治多极化的格局，特别是击灭东胡后，成为东至朝鲜半岛，西达中亚的大帝国。与此同时，强大的匈奴政权对汉民族建立的汉王朝，构成了前所未有的威胁，影响和制约着中国民族的形成与发展。因此，汉王朝的基本国策和民族矛盾的主要方面都集中在北方，主要针对匈奴的南侵而展开。

从民族形成的角度看，如果没有一个强大的政治集团或国家政权的有力支持，一个民族很难快速发展并有社会地位，只有有强大的政治集团或国家政权支持，才有可能产生强大的民族。因此，随着匈奴征服地区的扩大，很多北方游牧民族进入匈奴民族系统，使匈奴民族在质上更加强大，在量上也不断增加，具有军事能力的战士达到30万余人，整个北方草原都纳入了匈奴政权的统治，这个历史过程对匈奴民族自身的发展有不可低估的历史作用。之所以说冒顿建立的匈奴政权对中国北方游牧民族的发展有

---

① 林幹：《匈奴通史》，人民出版社，1986，第3页。
② 《史记·匈奴列传》，中华书局标点本，1982，第2890页。
③ 《史记·匈奴列传》，中华书局标点本，1982，第2890页。

不可估量的历史作用，是因为冒顿完成了中国北方草原游牧文化区的统一，中国北方各游牧民族在匈奴政权的治理之下快速发展。

从表面上看，匈奴政权拥有强大的军队、严密的政权组织，确实能保证其良好地运行，但这个政权从一开始就孕育着分裂，因为游牧文明的生产方式导致他们的流动性和社会财富不易集中，当碰到内部纷争、外部力量冲击或自然灾害时便难以进行有效应对，故貌似强大的政权随时处于分崩离析的危机之中，这就是整个中国古代北方游牧民族政权很快兴起又很快消亡的历史原因。汉武帝在元光六年（公元前129年）遣卫青、公孙贺、公孙敖、李广北击匈奴，展开了农业文明对游牧文明的防御型攻击。到征和三年（公元前90年），汉朝对匈奴的战争共计进行了45年，双方都因此造成了人员和经济上的损失。匈奴最终分裂为南北匈奴，南匈奴入塞南下，终融入了汉族等民族，丰富了汉族的数量与质量；而北匈奴西迁，则改变了欧洲民族发展的格局。

二

司马迁对《史记·匈奴列传》的谋篇布局是很有讲究的，一开始主要从族源、族称加以记述。司马迁认为，匈奴"其先祖夏后氏之苗裔也"。[1]注引："乐产《括地谱》云：'夏桀无道，汤放之鸣条，三年而死。其子獯粥妻桀之众妾，避居北野，随畜移徙，中国谓之匈奴。'"[2]我们不能认为这条材料记的是历史真实，只能认为夏商时期已有部分华夏族人进入北方与当地游牧民族融合。因为在华夏族出现之时，中国北方就有游牧民族存在。对此，《史记·五帝本纪》载："北逐荤粥，合符釜山，而邑于涿鹿之阿。"《史记·索隐》注："匈奴别名也。唐虞已上曰山戎，亦曰熏粥，夏曰淳维，殷曰鬼方，周曰猃狁，汉曰匈奴。"[3]上述记载，说明北方游牧民族在遥远的古代就与中原华夏族有所接触，从民族关系的角度看，远古时期中原与北方民族已有交流、融合。

需要指出的是，司马迁在《史记》中提出了以五帝为中心的"华夷共

---

① 《史记·匈奴列传》，中华书局标点本，1962，第2879页。
② 《史记·匈奴列传》，中华书局标点本，1962，第2880页。
③ 《史记·五帝本纪》，中华书局标点本，1962，第6、7页。

祖"思想，反映出作者朴素的民族平等意识。如上所言，华夏和匈奴是黄帝后裔，明确体现出"华夷共祖"的思想。这一认识较为符合先秦以来华夷互化、华夷相融的基本史实。虽然匈奴一直威胁汉族，是当时汉王朝民族关系矛盾的主要方面，但与汉族仍有文化渊源关系，因为匈奴也是黄帝后裔。这种"华夷共祖"的思想，一方面是秦汉政治大一统理论和实践的反映，另一方面也或多或少反映了先秦到秦汉时期华夷融合的基本史实。①

秦汉之际，匈奴在冒顿单于的统领下，在很短的时间内成功地在匈奴各部中实现了前所未有的统一，同时四面出击，向东击败了东胡，向西击败了居住在河西走廊的月氏，并迫使大部分月氏西迁，向北征服了丁零，向南达长城和汉民族相接，并时时侵扰汉王朝。匈奴的强大，对刚刚建立的汉朝是个极大的威胁，所以刘邦即位之初便开始注意汉匈关系，在公元前201年，汉朝派韩王信，徙太原郡31县，到晋阳（今太原）以备匈奴，后韩王信又请治马邑，但不久马邑遭到了匈奴的围攻，韩王信也降了匈奴，匈奴更挥师南向，从而有了汉高祖亲征平城。平城之战后，汉朝对内采取休养生息之策，对外也采取了缓和的政策，于是有了和亲。和亲是历史上各民族统治者处理民族关系的一种特殊形式，具有强烈的政治色彩。吕太后和孝文帝时都以和亲求和平。在这期间，即便匈奴出兵犯边，汉也尽量维护和亲的局面，没有发生大的战争，使汉朝有了几十年休养生息的客观外部环境，而匈奴也从汉朝得到许多物品，社会较为平稳地发展，这对两个民族来说都是极为有利的。和亲这一历史现象在汉代出现并成为统治阶级的一种策略，成为不同民族双方订立政治盟约的一种形式，它既受当时政治形势的制约，又为一定的政治目的服务。不管当时的统治者在处理民族关系时出于怎样的动机和策略考虑，一般来说，这种政策都起到了缓和民族矛盾的作用，促进了民族间经济文化的交流。这也正是和亲政策的生命力所在，因而也为以后历代统治者所效仿，成为历代久远又甚为普遍的现象。②

但匈奴由于其特定的游牧经济类型、文化传统，所以一方面和亲，另一方面仍旧南下杀掠汉族民众。这种局面一直维持到汉武帝时期。汉武帝

---

① 王文光、翟国强：《"五帝世系"与秦汉时期"华夷共祖"思想》，《中国边疆史地研究》2005年第1期。

② 陈育宁主编《中华民族凝聚力的历史探索》，云南人民出版社，1994，第243页。

元光元年（公元前134年），汉"佯为卖马邑城以诱单于"①，虽然双方没有发生战斗，但从此双方关系就恶化了。

汉武帝反击匈奴，前后一共进行了45年，在前期汉王朝具有防御性和正义性，但到后来随着汉朝综合国力的增强，便有了进一步开疆拓土的目的。汉武帝通过对匈奴的战争，首先攻占了河南地，设置了朔方郡，之后又攻占了甘肃河西走廊，降浑邪之众，设了河西四郡，扩大了汉朝在北方和西方的疆域，同时也维护了农业区汉族经济的正常发展，而匈奴却因此向北远遁，在心理上也遭到重创。《史记·匈奴列传》正义注引《西河旧事》说："匈奴失祁连、焉支二山，乃歌曰：'亡我祁连山，使我六畜不蕃息；失我焉支山，使我妇女无颜色。'"② 因此，汉朝战胜匈奴实现了汉王朝更大范围的政治统一，对统一多民族国家的发展的影响正面大于负面。

在简要记述匈奴与汉王朝的民族关系之后，我们有必要从经济发展类型的视角进行分析。

首先，从经济发展类型看，汉民族的农耕经济为主导型经济，而匈奴的游牧经济为依附型经济，于是双方需要有一定的能量交换，特别是对于匈奴来说，这一点十分重要，匈奴不能生产布帛、粮食、铁器，如果没有正常的交换渠道，必然引发匈奴对汉族民众的掠夺战争。因为对匈奴来说，和亲不能从根本上满足匈奴社会快速发展的物资需求，所以才会一方面有和亲存在，另一方面仍有匈奴南下"杀略而去"的情况发生。从景帝、武帝开始，以官方的名义正式开辟关市，打通了汉匈双方物资能量交换的渠道，这大大有利于汉匈双方从根本上改善民族关系。

其次，虽然匈奴对汉民族农耕区进行掠夺，造成了汉民族经济凋敝，但从世界历史发展的角度看，游牧民族为了自身的生存需要，在大多数情况下民族之间还是以和平方式进行交换，因为农耕民族需要游牧民族的马匹、皮革，而游牧民族又需要农耕民族的粮食、布匹和金属工具。

再次，从民族融合的角度看，游牧民族总是融入农耕民族。尽管游牧民族有作战的机动性，常在军事上显示出优势，但他们一旦进入农耕民族

① 《史记·匈奴列传》，中华书局标点本，1982，第2905页。
② 《史记·匈奴列传》，中华书局标点本，1982，第2909页。

分布区，这些优势便在自身的农耕化过程中消失，他们也最终成为农耕民族的一部分，南匈奴的消亡便是如此。

三

从自然地理角度观察，在欧亚大陆中部有一条带状分布的大草原，西起多瑙河下游，经东欧草原地带一直延伸到中国的东北，绵延 21000 多千米，被称为"欧亚草原带"。整个中国的广大草原，位于这个草原带的最东端，匈奴民族群体就生存繁衍在这个地区。

从文化的角度看，在秦汉王朝时期中国有两个最基本的文化区，以长城为界，北边是游牧文化区，南边是农耕文化区。公元前 221 年，秦始皇统一六国，完成了长城以南农耕文化区的统一。北方，由匈奴单于冒顿完成了北方游牧文化区的统一。这两种文化区的局部统一，为汉代中国民族的发展奠定了良好的基础，在整个汉代两个文化区曾经长时间并存，经济上曾有过相互补充。虽然匈奴大肆对农业区的掠夺，造成过经济凋敝，但从世界史的角度看，游牧文明为了自身生存的需要，通常都对农耕文明发动掠夺式进攻，故不能因此就完全否定游牧文明。从系统论的角度看，各系统之间需要能量的交换，因而在游牧文明和农耕文明之间，必然有这种交换，只不过表现为和平的或暴力的两种方式。游牧文明需要农耕文明的粮、布、金属工具，农耕文明则需要游牧文明的马匹、皮革。当通过互市来满足时，是和平互换。当游牧文明以武力进入农耕文明时，是暴力的；同时，农耕文明为了扩大疆域，也有掠取游牧区的暴力行为。正因为如此，匈奴的游牧文明表现出了经济文化两面性与社会组织二重性、具有游牧经济特征的民俗文化。

匈奴社会的经济文化类型属于游牧经济文化类型，"其畜之所多则马、牛、羊……逐水草迁徙，毋城郭常处耕田之业……儿能骑羊，引弓射鸟鼠，少长则射狐兔，为食用。士力能弯弓，尽为甲骑。其俗，宽则随畜，因射猎禽兽为生业，急则人习战攻以侵伐，其天性也"。[①] 如此，则在游牧经济不足以支持社会发展的情况之下，"急则人习战攻以侵伐"，把对外的

---

① 《史记·匈奴列传》，中华书局标点本，1982，第 2879 页。

掠夺作为一种理所当然的生存方式。因此，我们认为匈奴社会的经济文化类型具有两面性，即"宽则随畜，因射猎禽兽为生业，急则人习战攻以侵伐，其天性也"。如果一味地认为游牧文化的掠夺性是野蛮的，那不是历史唯物主义的观点。虽然当时匈奴有一个统一而强大的政权，但是因为经济类型与生产方式的原因，社会的基本生产单位还是家庭，人们是通过对牧地的占有而相互紧紧联系着的，由骑马风尚产生的游牧民族的机动能力导致了他们的外向掠夺性，而且掠夺还成为其主要的经济来源之一，此亦说明匈奴社会生产组织和军事战斗组织的二重性。

文化是相对的，各民族的文化一定是有差异的文化，文化也是由各民族自己所处的自然生态环境所决定而产生的，每一种文化必然带有自然生态环境的烙印。这在匈奴的民俗文化中就十分明显。

第一，与农耕民族的饮食文化不同，游牧经济文化类型决定全民食肉、衣皮，即"自君王以下，咸食畜肉，衣其皮革，被旃裘"。① 但是，游牧民族还有其他物资需求，如粮食、铁器、布匹等，而这些物资恰恰又是游牧民族自己不能大量生产的，如果没有通畅的交换渠道，那么，"掠夺"就成了匈奴等游牧民族的一种生产生活方式。

第二，在上层贵族的丧葬习俗中，还残留着人殉的习俗，"其送死，有棺椁金银衣裘，而无封树丧服，近幸臣妾从死者，多至数千百人"。② 如果从传统进化论的角度看，人们通常认为有"人殉"的民族社会处在奴隶社会阶段，如此，则可以认为匈奴社会在秦汉时期还是奴隶社会。当然，其中也包括普遍性的丧葬文化习俗，即在草原游牧的生活背景下"无封树丧服"。

第三，据史书所载的材料来看，一直到秦汉时期匈奴还处于民间信仰占主导的阶段，主要是自然崇拜与祖灵崇拜，"岁正月，诸长小会单于庭，祠。五月，大会龙城，祭其先、天地、鬼神"。③ 这种对祖先、天地、鬼神的崇拜，应该是与匈奴的社会发展水平相一致的。同时还表明由于匈奴社会游牧经济的分散性，平时很少有大型的社会活动，而通过祭祀祖先、天地、鬼神的社会活动可以增加整个匈奴民族的认同，凝聚民族的

---

① 《史记·匈奴列传》，中华书局标点本，1982，第2879页。
② 《史记·匈奴列传》，中华书局标点本，1982，第2892页。
③ 《史记·匈奴列传》，中华书局标点本，1982，第2892页。

向心力。

第四，以游牧文化为背景的族内转房婚。"父死，妻其后母。兄弟死，皆取其妻妻之。"① 这种婚姻文化习俗反映了匈奴的社会历史发展情况，说明匈奴是一个典型的游牧社会，因为财富的问题，盛行族内转房婚。它的原始意义是约束寡母寡嫂，到了此时又带上了保留一家一族个体家庭的劳动人手和增强家庭生产力的经济意义，因此其文化意义与经济意义共存。

第五，由游牧经济所决定的"贵壮贱老"的习俗。匈奴长期以来都在北方草原从事游牧活动，"其畜之所多则马、牛、羊……逐水草迁徙，毋城郭常处耕田之业……壮者食肥美，老者食其余。贵壮健，贱老弱"。这与华夏族敬老爱老的文化习俗完全相反，例如华夏族的颖考叔遗肉于母、孔融让梨等儒家敬老、畏老的文化习俗在匈奴社会是没有的。为什么匈奴与华夏族在对待老人的态度上有如此巨大的反差？我们认为：其一，匈奴生存的自然环境相对于华夏族生存的自然环境更加恶劣；其二，由特定自然环境决定的游牧经济使匈奴需要不断迁移，从而产生了社会流动性；其三，上述条件决定了壮者能维护社会的发展，能有力地抵御外敌的入侵，而老人却在自然灾害、战争发生的情况下给社会造成负担，即"匈奴明以战攻为事，其老弱不能斗，故以其肥美饮食壮健者，盖以自为守卫，如此父子各得久相保"。② 所以匈奴社会贵壮而贱老。而华夏族有较好的自然环境，在农耕定居过程中需要有丰富经验的老人来指导社会的有序发展。故华夏族敬老贵老，老人是社会的宝贵财富。

---

① 《史记·匈奴列传》，中华书局标点本，1982，第 2879 页。
② 《史记·匈奴列传》，中华书局标点本，1962，第 2899 页。

两汉时期乌桓、鲜卑的历史人类学研究[*]

在二十四史中，仅《后汉书》《三国志》当中有乌桓、鲜卑的记载。乌桓和鲜卑虽然出现在中国古代的历史文献中的时间比较晚，而且在多民族中国的历史发展过程中存在的时间也不长，最后都先后融入中国北方以汉族为中心的民族当中，但两个民族群体对多民族中国发展的影响是很大的。虽然前人对他们的研究不少，但从历史人类学的角度进行研究的还不多见，特别是对他们的民族志进行历史人类学阐释的研究还不多，本文希望在这方面进行探索性的研究，以求教于大方之家。

从先秦到西汉时期，多民族中国的东北地区分布着三个系统的民族：东胡系统、秽貊系统、肃慎系统的民族。东胡分布在匈奴的东边，是一个游牧民族。为什么分布在匈奴的东边就要叫作东胡呢？因为华夏族和后来的汉族历史学家有时候也把匈奴称为"胡人"，随着历史的发展，到了魏晋南北朝时期"胡人"也渐渐成为北方少数民族的泛称之一。

《史记·匈奴列传》载："单于有太子名冒顿。……从其父单于头曼猎，以鸣镝射头曼，其左右亦皆随鸣镝而射杀单于头曼，遂尽诛其后母与弟及大臣不听从者。冒顿自立为单于。"① 东胡的首领听到匈奴冒顿杀父自立为单于之后，希望消灭刚刚即位的政治对手冒顿，但是在几番政治较量之后，冒顿以正义之师的名义击败东胡。被冒顿打败之后，一部分东胡民众退居到乌桓山，便被汉族的历史学家称为乌桓（《三国志》中记载为"乌丸"）；退居鲜卑山的部分，则被称为鲜卑。

---

* 本文曾以《两汉时期乌桓鲜卑的历史人类学研究》为题，刊发于《广西民族大学学报》（哲学社会科学版）2018 年第 4 期。

① 《史记·匈奴列传》，中华书局标点本，1982，第 2887 页。

　　冒顿发动"宫廷政变"掌握匈奴政治权力和击败东胡，使东胡分化为乌桓、鲜卑，是多民族中国发展历史上的重大事件。从历史人类学短时段重视事件研究的角度来看，这个事件决定了整个汉代多民族中国民族关系的基本格局，即民族矛盾的主要方面在北部边疆，民族关系的主体由匈奴与东胡变化为汉族和匈奴，而被匈奴击败的东胡，则产生了民族的分化，出现了乌桓和鲜卑这两个影响汉晋时期多民族中国历史发展的重要民族。

一　乌桓在汉代复杂政治格局中的发展与消亡

　　退居乌桓山的乌桓力量是孤弱的，臣服于匈奴，每年向匈奴缴纳牛、马及羊皮，如果到时候没有准备好上述物品，匈奴就抓捕乌桓的民众为人质，因此乌桓的处境十分困难。到了汉武帝时代，汉匈民族关系发生了变化，汉武帝派遣骠骑将军霍去病击破匈奴左地，把乌桓迁徙到上谷、渔阳、右北平、辽西、辽东五郡的塞外，目的是让乌桓帮助汉朝观察匈奴的动静。乌桓王每年朝见汉朝皇帝一次，汉武帝为了让乌桓成为攻击匈奴的一支重要的军事力量，也为了有效控制乌桓，同时保护乌桓不受匈奴的攻击，设置了著名的护乌桓校尉。护乌桓校尉的设置也是多民族中国发展中的一个重要事件，对解决汉匈民族矛盾具有一定的积极意义，对多民族中国北部边疆的巩固与发展同样意义重大。

　　到了西汉昭帝时（公元前86～公元前74年），乌桓渐渐强大起来，成为多民族中国复杂政治关系格局当中的政治力量，乌桓也以此作为一种资本与相关政治实体进行博弈。为了报复匈奴冒顿灭亡东胡，乌桓挖掘了匈奴单于祖先的冢墓。冒顿大怒，马上向东发动了对乌桓的攻击。大将军霍光知道这个事情之后，派遣度辽将军范明友带领两万骑兵出辽东夹击匈奴，但是冒顿已经北撤而去。度辽将军范明友便乘乌桓刚刚被匈奴击败，也进击乌桓，斩首六千余级，获其三王首而还。由此乌桓也就与汉朝产生了矛盾，发动了对幽州的攻击，但是被范明友破解。汉宣帝即位后，乌桓为了避免匈奴的压迫，仍然回到汉朝北部边疆五郡徼外，请求得到汉朝的保护。

　　王莽建立新朝之后，也准备攻击匈奴，征发了十二部军，派遣东部地区的军事将领严尤率领乌桓和丁令兵屯守代郡，但是王莽把乌桓首领的家属全部作为人质的做法导致了乌桓的不满。此外，乌桓担心久屯不归，所以多次要求返回居住地。结果王莽不同意，乌桓于是自己逃离屯守之地，并且不断攻击北部边疆各郡，郡县的官员就把乌桓的人质杀死，这样就进一步激化了民族矛盾，匈奴便乘机引诱乌桓的政治首领担任匈奴的官员，乌桓重新成为被匈奴控制的民族。王莽屠杀乌桓人质事件，把乌桓又推到了匈奴一边，改变了原来的政治格局，王莽新朝又增加了一个敌人。乌桓重新与匈奴建立同盟关系，由王莽民族政策的错误所导致，历史经验是值得重视的。

到了东汉光武帝年间，乌桓与匈奴联合起来攻击东汉代郡以东地区，"居止近塞，朝发穹庐，暮至城郭，五郡民庶，家受其辜，至于郡县损坏，百姓流亡"。[①] 通过对东汉的掠夺，乌桓获得了更多的物资，特别是分布在上谷郡塞外的白山部，最为富强。在这样的情况下，乌桓又有了与匈奴博弈的力量，建武二十二年（公元46年），匈奴发生内乱，乌桓乘机攻击匈奴，匈奴只好向北撤退数千里，由此漠南地空，光武帝于是以众多的物资赐乌桓，希望乌桓重新归附汉朝。这说明乌桓与匈奴的联合仅仅是权宜之计，是一种利益关系。乌桓真正希望的是在得到充足生产生活资料的同时，也得到政治地位以及强大政治力量的支持，所以又选择了归附东汉王朝。

建武二十五年（公元49年），辽西乌桓首领郝旦等人带领922个大小首领归附，并且到洛阳朝贡，向朝廷进献了奴婢、牛、马及弓、虎豹貂皮等物，表示愿意为朝廷宿卫边疆，光武帝"于是封其渠帅为侯王君长者八十一人"，使其都居住在边疆各郡塞内，"令招来种人，给其衣食，遂为汉侦候，助击匈奴、鲜卑"。[②] 对于光武帝的决定，司徒掾班彪向光武帝进言，认为"乌桓天性轻黠，好为寇贼，若久放纵而无总领者，必复侵掠居人，但委主降掾史，恐非所能制"，所以有必要重新恢复西汉时期设置的乌桓校尉。光武帝采纳了班彪的建议，于是在上谷宁城又设置了乌桓校尉，"开营府，并领鲜卑，赏赐质子，岁时互市焉"。

在东汉明帝、章帝、和帝在位期间（公元58～105年），乌桓都认真保塞，边境无事。但是，安帝、顺帝、桓帝时，乌桓一方面接受朝廷安

---

① 《后汉书·乌桓鲜卑列传》，中华书局标点本，1965，第2982页。
② 以下皆见《后汉书·乌桓鲜卑列传》，中华书局标点本，1965，第2982页。

抚，守卫边疆，另一方面不断联合南匈奴、鲜卑攻击东汉的北部边境郡县，从而使北部边境动荡不安。而东汉王朝则在乌桓归附时利用他们抗击匈奴和鲜卑，在乌桓反叛时坚决地进行反击，多民族中国北部边疆就在这样的历史格局当中得到了稳定和发展，乌桓也在与多方的交往、交流过程当中加快了自身的发展，密切了与汉族的关系。这是乌桓最先融入汉族的重要原因之一。因此，在研究民族关系中的民族矛盾冲突时，我们也要看到这种民族矛盾冲突对民族融合具有一定的积极意义，不能简单否定。

到了东汉后期，随着东汉王朝的衰落，对乌桓的控制渐渐减弱，于是乌桓各部纷纷表现出独立的趋势，就在灵帝即位之初，乌桓分布在上谷的首领难楼拥有部众九千余落（即户），乌桓分布在辽西的丘力居拥有部众五千余落，都自称为王；还有辽东苏仆延拥有部众千余落，自称峭王；乌桓分布在右北平的乌延拥有部众八百余落，自称汗鲁王。所有这些乌桓政治首领都十分勇健而且多计谋。就在这样的历史背景之下，发生了一个重要事件，即东汉的北部边疆动荡起来。灵帝中平四年（公元187年），曾经担任过中山郡太守的张纯反叛，投靠乌桓首领丘力居，自号弥天安定王，后成为乌桓元帅，不断攻击青、徐、幽、冀四州。中平五年（公元188年），灵帝任命刘虞为幽州牧，刘虞招募刺客斩杀了张纯，东汉的北部边疆才得以安定。因此，从历史人类学的角度来看，短时段的重大事件是可能引发历史格局变化的，甚至还可以影响历史发展的趋势。从张纯打出"弥天安定王"的旗号，并且联合北部边疆的乌桓这个行动来看，东汉后期国家对北部边疆的控制能力已经大大下降，开始显示出东汉王朝快要灭亡的历史迹象。

在东汉最后一个皇帝——汉献帝初平年间（公元190～193年），乌桓的政治势力开始介入东汉的政治斗争。汉献帝建安初年，冀州牧袁绍与前将军公孙瓒争权夺利相持不决，乌桓蹋顿派遣使者向冀州牧袁绍请求和亲，还派兵帮助袁绍击败了公孙瓒。因此袁绍赐给了蹋顿、难楼、苏仆延、乌延等乌桓首领单于印绶。

就在这时，一个叫作阎柔的汉人，因为从小就生活在乌桓、鲜卑人当中，所以得到了乌桓、鲜卑人的信任，阎柔便利用鲜卑民众，杀死了乌桓校尉邢举而自任乌桓校尉。袁绍因此宠信安慰阎柔，希望北部边境安定。袁绍的儿子袁尚失败后，投奔蹋顿。当时，由于社会动荡，为了躲避东汉内部的矛盾斗争，幽、冀两州的官员百姓投奔乌桓的有十万余户，因此袁尚准备凭借其兵力，问鼎中原。恰巧这个时候曹操平定了黄河以北地区，阎柔便率领鲜卑、乌桓等众归附曹操，曹操马上任命阎柔为乌桓校尉。建安十二年（公元207年），曹操亲征乌桓，在柳城打败乌桓，并且杀了乌桓王蹋顿，俘虏了乌桓民众二十余万人。袁尚与乌桓的首领楼班、乌延等人带领部下逃亡到辽东，结果辽东太守公孙康打败了这些乌桓人，而且斩杀了其政治首领楼班、乌延等人，余下的部众万余落，被曹操"徙其余种于中国"①，即把这部分乌桓民众迁徙到了汉族聚居的中原地区。从此之后，乌桓开始了民族融合的历史过程，最后在三国晚期消亡在多民族中国历史的发展长河中。

乌桓之所以在三国晚期迅速发生民族融合，我们认为主要原因是乌桓的民族文化与汉族文化相比较过于单薄。原因之一是乌桓的游牧生产方式不可能积累大量的社会财富支持乌桓社会的可持续发展；原因之二是乌桓没有文字记载本民族的历史，仅仅是"刻木为信"，所以当游牧生产方式发生变化之后，特别是游牧文化存在的环境发生变化之后，就容易发生民族融合，这应该是中国北方民族发展与融合的历史规律之一。

二　鲜卑在汉代复杂政治格局中的发展与流变

鲜卑与乌桓早期的发展历史大致相同，在东胡被冒顿打败之后，退到了辽东塞外的鲜卑山，因此叫作鲜卑，在地域上与乌桓是连在一起的，西汉初期基本没有和中原王朝发生联系，所以《史记》《汉书》也就没有关于鲜卑的记载。

东汉光武帝初期，匈奴的势力还较为强盛，而这个时候乌桓、鲜卑都在匈奴的控制之下，所以鲜卑与乌桓常常被迫参加匈奴攻击东汉的军事行动。建武二十一年（公元45年），鲜卑跟随匈奴攻入辽东，多次进入边境要塞杀人掠货。光武帝对此十分担忧，给北部边境增加兵力，辽东太守祭彤"率数千人迎击之，自被甲陷陈，虏大奔，投水死者过半，遂穷追出

---

① 《册府元龟·外臣部·总序》，中华书局影印本，1960，第11239页。

塞，虏急，皆弃兵裸身散走，斩首三千余级，获马数千匹。自是后鲜卑震怖，畏肜不敢复窥塞"。①战争结束之后，祭肜认为匈奴、乌桓、鲜卑联合起来共同入侵边境成为边害，因此应该各个击破。建武二十五年（公元49年），祭肜就派遣使者招降鲜卑，并且送了大量财物。鲜卑的大都护偏何也派遣使者朝贡，表示愿意归附朝廷，祭肜再次给了赏赐，鲜卑与朝廷的关系渐渐紧密。祭肜利用这个机会对偏何说："审欲立功，当归击匈奴，斩送头首乃信耳。"偏何等人都仰天指心表示一定信守承诺，马上对匈奴左伊秩訾部发动了攻击，"斩首二千余级，持头诣郡"，"自是匈奴衰弱，边无寇警，鲜卑、乌桓并入朝贡"。此后的很长时间里边境安宁无事。鲜卑归附东汉王朝，与匈奴的衰落有关，所以朝廷也就利用鲜卑对付匈奴，使之成为北部边疆的一支军事力量。当然，也不排除这是鲜卑政治首领的一种政治策略，即在复杂的政治生态当中寻找发展的机会。

和帝永元三年（公元91年），大将军窦宪派遣右校尉耿夔击败了北匈奴，北匈奴向西迁徙。北匈奴西迁是匈奴发展历史上的一个重大事件，这个事件使多民族中国北方的政治格局发生了巨大的变化。一是鲜卑利用北匈奴西迁的历史机遇迅速转徙占据了北匈奴故地；二是当时还有十余万落（户）没有西迁的匈奴人生活在匈奴故地，这些匈奴民众马上被鲜卑控制，在相互的交往、交流过程中，他们渐渐也自号鲜卑。所以北匈奴的西迁成为鲜卑强盛的一个历史转折关键点，这为魏晋南北朝时期鲜卑建立的几个政权奠定了最早的基础。随着鲜卑的强大，鲜卑开始攻击东汉王朝的边境，目的是掠夺边境地区汉人的财物，但是在不断攻击东汉边境的同时，鲜卑有时候也向东汉朝廷朝贡。东汉安帝永初年间（公元107~113年），鲜卑首领燕荔阳到洛阳朝贡，邓太后赐给燕荔阳"王印绶，赤车参驾"，而且还"令止乌桓校尉所居宁城下，通胡市，因筑南北两部质馆。鲜卑邑落百二十部，各遣入质"。②尽管如此，鲜卑或降或叛的情况没有发生根本性变化，仍然经常与南匈奴、乌桓联合起来发动对东汉边境的攻击。

安帝永宁元年（公元120年），分布在辽西的鲜卑首领乌伦、其至鞬率领部众向度辽将军邓遵投降。安帝下诏封乌伦为率众王，封其至鞬为率

① 以下皆见《后汉书·祭肜列传》，中华书局标点本，1965，第744、745页。
② 《后汉书·乌桓鲜卑列传》，中华书局标点本，1965，第2986页。

众侯，还分别赏赐了彩缯等物。与此同时，其至鞬仍然不断带领鲜卑部众攻击东汉的北部边境，从而使北部边境动荡不安。除了攻击朝廷的边境郡县，辽西鲜卑首领其至鞬还攻击归附朝廷的南匈奴。对此，东汉王朝采取了"以夷制夷"的策略，让已经归附朝廷的乌桓军队和南匈奴军队参加攻击鲜卑的军事行动。永建二年（公元127年）春天，辽东鲜卑六千余骑兵也攻击辽东玄菟郡，乌桓校尉耿晔征发缘边诸郡的军队以及乌桓率众王出塞反击，斩杀鲜卑数百人，大获其生口、牛、马、什物，辽东鲜卑三万余人到辽东请求投降。但是，顺帝永建三年至四年（公元128～129年），渔阳方向的鲜卑又频繁攻击渔阳郡和朔方郡。永建六年（公元131年）秋天，耿晔派遣司马带领南匈奴军队数千人出塞，打败了渔阳方向的鲜卑。到了冬天，渔阳太守又派遣乌桓军队攻击这些渔阳方向的鲜卑，斩首八百级，获牛、马、生口。

由此可见，东汉王朝"以夷制夷"的策略，让乌桓和南匈奴的武装力量也参加到反击鲜卑的战争中。这样的策略一方面可以减轻朝廷的经济负担，另一方面在客观上也有利于乌桓和南匈奴与中原汉族的交流，为下一个历史时期的民族融合（即五胡融入中华）进行了准备。从历史人类学中时段研究的角度来看，多民族中国的许多边疆民族已经强大起来，积极主动地参与多民族中国的发展，这是一种历史发展趋势。到了魏晋南北朝时期，几个主要的民族进入中原地区，出现了多民族中国历史上第一个民族融合的高潮。

尽管如此，鲜卑仍然是东汉王朝晚期民族矛盾的一个重要方面，极大地影响了东汉晚期民族关系的基本格局。汉桓帝在位期间，鲜卑出了一个强势的政治首领檀石槐。檀石槐把鲜卑王庭建在弹汗山歠仇水上，距离高柳北三百余里，"兵马甚盛，东西部大人皆归焉。因南抄缘边，北拒丁零，东却夫余，西击乌孙，尽据匈奴故地，东西万四千余里，南北七千余里，网罗山川水泽盐池"。① 虽然其至鞬对东汉北部边境的攻击不断，给东汉造成了诸多损失，但是从名义上讲其至鞬仍然是东汉封的一个具有羁縻性质的官员。檀石槐则是第一个建立政权的鲜卑政治首领，使鲜卑的发展进入了一个新的历史时期，为魏晋南北朝时期强大的鲜卑各部奠定了坚实的发

----

① 《后汉书·乌桓鲜卑列传》，中华书局标点本，1965，第2988页。

展基础，也为鲜卑留下了诸多历史记忆和历史遗产。从客观上看，檀石槐的出现也是一种历史的必然。东汉桓帝以后，东汉的历史发展已经在走下坡路，渐渐进入衰落阶段，因此檀石槐建立的政权与东汉王朝的关系发生了变化，鲜卑不再是东汉王朝管理下的一个民族群体。

在檀石槐的带领下，作为游牧民族的鲜卑，对汉族发动了更加猛烈的攻击和掠夺。这时，因为东汉王朝"积患之而不能制，遂遣使持印绶封檀石槐为王"[1]，而且还主动与鲜卑和亲。这在汉朝历史上是不多见的，在其他情况下一般都是边疆民族首领希望与中原王朝皇帝建立和亲关系，桓帝主动与鲜卑和亲，说明东汉王朝已经很难应付鲜卑不断的攻击和掠夺。东汉和亲的请求檀石槐不肯接受，反而"寇抄滋甚"。在有利于鲜卑的政治形势之下，檀石槐把他能够控制的地域分为三部："从右北平以东至辽东，接夫余、濊貊二十余邑为东部，从右北平以西至上谷十余邑为中部，从上谷以西至敦煌、乌孙二十余邑为西部。各置大人主领之，皆属檀石槐。"檀石槐这样的布局把整个多民族中国的北方都有效地控制起来，因此鲜卑成为北匈奴西迁之后北方草原的又一个强大民族，而且成为北方草原民族融合的主体，那些没有西迁的北匈奴绝大部分开始向鲜卑民族融合。没有西迁的匈奴十万余落如果以每落五人计，便有五十余万人成为鲜卑的重要组成部分，故才会有"匈奴余种……自号鲜卑"[2]的说法。所以虽名之鲜卑，实际上包括了许多其他民族群体，即以从东胡中分化出来的鲜卑为主体，同时也包含了一些匈奴、汉族、丁零等民族的成分。

三　乌桓、鲜卑民族志的历史人类学阐释

乌桓、鲜卑之所以能够在东汉晚期和三国时期活跃在北部边疆，而且能够进入中原地区参加复杂的政治斗争，是因为乌桓、鲜卑有值得称道的物质文明和精神文明作为后盾。这些物质文明是他们政治制度、文化生活的基础，对此范晔在《后汉书·乌桓鲜卑列传》中以民族志的方式进行了详细的记述。需要强调的是，随着乌桓、鲜卑先后融入汉族，他们的这些

---

[1]　以下皆见《后汉书·乌桓鲜卑列传》，中华书局标点本，1965，第2989页。
[2]　《后汉书·乌桓鲜卑列传》，中华书局标点本，1965，第2986页。

物质文明和精神文明也极大地丰富了中华文明的内涵。

由于乌桓和鲜卑都是从东胡中分化出来的，乌桓到了三国曹魏灭亡时开始融入北方以汉族为主的民族，而鲜卑则继续发展并且在魏晋南北朝时期特别活跃，所以范晔重点记述了乌桓的民族志，对鲜卑文化的记述就比较简单，几乎没有什么具体内容，仅仅是用一句话进行了概括，说鲜卑的"言语习俗与乌桓同"。① 由于鲜卑的"言语习俗与乌桓同"，因此乌桓的民族志也可以看成鲜卑的民族志，在下面的民族志阐释中我们就以乌桓为主，特此说明。

从最基础的生计方式来看，乌桓是游牧民族，随水草移动放牧，除了游牧经济之外，乌桓人还以狩猎经济作为游牧经济的补充，"俗善骑射，弋猎禽兽为事"。② 因此在乌桓的物质文化中，牛、马、羊等大牲口是十分重要的等价物，例如结婚仪式当中以牛、马、羊畜作为聘礼，在乌桓内部矛盾冲突中如果杀死了人可以用马、牛、羊赎死罪，等等。这说明在中原汉族社会已经大量使用货币的时代，乌桓的社会生活中依然没有货币产生，但交换是广泛存在的，因此交换的等价物就是乌桓日常生活当中主要的马、牛、羊。当然，一个社会是否存在货币应该是其经济发展的标志之一，但是对在草原上游牧的民族而言，货币的产生一般都比较晚，不能因此就简单认为他们的经济发展水平很低。

整个欧亚大陆北部地区基本上都是辽阔的草原，这就决定了生活在这个地区的民族是游牧民族，由此也就决定了他们物质文明的基调和文化底色——一切文化都要服从和适应自然环境。具体到乌桓，其分布的自然环境为："地无山，有沙漠、流水、草木，多蝮蛇，在丁令之西南，乌孙之东北，以穷困之。"③ 因此乌桓文化最基本的特点是"俗善骑射，随水草放牧，居无常处，以穹庐为宅，皆东向。日弋猎禽兽，食肉饮酪，以毛毳为衣"。这样的文化与农业民族相比较就是没有精确的历法，他们对季节的认识是十分感性的，是"识鸟兽孕乳，时以四节"。

乌桓的民居都是容易搬迁的毡房，古代称为穹庐，这是游牧民族为了适应游牧生活而发明的民居，其特点是容易拆装，方便游牧生活，乌桓穹

---

① 《后汉书·乌桓鲜卑列传》，中书局标标点本，1965，第2985页。
② 《后汉书·乌桓鲜卑列传》，中华书局标点本，1965，第2979页。
③ 以下皆见《三国志·魏书》，中华书局标点本，1982，第832、833页。

庐的显著特点是穹庐的门一定要向着太阳升起的东方。一般而言，一个穹庐就是一个家庭，在家庭内部，家庭成员之间不分父子男女，都是"相对踞蹲"①，这说明了两个问题：其一，乌桓的家庭结构是核心家庭结构，是父母子女生活在一起；其二，在穹庐之内没有什么特别的家具，基本上是在毛毡上"相对踞蹲"。

乌桓以非常细的羊毛制作毛线，然后用毛线进行纺织，织出衣物以及乌桓特有的纺织品氍毹，与此同时，乌桓的妇女能够在皮上进行刺绣，男子能够制作"弓矢鞍勒，锻金铁为兵器"。服装的外部延伸就是对头发的美化，汉族是文身，乌桓的男人以"髡头为轻便"。妇人则一直留长发，要到出嫁时才把头发"分为髻，著句决，饰以金碧，犹中国有簂步摇"。②不论是在古代还是在现代，众多的民族都把妇女的头饰作为是否结婚的一个标志，所以乌桓妇女出嫁时要把头发"分为髻"，应该也是如此。

因为游牧民族需要极强的机动性，而老年人则是快速运动中的拖累，所以乌桓基本与北方所有的游牧民族一样，具有贵少贱老的文化习俗。这样的伦理观与汉族农业文明背景下尊老爱幼的伦理观不同，有其存在的合理性。在不同自然生态环境下就可能有不同的伦理观，不能用农业文明的伦理观去评价游牧文明的伦理观。在这样的伦理系统之下，我们又看到了乌桓社会对女性老人的尊重。乌桓民众"怒则杀父兄"③，但"终不害其母，以母有族类，父兄无相仇报故也"。对此，我们不能简单地认为乌桓社会还残留着母系氏族社会的文化，而应该将其看作一种以女性为尊的文化。乌桓社会在决定一些重大问题时"计谋从用妇人"，由此可见乌桓社会对女性的尊重。

乌桓的政治生活中，政治首领基本都是由民主选举产生的。政治首领必须勇健能战斗，而且还要能够理性处理内部、外部重大事件，具有这种能力的人才会被推为政治首领。这个政治首领被称为"大人"，由此可以看出乌桓的政治制度与政治生活是民主的，政治首领的继承不是世袭制。在具体的各个部落内部也有自己的部落首领，通常是几百个甚至上千个家庭成为一个部落，每个部落都是一个独立的经济实体，"各自畜牧营产，

---

① 《通典·边防十二》，中华书局标点本，1988，第5365页。
② 《通典·边防十二》，中华书局标点本，1988，第5366页。
③ 以下皆见《后汉书·乌桓鲜卑列传》，中华书局标点本，1965，第2979页。

不相徭役"。① 平时每个部落自己管理自己的事务，但是当整个乌桓民族发生重大事件时，"大人有所召呼，则刻木为信，虽无文字，而部众不敢违犯"。从历史人类学研究的角度来看，乌桓的民主政治是由他们的地理环境所决定的，一方面因为游牧民族不定居，难以形成人口数量众多的政治聚落中心，另一方面当时的乌桓还没有能力积累大量的社会财富来供养一个庞大的官僚机构和官员群体。

乌桓的婚姻文化十分丰富，多种婚姻形式共存。一是掠夺婚，"其嫁娶则先略女通情，或半岁百日，然后送牛、马、羊畜，以为聘币"。② 当然，这样的掠夺婚已经不是人类早期的掠夺婚，仅仅是保留了掠夺婚的形式，因为在"掠夺"之后，仍然需要按照礼仪进行聘问，而且聘礼不少，送的是牛、马、羊，其经济学意义在于要通过聘礼来补偿女方家庭养育女儿的部分成本。二是从妻居形式的服劳役婚，具体为男女双方在确定了婚姻关系之后，"婿随妻还家，妻家无尊卑，旦旦拜之，而不拜其父母。为妻家仆役，一二年间，妻家乃厚遣送女，居处财物一皆为办"。这种从妻居形式的服劳役婚，也是补偿女方家庭抚养女儿部分成本的一种经济行为。从婚姻发展历史看，这种服劳役婚，是母系氏族向父系氏族转变时期的婚姻形式的部分残留，即男子在婚后住到妻子父母家里劳动一段时间，以劳动的价值来补偿女方家庭因为女儿出嫁导致的劳动力损失。三是族内转房婚，"其俗妻后母，报寡嫂，死则归其故夫"。族内转房婚也称为收继婚，其特点是可以"妻后母，报寡嫂"，即女性在丈夫死后要嫁给丈夫前妻的儿子或者丈夫的兄弟。这种婚姻习俗的内涵仍然具有经济学的意义，因为丈夫去世之后如果让其妻子外嫁，必然会导致家庭或者家族娶妻时的财物损失，也会使家庭或者家族失去劳动力，而实行族内转房婚则可以使财产和劳动力继续留在家庭或者家族中。因此这是一种血缘家庭内部的财产继承变异制度规定，其所包含的经济意义是大于文化意义的，在人类发展的历史上，这种婚姻制度是广泛存在过的。

乌桓的游牧经济是十分不稳定的，对农业民族的掠夺就成为一种生产方式，在掠夺过程当中必然发生战争，因此乌桓民众的死亡观是以战死为

---

① 以下皆见《后汉书·乌桓鲜卑列传》，中华书局标点本，1965，第 2979 页。
② 以下皆见《后汉书·乌桓鲜卑列传》，中华书局标点本，1965，第 2979 页。

贵，也就是说将在战争中战死作为一种荣耀；埋葬的方式是木棺葬，即"敛尸以棺"①，丧葬仪式是"始死则哭，葬则歌舞相送"，还有随葬的风俗，"肥养犬，以采绳婴牵，并取亡者所乘马、衣物、生时服饰，皆烧以送之。特属累犬，使护死者神灵归乎赤山。赤山在辽东西北数千里，如中国人以死之魂神归泰山也"。在要举行葬礼的日子，有守夜的习俗，"夜聚亲旧员坐，牵犬马历位，或歌哭者，掷肉与之。使二人口颂咒文，使死者魂神径至，历险阻，勿令横鬼遮护，达其赤山，然后杀犬马衣物烧之"。

乌桓的宗教信仰应该是万物有灵崇拜、鬼神崇拜、祖先崇拜，具体是"敬鬼神，祠天地、日月、星辰、山川及先大人有健名者"。在宗教祭祀中使用牛、羊作为祭品，祭祀完毕之后皆烧之。

乌桓没有文字，也就没有成文的法律文本，因此也就没有严格意义上的法律制度，通常是以习惯法来控制社会。在他们传统的习惯法中规定：违背"大人言者，罪至死"，这是因为乌桓的政治首领是民主选举出来的，基本上代表了民众的意见，所以违背首领的命令才会被处死；乌桓内部各个部落相互攻击，乌桓首领是不出来制止的，但是事后需要报告首领，如果杀死了人，惩罚仅仅是出马、牛、羊以赎死；在家庭内部如果发生矛盾冲突而杀死了家人则以无罪论处；背叛乌桓被首领捕获的人，各个部落不准接收，"皆徙逐于雍狂之地，沙漠之中"。

虽然乌桓以草原游牧文化为主，但是也有一定的农业文化知识，也种植少量的粮食作物，因此"俗识鸟兽孕乳，时以四节，耕种常用布谷鸣为候。地宜青穄、东墙，东墙似蓬草，实如葵子，至十月熟。能作白酒，而不知作曲蘖。米常仰中国"。② 对疾病的认识及治疗，乌桓有自己的一套知识体系："有病，知以艾灸，或烧石自熨，烧地卧上，或随痛病处，以刀决脉出血，及祝天地山川之神，无针药。"也就是说，除了常规治疗之外，还将求乞神灵的仪式作为疾病治疗的一种方式。

四 小结

整个西汉和东汉初期，中国民族关系的主要方面是北方各民族与汉族

---

① 以下皆见《三国志·魏书》，中华书局标点本，1982，第833页。
② 以下皆见《三国志·魏书》，中华书局标点本，1982，第833页。

的关系，核心是汉匈民族关系，但是到了东汉后期，因为绝大部分北匈奴西迁和南匈奴内迁，所以东北地区的鲜卑进入匈奴故地，成为匈奴故地的主人，改变了北方没有强盛民族分布的暂时真空状态。与此同时，乌桓也开始进入黄河流域复杂的民族关系政治格局当中。这样的政治格局的出现并非偶然，因为黄河流域是先秦以来多民族中国的政治中心地区，在物质文明、精神文明方面都具有巨大的吸引力，而北部边疆的民族也希望进入这些地区发展自我。从长时段研究的角度来看，中国历史的一个发展趋势就是北方民族如同波浪般先后进入以黄河流域为中心的中原地区，这种趋势发展的特点就是民族之间的交往、交流，然后是民族的融合，而且主要是向汉族融合，其最终结果是不断有新的民族加入多民族中国的建设过程，形成了多民族中国各民族谁也离不开谁的历史发展格局。与此同时，我们也应该看到民族的形成、发展、融合与消亡反映了多民族中国民族发展的基本趋势，即在多民族中国发展历史中，有的民族消亡了，同时又有新的民族产生。

从中时段研究的角度来看，制约整个汉代中国民族关系的民族主要是分布在北方和西北的匈奴、羌、乌桓、鲜卑，所以范晔在《后汉书·乌桓鲜卑列传》的"论"中说道："四夷之暴，其势互强矣。匈奴炽于隆汉，西羌猛于中兴。而灵、献之间，二虏（按：指乌桓与鲜卑）迭盛。石槐骁猛，尽有单于之地；蹋顿凶桀，公据辽西之土。"[①] 也就是说，汉代有匈奴、羌、乌桓、鲜卑四个民族先后强大起来，北方的匈奴主要强盛在西汉时期，西部的羌人强盛于东汉时期，而东汉后期的乌桓和鲜卑在东汉灵帝、献帝时期最为强盛，特别是到了鲜卑首领檀石槐时期鲜卑更加强盛，向东进入匈奴故地。东汉后期的乌桓和鲜卑成为中国北方民族关系的一个新焦点，乌桓、鲜卑或者与匈奴联合起来攻击东汉边境，或者单独发动对东汉边境的攻击，从而使中国北方的民族关系变得更加复杂，因此历史学家说乌桓、鲜卑"二虏首施，鲠我北垂。道畅则驯，时薄先离"。这就是历史人类学说的民族关系政治格局，是多民族中国边疆民族崛起与发展之后与汉族及其政权的博弈，如果从东亚地区的政治格局而论，则是农业民族与游牧民族为争夺生产生活资料发生的矛盾冲突，就最终的历史发展结

---

① 以下皆见《后汉书·乌桓鲜卑列传》，中华书局标点本，1965，第2994页。

果来看，仍然是农业民族取得了胜利：北匈奴西迁，南匈奴和乌桓南迁并且渐渐因与汉族融合而消亡，鲜卑进入匈奴故地之后虽然强盛了一段时间，但是最后也在魏晋南北朝时期因为民族融合而消亡。

第二编

中国正史中海外民族史志的历史人类学研究

二十五史中的海外民族史志与中国的
文化边疆、政治边疆*

中国古人认为中国的疆域四面环海，所以称呼国内为海内，国外为海外。《诗经·商颂·长发》就说："相土烈烈，海外有截。"① 这里的"海外"就是指当时商朝疆域以外的地方，以后"海外"这个概念就成了中国古人习惯性使用的地理名词，主要指的是中国古代王朝国家主权实体边疆以外的区域。

秦代以前，华夏族对海外民族基本没有认识，仅仅有《穆天子传》《山海经》等具有神话传说色彩的记载。在二十五史中，司马迁首创了"四裔传"②，其中的《大宛列传》开创了较为系统记载海外民族史志的先河。③ 因此，真正对海外民族进行记载是从汉武帝时代开始的，从此以后，在中国的正史当中就有了海外民族史志的记载，一般情况下记载顺序为："其国来历、族类、地理位置、物产、语言、风俗、宗教、政权更迭、与中原或中国交往等。所叙史实时间愈近愈详。"④

文化边疆和政治边疆作为本文的核心概念需要进行如下的界说。

---

* 本文原载于《中国边疆史地研究》2014 年第 4 期，第 140～147 页。

① 高亨注《诗经今注》，上海古籍出版社，1980，第 529 页。

② 《史记》的"四裔传"通过《匈奴列传》《南越列传》《东越列传》《西南夷列传》《大宛列传》《朝鲜列传》分别记述了中国汉代东南西北四方的少数民族的历史文化。这种按地域来分别为少数民族立传的做法开创了中国民族史记述的先河。

③ 《史记·大宛列传》记载的大多是分布在汉王朝西部边疆甚至是中亚的民族，虽然对文化的记录较为简略，但对广袤西域各民族文化的研究是中国人第一次将民族史研究的目光从黄河流域放眼到中亚乃至欧洲，从而使《史记·大宛列传》具有了世界史的性质。

④ 赵俊：《〈梁书〉、〈陈书〉的编纂得失》，《中国社会科学院研究生院学报》1994 年第 3 期。

文化边疆是某种文化的影响力所及的地方，文化边疆的形成一般是通过物资流动、民族之间人员的互访、民族之间官方的交往等方式建构起来的。文化边疆具有以下几个特点：其一，文化边疆不具有主权性质，不会与主权实体边疆发生冲突，不需要国家武装力量保护，所以文化边疆对人类文明的发展具有积极意义；其二，文化边疆一旦形成，就具有很大的稳定性，不会发生根本性变化，而且还会嵌入其他文明实体之中；其三，文化边疆的形成具有渐进性，会随着时间的推移而越来越得到强化；其四，文化边疆具有双向性，在文化交流的过程当中另一种文化的影响也会使自己成为另一种文化的文化边疆。因此，中国的文化边疆就是中国文化的影响力所及的地方，从实践来看，中国的文化边疆是随着时代的发展而不断向世界扩展的。

政治边疆不但是文化影响力所及的地方，而且还是中国古代王朝国家政治影响力所能够到达的地区，与中国古代王朝国家政治关系紧密，是通过双方政治集团之间的政治活动建立起来的，必须有政治的领属关系，因此政治边疆与文化边疆的某些部分是重合的。其特点为：从空间上来讲，政治边疆与主权实体边疆在地缘上是相连或者相近的；从时间上来讲，政治边疆虽然很早就存在，但是在中国唐代和元明两代及清代中期以前特别突出；从变化的角度来看，政治边疆的变化很大，具有不稳定性。

与文化边疆、政治边疆相对应的是主权实体边疆，主权实体边疆必须在王朝国家设置的郡县范围之内，但是在地理位置上又处在边缘地区，属于某个具体的郡县，有王朝国家派遣的地方官员，驻有一定的武装力量，其治下的人民在郡县的户口统计之内。

从二十五史海外民族史志的角度探讨中国的文化边疆与政治边疆问题，前人的研究不多，对此我曾经在 2013 年 12 月参加"中国边疆及边疆治理理论的挑战与创新"学术研讨会时，提交了一篇题为《昭武九姓与西域的地缘政治》的论文①，文中涉及文化边疆与政治边疆问题，但是没有进行深入研究，本文算是对中国的文化边疆与政治边疆的进

---

① 该论文后来以《隋唐时期西部边疆的昭武九姓研究三题》为题，发表于《云南师范大学学报》（哲学社会科学版）2014 年第 2 期。

一步探讨，以求教于方家。

一 《史记》《后汉书》中的海外民族史志与秦汉时期中国的文化边疆与政治边疆

秦汉时期，统一多民族中国与海外民族虽然有联系，但不是特别多。从《史记·秦始皇本纪》的记载来看，没有多少关于和海外民族发生官方交往的记载，即使有徐福的故事也属于传说，这个时期的政治家们都在为了建设统一多民族中国而奔忙。所以在《史记》中只有《史记·大宛列传》① 记载了海外民族的情况，这些海外民族是大宛、康居、大月氏②、乌孙、大夏、身毒国、奄蔡、安息、条枝。③ 对所有这些民族，司马迁都是以文化为核心进行记载的。例如对安息的记述："其俗土著，耕田，田稻麦，蒲陶酒。城邑如大宛。"说明安息是一个以农业为主要生产方式的民族，定居，城市建筑宏大，"地方数千里，最为大国"，而且商业经济发达，"有市，民商贾用车及船，行旁国或数千里。以银为钱，钱如其王面，王死辄更钱，效王面焉。画革旁行以为书记"。④《汉书》与《史记》相比较有了变化。《汉书》把《大宛列传》变为《西域传》⑤，但是对大宛、康居、大月氏等的记载与《史记·大宛列传》差别不是很大。

东汉，统一多民族中国进入了一个比较稳定的发展时期，开始有海外民族主动与东汉交往，例如《后汉书·孝和孝殇帝纪》记载：章和二年（公元 88 年），"安息国遣使者献狮子、扶拔"⑥；永元九年（公元 97 年），"永昌徼外蛮夷及掸国重译奉贡"⑦；永元十三年（公元 101 年），"安息国

---

① 《史记》卷 123《大宛列传》，中华书局标点本，1982，第 3157～3180 页。
② 《史记》卷 123《大宛列传》"正义"注引《南州志》说："人民赤白色，便习弓马。""人民赤白色"说明大月氏的民众的肤色为"赤白色"，即我们通常说的白种人，大月氏在种族特征上具有欧罗巴人种的一些特征。
③ 事实上，在二十五史中的"海外民族"很多情况下指的是某个国家，但是国家一定是和某个民族，或者与某几个民族有关，所以在这种情况下，本文就一律称为海外民族，读者鉴焉。
④ 《史记》卷 123《大宛列传》，中华书局标点本，1982，第 3162 页。由于篇幅有限，在以下的论述中就不再引用相关文献进行叙述。
⑤ 《汉书》卷 96《西域传》，中华书局标点本，1962，第 3871～3921 页。
⑥ 《后汉书》卷 4《孝和孝殇帝纪》，中华书局标点本，1965，第 168 页。
⑦ 《后汉书》卷 4《孝和孝殇帝纪》，中华书局标点本，1965，第 183 页。

遣使献狮子及条枝大爵"①；等等。《后汉书》除了保留《西域传》②当中的条枝、安息、大秦、大月氏、天竺等分布在今欧亚大陆的海外民族或者国家之外，还在《东夷列传》③记载了三韩和倭，这是《史记》《汉书》都没有的内容。可见东汉时期中国人与海外民族的交往有了扩大。

总的来说，《史记》《汉书》主要关注的是中国西部的海外民族，其历史原因是当时国家的战略是联合中亚的大月氏等民族攻击匈奴，所以对中亚的海外民族比较关注；而《后汉书》《三国志》除了关注中亚海外民族之外，还关注东北亚地区的海外民族，其原因是东汉、曹魏开始与朝鲜半岛南部、日本列岛的韩、倭等海外民族交往。

因此，秦汉时期中国的文化边疆西边到安息，东部达韩、倭民族的分布区，这几乎就是当时中国人心中的"天下"，而中国文化传统中的"天下"也就是自己的文化可以到达的地方。当然，当时西边的安息等对中国文化的认识主要还是对中国的一些物质文化的认识，例如对丝绸等的认识。而在东部，由于中国文化对韩、倭民族的影响是直接的，所以秦汉时期中国的文化边疆其东部的软实力更加强大。秦汉时期整个世界范围内的政治集团交往规模与深度都一般化，所以秦汉时期中国的政治边疆还在孕育之中。

二 《魏书》《晋书》《周书》《宋书》《梁书》《北史》《南史》等文献中的海外民族史志与魏晋南北朝时期的中国文化边疆与政治边疆

到了魏晋南北朝时期，虽然在中国境内同时存在诸多政权，但是各个政权与海外民族的交往仍然以中国的名义开展，最大的变化是开始与东南亚的海外民族交往，还开始出现双向度的交往，即既有海外民族与中国的交往，也有中国人主动与海外民族的交往。所以与秦汉时期相比较，魏晋南北朝时期对海外民族的认识有了进一步的变化，增加了中亚、南亚的吐呼罗（即吐火罗）、南天竺，增加了东南亚的林邑和扶南，等等。这些交

---

① 《后汉书》卷4《孝和孝殇帝纪》，中华书局标点本，1965，第189页。
② 《后汉书》卷88《西域传》，中华书局标点本，1965，第2909~2938页。
③ 《后汉书》卷85《东夷列传》，中华书局标点本，1965，第2807~2827页。

往为下一个历史时期的唐朝对外交流奠定了极好的基础。

在相关的文献中，因为魏晋南北朝特殊的历史原因，对海外民族的记载产生了南北方的差异。由于北魏的疆域主要在黄河流域，西接西域，东临渤海，所以《魏书》记载的海外民族只有东北亚地区的百济和中亚、南亚、西亚的大月氏、安息、大秦、罽宾、吐呼罗、南天竺等。① 《周书》记载的海外民族为欧亚大陆东部的百济和欧亚大陆西部的粟特、安息、波斯。② 《北史》记载的海外民族与《魏书》《周书》大致相同，有东北亚地区的百济、新罗、倭，有东南亚地区的林邑、赤土、真腊、婆利，有西亚的粟特、波斯，等等。③

在关于南方的《宋书》中，除了有东南亚的林邑和扶南，有南亚的师子国、天竺迦毗黎国等海外民族之外，还有东北亚的百济、倭等。其中凡是涉及南亚次大陆的师子国、天竺迦毗黎国等的记述都与佛教的传播有关，说明当时刘宋与这些海外民族的交往大多与佛教有关，如果从佛教传播的历史来看，其文献价值是十分重要的。值得注意的是，在《宋书》中第一次出现了真正的海洋民族师子国，使中国的文化边疆第一次到达了印度洋，对南亚地区的民族认识也比此前更加深入。④ 《南齐书》中记载了所有的海外民族，主要有南齐对加罗（三韩之种族）、倭国的册封，林邑、扶南的地理、物产、风俗及其与南齐在经济上通商往来、政治上请求册封、朝贡和宗教传播的史事。⑤ 《梁书》是记载海外民族历史与文化最丰富的历史文献之一。在东南亚、南亚，不仅记载了林邑国、婆利国、盘盘、丹丹、狼牙修、中天竺国、大秦、师子国的民族构成，还详细记录了这些民族国家与梁的敕封、朝贡、领土纠纷情况，对扶南的宗教传播记载尤为详细；在东北亚，记载了百济、新罗、倭国、文身、大汉、扶桑等海外民族以及这些民族的民族源流、自然环境、行政沿革及与中国交往的历史；

---

① 《魏书》卷100、卷102、卷103 都有关于海外民族的记载，中华书局标点本，1974，第2213~2313 页。《魏书》的民族列传没有具体的名称。

② 《周书》卷49《异域传》，中华书局标点本，1971，第883~921 页。

③ 《北史》卷94、卷95、卷97 都有关于海外民族的记载，中华书局标点本，1974，第3110~3238 页。《北史》的民族列传没有具体的名称。

④ 《宋书》卷97《夷蛮传》，中华书局标点本，1974，第2377~2395 页。

⑤ 《南齐书》卷58《东南夷传》，中华书局标点本，1972，第1009~1023 页。

在中亚、西亚主要记载了波斯等的文化及其与梁朝的关系。①《南史》对东北亚、东南亚等海外民族历史的记载较为翔实，东南亚地区有林邑、扶南、顿逊、毗骞、诸薄等，东北亚地区有倭国、大汉、文身、扶桑等。②需要说明的是，《南史》中的"西南夷"不是司马迁说的那个西南夷，而是特指南亚地区的槃槃、婆利、中天竺、师子国等。

反映统一多民族王朝国家历史的《晋书》对海外民族的记载比较全面，有东北亚地区的马韩、辰韩、倭人、裨离等，有中亚、西亚乃至欧洲的大宛、康居、大秦等，有东南亚的林邑和扶南。③ 但是其深入程度不如《梁书》。

《陈书》虽然没有民族专传，但是《陈书》"在各纪传中也涉及扶南、高骊、丹丹、天竺等数十个国家的情况。这为了解、研究这些国家的历史和南朝时期中国的外交史，提供了大量重要而可贵的资料"。④

综上可见，魏晋南北朝时期虽然中国呈现出政权林立局面，但是与海外民族的交往超过了前一个历史时期，中国的文化边疆开始出现两个特点：一是第一次扩展到了印度洋地区，二是在已有的文化边疆之内开始向纵深渗透。当然，因为魏晋南北朝时期中国内部的动乱，所以也没有比较稳定的政治边疆出现。

三 《隋书》《旧唐书》《新唐书》《宋史》等文献中的海外民族史志与唐宋时期中国的文化边疆与政治边疆

唐代，是当时世界范围内的强大帝国之一，统一多民族中国的文明发展到了一个高峰。唐帝国强大的经济实力、优越的文化成就，使当时世界各国的人们对唐朝产生了钦慕之情，纷纷与唐朝交往，许多不同地区、不同民族的人民到中国来，而唐朝的官方或非官方人士也纷纷前往域外，因此中国对世界的了解更加深入，中国民族与海外民族交往的数量、质量都达到了一个前所未有的高度。所有这些都被中国的历史学家写入相关的民

---

① 《梁书》卷54《诸夷传》，中华书局标点本，1973，第1009～1023页。
② 《南史》卷78《夷貊传上》、卷79《夷貊传下》，中华书局标点本，1975，第1947～1977页。
③ 《晋书》卷97《四夷传》，中华书局标点本，1972，第2531～2548页。
④ 陈表义：《姚思廉及其〈梁书〉〈陈书〉浅论》，《暨南学报》（哲学社会科学）1997年第2期。

族传记之中。

隋朝虽然历史短暂，但《隋书》还是记载了东北亚地区的百济、新罗、倭国和东南亚、南亚的林邑、赤土、真腊、婆利等海外民族。①《旧唐书》中的海外民族有东南亚的林邑、婆利、盘盘、真腊、陀洹、诃陵、堕和罗、堕婆登、骠国，有南亚、西亚的泥婆罗、天竺、罽宾、康国、波斯、拂菻、大食，还有东北亚地区的百济、新罗、倭国、日本。② 与《隋书》《旧唐书》相比较，《新唐书》中的海外民族史志更加丰富具体，有东北亚地区的百济、新罗、日本、流鬼③，有南亚、中亚的泥婆罗、天竺、摩揭陀、罽宾，有中亚、西亚的康、宁远、吐火罗、识匿、个失密、骨咄、苏毗、师子、波斯、拂菻、大食等，有东南亚的环王、盘盘、扶南、真腊、诃陵、投和、瞻博、室利佛逝、名蔑、单单、骠等。此外，《新唐书》当中还记载了一些分布在北极地区的海外民族，例如拔野古、仆骨、都播、骨利干、白霫、鞠、驳马、大汉、木马突厥等。④

综上可见，唐代的文化边疆超过以往任何一个朝代，而且在文化边疆之内的影响力也是超过以往任何朝代的，从《新唐书》所记载的海外民族来看，唐朝的文化已经影响到了北极地区，即使是在原来就有文化影响的文化边疆之内，中国的文化影响也已经渗透到了海外民族的内部。

唐朝与众多的海外民族基本上没有发生过激烈的矛盾冲突，之所以会出现这样的情况，是因为唐朝有一个政治边疆作为与可能发生矛盾冲突的海外民族的政治缓冲区。例如唐朝在昭武九姓分布区设置的羁縻府州不但是唐朝在西亚的政治边疆，而且是唐朝与中亚的政治缓冲区。当时昭武九姓分布区的地缘政治十分复杂，随着大食的日益强大，昭武九姓渐渐被大食控制，所以希望得到唐朝的保护。面对昭武九姓各国国王的请求，唐朝

---

① 《隋书》卷 81《东夷传》、卷 82《南蛮传》、卷 83《西域传》，中华书局标点本，1975，第 1813～1858 页。

② 《旧唐书》卷 197《南蛮西南蛮传》、卷 198《西戎传》、卷 199 上《东夷传》，中华书局标点本，1975，第 5269～5341 页。

③ 《新唐书》认为日本就是古代的倭，所以未像《旧唐书》分别叙述倭和日本。新旧唐书对此记录的分歧，反映了海外民族分化融合的复杂过程导致史料记载的多样性。

④ 《新唐书》卷 219《北狄传》、卷 220《东夷传》、卷 221 上《西域传上》、卷 221 下《西域传下》、卷 222 下《南蛮传下》，中华书局标点本，1975，第 6167～6306 页。

在昭武九姓各国设置了具有象征意义的羁縻府州①，任命昭武九姓的国王担任都督、刺史，这些都督府州的设置虽然没有多少实质性意义，但是反映了唐朝在这一地区的政治影响，因此昭武九姓分布区就是唐朝的政治边疆。②

宋代，中国又一次出现了辽、宋、夏、金、大理等政权先后存在的局面，但并没有妨碍中国各民族与海外民族的交往，特别是因为世界范围内航海技术的发达，中国各民族与海外民族交往的深度和广度都有较大变化。《宋史》有专门的《外国传》，但这个"外国"并不是我们今天所理解的外国，有些实际上是指中国境内的民族，例如外国传一、二记载的西夏，外国传四记载的大理。《宋史·外国传》的分类反映了当时汉民族建立的宋朝已经不能有效地控制中国内部各民族及其建立的政权。真正可以算是外国的有东南亚的占城、真腊、阇婆，南亚、西亚的天竺、回鹘、大食、拂菻，东北亚的日本等③，这些地区都是中国的文化边疆，但是唐朝拥有的政治边疆却因为辽、宋、夏、金时期中国的政治格局变化在宋代消亡了。

四 《元史》《明史》《清史稿》中的海外民族史志与元明清时期中国的文化边疆与政治边疆

元明清时期，统一多民族中国开始成为世界各民族发展格局中不可或缺的组成部分，中国人与海外民族的交往达到了前所未有的水平，反映在历史文献的记载中就是对海外民族发展空间的准确认识，即对海外民族名称认知更加具体，对海外民族文化认识更加深入。由于世界已经出现相互

---

① 唐高宗永徽年间，唐高宗以康国为康居都督府，即授其王拂呼缦为康居都督；唐高宗显庆三年（658年），唐朝以石国的瞰羯城为大宛都督府，"授其王瞰土屯摄舍提于屈昭穆都督"；唐高宗显庆时，唐朝以东安国的阿滥为安息州，即以其王昭武杀为刺史；唐高宗显庆三年（658年），唐朝以米国为南谧州，授其君昭武开拙为刺史；唐高宗显庆时，在史国设置佉沙州，授君昭武失阿喝为刺史；唐高宗显庆三年（658年），唐朝在帆延的罗烂城设置写凤都督府、在缚时城设置悉万州；唐高宗永徽年间，在何国"以其地为贵霜州，授其君昭武婆达地刺史。遣使者钵底失入谢"。见《新唐书·西域传下》，中华书局标点本，1975，第6244~6247页。
② 参见王文光、李艳峰《隋唐时期西部边疆的昭武九姓研究三题》，《云南师范大学学报》（哲学社会科学版）2014年第2期。
③ 《宋史》卷489《外国传五》、卷490《外国传六》、卷491《外国传七》，中华书局标点本，1985，第14077~14130页。

关系的紧密性，所以以前以文化为主体的记述开始发生变化，政治关系开始变得重要起来。

元代的统治者除了致力于建设统一多民族中国之外，还把一部分精力放在对周边海外民族的治理上，所以《元史》关于海外民族的记载有东北亚地区的耽罗、日本，东南亚地区的安南、缅、占城、暹、爪哇、琉球、三屿、马八儿等。① 必须要强调的是，元代海外民族与中国的政治关系开始超过文化交流关系，所以元朝与海外民族的关系发生了一些变化。例如在东南亚，主要记载元朝出兵讨伐缅、占城、爪哇的史事。因此，元代中国的文化边疆仍然没有发生变化，但是在文化边疆的范围之内强化了政治影响力，开始构建有政治影响力的政治边疆。

《明史》当中的海外民族是日本、安南、琉球、浡泥、吕宋、婆罗、占城、真腊、暹罗、苏门答剌、阿鲁、和兰、古里、柯枝、阿丹、拂菻等数十个，包括了欧亚大陆的海外民族和印度洋、太平洋沿岸的海外民族。② 这是明代统一多民族国家大发展与航海技术的发达相结合的产物。值得关注的是，《明史》对海外民族的记载中已经开始大量出现海洋民族，这说明明代与海外民族的交往已经从以前比较单纯的陆地交往，大规模地向海洋交往发展。此外，明代又一次出现了中国的政治边疆，例如《明史》就记载了琉球的民族分布、历史沿革、民俗及其与明朝的朝贡、经济、文化往来等关系。

清朝中期以前，强大的统一多民族中国地域空前辽阔，国家更加强大，所以《清史稿》中没有《外国传》，而是把有比较紧密政治隶属关系的民族、国家和地区归到一起写入《属国传》。卷526~529记载了属国朝鲜、琉球、越南、缅甸、暹罗、南掌、苏禄、廓尔喀、浩罕、布鲁特、哈萨克、安集延、玛尔噶朗、那木干、塔什干、巴达克山、博罗尔、阿富汗、坎巨提等。③ 在《属国传》中海外民族的经济文化所载不多，

① 《元史》卷208《外夷传一》、卷209《外夷传二》、卷210《外夷传三》，中华书局标点本，1976，第4607~4672页。

② 《明史》卷320《外国传一》、卷321《外国传二》、卷322《外国传三》、卷323《外国传四》、卷324《外国传五》、卷325《外国传六》、卷326《外国传七》、卷327《外国传八》，中华书局标点本，1974，第8279~8463页。

③ 《清史稿》卷526《属国传一》、卷527《属国传二》、卷528《属国传三》、卷529《属国传四》，中华书局标点本，1977，第14575~14727页。

大多为政治及政治关系。可以看出在民族国家建设的历史背景下，人们对较为灵活的文化边疆已经不太重视，而是更加关注具有实际意义的政治边疆。当然，由于中国几千年的文化传统与政治文明没有很好地从民族国家建构的角度经营政治边疆，中国很快就在与西方侵略者的争夺中丧失了政治边疆，而且还出现了边疆危机和民族危机。

五　相关问题的讨论

1. 中国古代的海外民族史志记述的特点

第一，中国人是以一个农业民族的心态和视角去认识、以海内唯我独尊的民族观来记载海外民族史志的，所以与中国境内的民族志书写不同，对海外民族的记述重点是物质文化、民族性特点、宗教信仰、与中国曾经发生过的经济和文化联系。从交往方式看，绝大多数情况下都是海外民族主动与中国交往。因此，在二十五史中对海外民族志的记述首先是根据海外民族到了中国以后的叙述记录下来的，其次才是中国人到达海外对海外民族志的记述，中国的文化边疆就是在这个过程当中出现的。

第二，中国古代的海外民族史志主要记载的是以文化为中心的事项，然后才是海外民族与中国王朝国家的关系。其中中国的王朝国家在绝大多数情况下都会给一些海外民族的政治首领一个中国皇帝封赐的象征性的官位、爵位，但是这种官位、爵位基本上仅仅是表达双方关系的符号。这是政治边疆产生的政治前提。

第三，关于海外民族记述的民族史志具有世界史的意味，是中国人最早认识世界的文献。例如《汉书》《后汉书》当中关于罗马帝国的记述，主要就是通过《西域传》的记载让中国人了解当时的"天下"。

2. 中国文化边疆、政治边疆的形成

中国古代文化高度发达，对海外民族具有很强的吸引力，这就决定了中国民族与海外民族交往的广度和深度，导致了中国文化边疆与政治边疆的形成。具体来说有以下几个方面。

第一，中国古代强大的软硬实力是中国的文化边疆形成的基础。中国古代强大的经济实力、丰富的物质文明，以及在丰富的物质文明基础上产生的底蕴深厚的文化，使海外民族对中国文化非常仰慕，随着中国文化在

海外民族中的传播，形成了中国的文化边疆。依托于中国的政治实力对中国周边民族的影响力，在中国强盛的王朝时期就会形成中国的政治边疆。

第二，从历史的发展规律来看，文化边疆的出现需要的条件具有随机性，而政治边疆的出现则需要众多的必要条件，其中最重要的就是国家的软硬实力。不是任何时期都有政治边疆产生的，例如秦汉时期开始有文化边疆，但政治边疆仅仅是在孕育之中，而到了强大的唐王朝，不但有文化边疆，还有政治边疆。

3. 中国民族与海外民族的交往模式及对文化边疆、政治边疆的认知逻辑

中国位于亚洲大陆东部，由于东部是大海，所以早期中国民族与海外民族的接触首先是从陆地上开始的，而且随着自身社会经济的发展水平不断提高，对海外民族的认识也有了一个由近而远的历史过程，对海外民族的认识程度也有了一个由浅入深的历史过程，在海洋和陆地之间也经历了一个先陆地后海洋的历史过程。例如在《史记》《汉书》等早期的文献当中就没有关于海洋岛国民族的详细记载，而到了魏晋南北朝以后，对海洋岛国民族的记载才开始渐渐增多。

中国古代对海内外民族及文化边疆、政治边疆的认知逻辑是以中国皇帝为中心，把能够直接治理的民族放到郡县制度的框架内进行管理，把分布在边疆地区的民族作为羁縻制度治理下的民族进行管理，把与边疆地区相连接的民族及其政权作为藩镇、属国进行管理，与基本没有边疆连接关系的海外民族同样以藩镇或者属国的理念建立关系。根据这样的逻辑，中国历史上的边疆就可以分为三种类型：中国历代政府管辖之下的主权实体边疆、在地理上与中国的边疆相连和中国有紧密政治联系的政治边疆、不断和中国发生文化联系的文化边疆。

通过对二十五史当中关于海外民族的记述，以及对中国历史上文化边疆的形成与发展、政治边疆变化的分析，我们得出这样一个规律：只有强大的中国才能让中华民族自立于世界民族之林，才能实现中华民族的伟大复兴。

中国正史中的古代海外民族史志研究 *

　　古代中国人主观地认为中国的疆域四面环海，于是把王朝国家辖境称为海内，王朝国家辖境以外的地方称为海外，因此也就相应地有了海外民族。司马迁的《史记》通过《匈奴列传》《南越列传》《东越列传》《西南夷列传》《大宛列传》《朝鲜列传》分别记述了中国汉代东南西北四方的少数民族的历史文化，其中的《大宛列传》记载的大多是分布在汉王朝西部边疆甚至是中亚的民族，虽然对文化的记录较为简略，但对广义西域各民族文化的研究是中国人第一次将民族史研究的目光从黄河流域放眼到中亚乃至欧洲，即《史记·大宛列传》第一次较为系统地记述了中国以外的海外民族史志。当然，当时的海外民族史志是以中国人的世界眼光去记述海外民族，具有强烈的主观色彩。

　　长期以来，中国学术界主要是从中西交通史的角度对海外民族进行研究的，对中国正史中的海外民族史志进行专门研究的还不多见，因此本文将进行探索性的研究，这样的研究将有助于丰富历史人类学的研究。

　　中国正史中多有关于海外民族的详细记述，所以我们将以之作为研究对象，分析探讨正史中对中国古代海外民族史志撰写的主要内容、撰写特点、类型分类，并且通过各海外民族史志记述的基本事实，总结出中国古代的历史学家撰写海外民族史志的地理观、民族观等。

　　* 本文原载于《广西民族大学学报》（哲学社会科学版）2015 年第 5 期，第 2~7 页。

一 二十四史以中国古代大一统王朝国家"天下体系" 为核心的地理观和民族观来认识海外民族

中国古代的地理观和民族观是互为表里的，通常把先秦时期的华夏族和汉代以后的汉族分布空间作为"天下"的中心，而与汉族相对的"夷"即少数民族则分布在边疆。但是，不论是汉族分布的地理中心，还是"夷"分布的边疆，都属于王朝国家的"天下体系"范围，这个"天下体系"是一个多民族"大一统"的国家，所以凡是在"天下体系"中的民族就是"海内民族"，反之就是海外民族，称为"外夷"。由此可见，这样的划分是以"华夏中心"或者"中国中心"论的文化观念作为依据的。这样的观念包含着中国古代关于"中国、华夏""海外、外夷"这样的地理观和民族观。二十四史中所有关于海外民族的记述都是在这样的基础上展开的。

由于西汉时期中国民族矛盾的主要方面是解决汉族与匈奴的矛盾冲突，为了联合广义上西域的民族，如汉王朝希望联合大月氏夹击匈奴，才有了中国古代民族对西部海外民族的认识，因此在《史记·大宛列传》中有对罽宾、乌孙、大月氏、康居、大宛等海外民族的研究，《汉书》将《史记·大宛列传》改为《汉书·西域传》，所以《汉书》与《史记》相比变化不大，具体有对罽宾、乌弋山离、安息、大月氏、康居、大宛、桃槐、休循、捐毒等民族的研究。从空间上看，《史记》《汉书》中记载的海外民族主要还是在汉王朝西部与汉王朝相连接的地区。

到了东汉，东汉王朝与西部的海外民族的交往有所扩大，所以在《后汉书》中出现了"大秦"这样强大的民族，这是中国正史中第一次出现对欧洲古代民族历史的记载。《后汉书》中也第一次记载了东北亚地区三韩、倭人的历史文化，在这一点上《后汉书·东夷列传》是超越了《史记·朝鲜列传》的，所以《后汉书·东夷列传》既是正史中最早记载东北亚地区历史文化的重要文献，同时也是世界范围内的学者研究东北亚民族历史必须要引用的基本文献，如果没有引用这些文献，那么其研究的可信度会被质疑。《后汉书·西域传》中有关于条支、安息、大秦、大月氏、高附、天竺、东离、栗弋、严、奄蔡等的记述，比《史记》《汉书》更加具体。

魏晋南北朝时期虽然是中国国家发展历史中的一个动荡时期，但是中国与海外民族的交往进入了一个新的历史时期，其重要表现就是随着中国南方海上丝绸之路的开通，在《晋书》《宋书》《北史》等文献中出现了中国东南方的海外民族，例如《晋书·四夷传》中的林邑、扶南，《宋书·夷蛮传》中的林邑、扶南、师子国，《梁书·海南诸国传》中的林邑、扶南、盘盘、狼牙修、师子国，《隋书·南蛮传》中的林邑、赤土、真腊、婆利，《北史》中的林邑、赤土、真腊、婆利，《南史·夷貊传》中的林邑、扶南、槃槃、狼牙修、师子国等。其中对师子国的记载是第一次记载印度洋的海岛民族，中国古代先民的视野已经从广袤的亚欧大陆扩大到了浩瀚的印度洋，这是一个历史性的变化。此外，我们发现在所有的文献当中出现最多的是林邑、扶南这两个地处东南亚的民族，经过分析，我们认为，之所以林邑、扶南出现得多，是因为林邑、扶南这两个民族的分布区是中国南方海上丝绸之路一个重要的中途站，既是中国人前往东南方海洋的要地，也是中国东南方海外民族与中国交往的一个据点。

具体而言，《晋书·四夷传》中有对马韩、辰韩、倭人、裨离、大宛、康居、大秦、林邑、扶南的研究；《宋书·夷蛮传》中有对林邑、扶南、师子国等的研究；《梁书·海南诸国传》中有对林邑、扶南、盘盘、狼牙修、师子国的研究；《魏书》中有对百济、粟特、波斯、伏卢尼、色知显、伽色尼、薄知、牟知、阿弗太汗、呼似密、诺色波罗、早伽至、伽不单、者舌、伽倍、折薛莫孙、钳敦、弗敌沙、大月氏、安息、大秦、阿钩羌、波路、罽宾、吐呼罗、副货、南天竺等的研究；《隋书·东夷传》中有对百济、新罗、倭的研究，《隋书·南蛮传》中有对林邑、赤土、真腊、婆利的研究，《隋书·西域传》中有对铍汗、吐火罗、挹怛的研究；《北史》中有对百济、新罗、倭、林邑、赤土、真腊、婆利、粟特、波斯、大月氏、安息、条支、大秦、罽宾、吐呼罗、副货、南天竺等的研究。

从以上各部历史著作对魏晋南北朝时期海外民族的记载来看，对东南亚、印度洋的海外民族的记述在数量上已经超过前代历史文献中的记述，此外，西北部仍然是重点。文献当中对海外民族在分布空间上的扩大记述和对海外民族有方向性的记述，反映了当时整个世界的交往深度和广度都发生了空前的变化，其主要的原因就是，在陆路之外，地球上的人们已经较好地掌握了航海技术，这一历史性的技术的发展与变化，为唐宋时期中国人认识海外民族奠定了基础。

唐王朝是继秦汉王朝以后，多民族中国又一段较长时间的统一时期，特别是在盛唐时期，唐王朝对海外民族的影响超过了以往任何时期，唐王朝的都城长安成为世界上数一数二的国际大城市，世界各地的民族都纷纷前往长安，因此在《新唐书·西域传》中有对泥婆罗、天竺、摩揭陀、吐火罗、师子国、波斯、拂菻、大食的研究，《新唐书·南蛮传》中有对环王、盘盘、扶南、真腊、骠的研究，《新唐书·东夷传》中有对百济、新罗、日本、流鬼的研究。与《新唐书》相比较，《旧唐书》对海外民族的记述少一些，在《旧唐书·南蛮西南蛮传》中有对林邑、婆利、盘盘、真腊、陀洹、诃陵、堕和罗、堕婆登等的研究，《旧唐书·西戎传》中有对泥婆罗、天竺、罽宾、康国、波斯、拂菻、大食的研究，《旧唐书·东夷列传》中有对百济、新罗、倭国、日本的研究。[①]

总的来看，唐代对海外民族的认识是超过了前代的。一是对中亚、南亚的民族情况认识得更加深入，例如玄奘、义净西行求佛，他们的著作使中国人更加具体地认识中亚、南亚地区的海外民族；二是对东南亚海外民族的记述在种类上也增加了一些，而且在政治、经济、文化方面的影响同样是超过了前代的，例如骠国到长安所进行的音乐文化展演就是轰动一时的文化盛事；三是唐王朝对东北亚地区的文化影响基本上被东北亚地区的民族全盘接受，使其成为汉字文化圈的重要组成部分，日本、新罗的学者、商人纷纷来到唐王朝，唐王朝的各种制度、城市建筑都为日本所学习。

宋代，虽然多民族中国出现了辽、宋、夏、金、大理等政权分立的局面，但是这个时期的中国仍然在物质文化、精神文化方面处在世界的前列，对世界各民族仍然有强大的吸引力，特别是中国南方从海上与海外民族交往的更加频繁，出现了广州、泉州等中国历史上著名的港口城市，而且在这些港口城市宋朝还设置了专门的市舶司，由此可见当时通过南方海路与海外民族交往的盛况。故在《宋史·外国传五》中有对占城、真腊、

---

① 《新唐书》中只记述了日本，而《旧唐书》却有日本和倭国，这样的差别说明在今天的日本群岛已经开始出现大的政治集团，产生更有政治权威的政治领袖。

蒲甘、邈黎、三佛齐、阇婆、南毗、渤泥、注辇、丹眉流等的研究，在《宋史·外国传六》中有对天竺、大食、拂菻等的研究，在《宋史·外国传七》中有对日本的研究。

元朝虽然是蒙古人建立的，但是元朝与海外民族的交往也十分频繁。元朝建立了四通八达的驿路，使东西方的民族可以顺利往来。《元史·外夷传》中记载的海外民族主要有集中在东北亚地区的高丽、日本，东南亚的安南、缅、占城、暹、爪哇、琉求、三屿、马八儿等。仅仅从前述的记载来看，似乎元代与海外民族的交往比较少，但是这与实际情况有差距。元朝与西方的蒙古诸汗国有驿路相通，东西方的商人、使节各色人等在东西方的蒙古人驿路上来往频繁。中国和印度的海路从南中国海进入印度洋，到达阿拉伯半岛，海路之外还有从云南通过进入南亚、中亚的陆路。元代远输东非的中国瓷器，曾经转销到摩洛哥。1275 年蒙古大汗曾经有"诏书"致欧洲的教皇，而罗马天主教传教士纷纷来到中国，所以在大都、泉州都设有主教。[1]

明朝与元朝相比较，最大的变化就是明朝有了位于世界前列的航海业，例如三宝太监郑和七次"下西洋"，经过东南亚、印度、阿拉伯，最远到了非洲东部。因此，在《明史·外国传》中海外民族种类就特别多，除了东北亚地区的朝鲜、日本之外，绝大部分都是与海洋有关的海外民族：安南、婆罗、麻叶瓮、古麻剌朗、冯嘉施兰、文郎马神、占城、宾童龙、真腊、暹罗、爪哇、阇婆、苏吉丹、碟里、日罗夏治、三佛齐、浡泥、满剌加、苏门答剌、须文达那、苏禄、西洋琐里、琐里、览邦、淡巴、百花、彭亨、那孤儿、黎伐、南渤利、阿鲁、柔佛、丁机宜、巴喇西、佛郎机、和兰、古里、柯枝、小葛兰、大葛兰、锡兰山、榜葛剌、沼纳樸儿、祖法儿、木骨都束、不剌哇、竹步、阿丹、剌撒、麻林、忽鲁谟斯、溜山、比剌 孙剌、南巫里、加异勒、甘巴里、急兰丹、沙里湾泥、底里、千里达、失剌比、古里班卒、剌泥、打回、白葛达、黑葛达、佛菻、意大里亚。

此外在《明史·西域传》中还有中亚、南亚、西亚的海外民族，具体是撒马儿罕、沙鹿海牙、达失干、赛蓝、养夷、渴石、迭里迷、卜花儿、

---

① 《中国大百科全书·中国历史》，中国大百科全书出版社，1992，"绪论"第 14 页。

别失八里、哈烈、俺都淮、八达黑商、失剌司、俺的干、哈实哈儿、亦思弗罕、火剌札、乞力麻儿、白松虎儿、答儿密、纳失者罕、敏真、日落、米昔儿、黑娄、讨来思、阿速、沙哈鲁、天方、默德那等。

二 世界近代化背景下《清史稿》对清代海外民族的研究

之所以把《清史稿》单独列出来讨论，是因为清代是中国历史发展的一个特殊时期，从清王朝中期以后，整个世界发生了天翻地覆的变化，世界近代化的浪潮已经成为推动人类发展的重要力量，具有丰富资源和众多人口的中国，必然成为强大的西方列强侵略的目标。西方列强为了达到目的，开始不惜一切手段攻击中国，因此中国出现了空前的边疆危机、民族危机。《清史稿·邦交志一》对此有过非常明确的记载："洎乎道光己亥，禁烟衅起，仓促受盟，于是畀英以香港，开五口通商。嗣后法兰西、美利坚、瑞典、那威相继立约，而德意志、和兰、日斯巴尼亚、义大里、奥斯马加、葡萄牙、比利时均援英、法之例，订约通商，海疆自此多事矣。"① 所谓"海疆自此多事矣"，就是说作为世界的一分子，清王朝不再是"天下体系"的老大，已经不可能主宰世界潮流，因为世界已经是资本主义主宰下的"世界体系"，清王朝的"天下体系"时代已经一去不复返了。西方世界强势的地理观、历史观，使中国古代王朝国家"文化至上"观念下的"中国、华夏""海外、外夷"的地理观和民族观发生了巨大的变化，在传统民族观基础之上形成的弹性的、模糊的边疆概念亦随之发生变化。

因为上述原因，在《清史稿》当中就没有了对海外民族史志的记述，而是以近代化的话语体系描述中国与外国的国家关系，于是在《清史稿》中特别出现了《邦交志》，在八个邦交志中列举了清王朝与俄罗斯、英吉利、法兰西、美利坚、德意志、日本、瑞典、那威、丹墨、和兰、日斯巴尼亚、义大里、奥斯马加、秘鲁、巴西、葡萄牙、比利时、墨西哥、刚果的邦交关系。

第一次鸦片战争结束之后，英国人强迫清王朝签订了《南京条约》，清王朝才开始发现"外夷"非中国边疆地区的"四夷"，于是首先在名称

---

① 《清史稿·邦交志一》，中华书局标点本，1977，第 4481 页。

方面把所有的"外夷"统一改称为"洋人"。从民族史研究的角度来看，这是把中国古代传统"天下体系"中的边疆"四夷"与海外民族"洋人"进行了明显的区分，"华洋并列"成为一个新的民族观念，而清王朝自认为中国"居地球之中，余概目为夷狄"的华夏中心观念也发生了改变，认识并接受将中国列入"万国之一"的近世潮流。① 总之，清王朝晚期中国的民族观念转变的标志就是对海外民族名称完成了由"外夷"到"洋人"称谓的转变，清王朝不再是高高在上的"天朝"，中国民族与其他海外民族的关系是中华与洋人并列的关系，中国仅仅是世界诸多国家之一，不再是世界的中心。

此外，在清王朝时期所有的属国与清王朝的关系也发生了巨大变化，《清史稿·邦交志一》记载："康、乾以来所力征而经营者，任人蚕食，置之不顾，西则浩罕、巴达克山诸部失之于俄，南则越南、缅甸失之英、法，东则琉球、朝鲜失之日本，而朔边分界，丧地几近万里。"② 因此在《清史稿》中出现了《清史稿·属国传》。

清王朝与属国之间的关系从清初开始建立，当时强大的清王朝"威震殊方，（顺治）三年（1646年），琉球闻声，首先请封。九年，暹罗，十七年，安南，相继归附。雍正四年（1726年），苏禄，七年，南掌，先后入贡。……高宗继统，国益富饶，帝喜远略，荡平回疆，兵不血刃，而浩罕、布鲁特、哈萨克、安集延、玛尔噶朗、那木干、塔什干、巴达克山、博罗尔、阿富汗、坎巨提相继款塞，通译四万，举踵来王"。③ 由此看来，清王朝前期与周边的属国关系是十分紧密的，但是到了咸丰、同治年间，世界的形势发生了巨大变化，清王朝的属国纷纷被列强控制："日夷琉球，英灭缅甸，中国虽抗辞诘问，莫拯其亡。……以至越南亡于法，朝鲜并于日，浩罕之属蚕食于俄。……藩篱撤而堂室危，外敌逼而内讧起，藩属之系于国也如此。"④ 如此凄凉的记述充分说明了在世界近代化历史进程中无可奈何的清王朝已经没有能力去改变与所有属国的关系，所以在《清史稿·属国传》中绝大多数的文字都是在记述中国与朝鲜、越南、缅

---

① 《郑观应集》（上），上海人民出版社，1982，第67页。
② 《清史稿·邦交志一》，中华书局标点本，1977，第4482页。
③ 《清史稿·属国传一》，中华书局标点本，1977，第14575、14576页。
④ 《清史稿·属国传一》，中华书局标点本，1977，第14576页。

甸、暹罗、南掌、苏禄、阿富汗、坎巨提等的关系，再没有关于相关属国的建国由来、民族的形成与发展、地理位置、物产、语言、风俗、宗教、政权更迭、与中原或中国交往等内容，这是中国古代历史文献中一个十分重大的变化，也是世界近代化在中国历史文献中的深刻反映。

三 中国正史对海外民族研究的特点

第一，以古代中国的世界主义视角来描写、研究海外民族，和现代的世界史研究按照世界历史发展的内在规律、地区分布，以上古代、中古代、近现代的时间线索进行叙述的方法不同，中国正史对海外民族的记述与研究是分布在不同历史时期的历史文献当中，以中国王朝国家的时间、空间观念为中心来描写，按照华夏中心的地理观、民族观进行记述的，而且从整体上看，对海外民族的记述属于人文类型的民族志描写。例如《隋书·东夷传》记载日本时先以中国的乐浪郡为参照，再说日本的自然地理，"古云去乐浪郡境及带方郡并一万二千里，在会稽之东，与儋耳相近"[1]，然后记述日本开始与中国发生联系："汉光武时，遣使入朝，自称大夫。安帝时，又遣使朝贡，谓之倭奴国。"之后记述日本的基本政治："桓、灵之间，其国大乱，递相攻伐，历年无主。有女子名卑弥呼，能以鬼道惑众，于是国人共立为王。有男弟，佐卑弥理国。其王有侍婢千人，罕有见其面者，唯有男子二人给王饮食，通传言语。其王有宫室楼观，城栅皆持兵守卫，为法甚严。"

第二，中国正史对海外民族的记述一般情况下都是从客位的立场对海外民族进行记述，但这种记述仅仅是进行全貌性的记述，没有细致的深入描写，其主要内容大多为对气候、地貌、地质等地理环境的描写，对政治制度、社会生活、文化习俗、宗教信仰、历史上与中国的交往等民族志的记述。例如《隋书·南蛮传》婆利国条说："婆利国，自交趾浮海，南过赤土、丹丹，乃至其国。国界东西四月行，南北四十五日行。王姓刹利邪伽，名护滥那婆。官曰独诃邪挈，次曰独诃氏挈。国人善投轮刀，其大如镜，中有窍，外锋如锯，远以投人，无不中。其余兵器，与中国略同。俗

---

[1] 以下皆见《隋书·东夷传》，中华书局标点本，1973，第 1825 页。

类真腊，物产同于林邑。其杀人及盗，截其手，奸者锁其足，期年而止。祭祀必以月晦，盘贮酒肴，浮之流水。每十一月，必设大祭。海出珊瑚。有鸟名舍利，解人语。大业十二年（616 年），遣使朝贡，后遂绝。于时南荒有丹丹、盘盘二国，亦来贡方物，其风俗物产，大抵相类云。"① 这是一段比较典型的海外民族志，首先讲自然情况，然后是以国王为中心的政治制度，再就是最突出的文化特质，最后是与中国的交往情况，其特点就是以整体性的记述为主，不对个体进行细致描写。

第三，中国正史对海外民族的记载以文化为中心，以小见大，抓显著特点。例如《隋书·东夷传》记载新罗的民俗文化就相当简练，但又能够把特点概括出来，其服饰为"服色尚素。妇人辫发绕头，以杂彩及珠为饰"②，婚姻习俗为"婚嫁之礼，唯酒食而已，轻重随贫富。新婚之夕，女先拜舅姑，次即拜夫"，丧葬文化特点为"死有棺敛，葬起坟陵。王及父母妻子丧，持服一年"，资源特点与生计方式为"田甚良沃，水陆兼种。其五谷、果菜、鸟兽物产，略与华同"。

第四，中国正史中对海外民族的民族志的记述，基本上都是用白描的方式，不随便进行价值判断。例如《北史·波斯国传》对波斯人服饰文化的记载："其王姓波氏名斯，坐金羊床，戴金花冠，衣锦袍、织成帔，饰以真珠宝物。"③ 这是对波斯国王服饰的记述，对普通波斯人服饰的记述为："其俗：丈夫剪发，戴白皮帽，贯头衫，两箱近下开之，亦有巾帔，缘以织成；妇女服大衫，披大帔，其发前为髻，后披之，饰以金银花，仍贯五色珠，络之于膊。"虽然是白描式的记述，但所有的记述都相当准确、生动。例如《北史·波斯国传》对波斯人法律的记载："其刑法：重罪悬诸竿上，射杀之；次则系狱，新王立乃释之；轻罪则劓、刖若髡，或剪半鬓及系牌于项，以为耻辱；犯强盗，系之终身；奸贵人妻者，男子流，妇人割其耳鼻。"④ 通过这样的记述，我们看到，在法律上，波斯人奉行严刑峻法，还有强烈的等级色彩。

---

① 《隋书·南蛮传》，中华书局标点本，1973，第 1838 页。
② 以下皆见《隋书·东夷传》，中华书局标点本，1973，第 1820、1821 页。
③ 以下皆见《北史·西域传》，中华书局标点本，1974，第 3222 页。
④ 《北史·西域传》，中华书局标点本，1974，第 3223 页。

四　对中国古代海外民族研究的几点认识

第一，中国古代的海外民族史志就是当时中国人自己写的"世界史"，是中国人最早认识世界的文本。例如《汉书》《后汉书》当中关于罗马帝国的记述，就是通过《西域传》中的民族志记载让我们看到当时遥远的西方世界的。而且崇尚文化的中国人把海外民族的文化作为记述的中心，从这个意义上讲，中国古代的海外民族史志也可以认为是"世界文化史"。

第二，中国人是以一个农业民族的心态和视角去认识、以天下唯我独尊的民族观来记述海外民族史志的，因此在绝大多数情况下，中国皇帝都会给海外民族的政治首领一个象征性的官位、爵位，但这种官位、爵位仅仅是表达双方关系的一个政治符号。[①] 例如唐高宗永徽年间，唐高宗以康国为康居都督府，即授其王拂呼缦为康居都督；唐高宗显庆三年（658年），唐朝以石国的瞰羯城为大宛都督府，"授其王瞰土屯摄舍提于屈昭穆都督"；唐高宗显庆年间，唐朝以东安国的阿滥为安息州，即以其王昭武杀为刺史；唐高宗显庆三年（658年），唐朝以米国为南谧州，授其君昭武开拙为刺史。[②]

第三，中国古代对海外民族的认知逻辑，是以中国皇帝为中心，与基本没有疆域连接关系的海外民族以藩属的理念建立交往关系，在交往的过程当中以藩属的关系处理民族关系。[③] 根据这样的逻辑，那些与中国没有疆域连接的海外民族分布区，我们可以将之称为中国的文化边疆，这是他们仰慕中国文化并且不断和中国发生文化联系的必然结果。

第四，整个中国古代对海外民族的研究，基于中国古代强大的经济实力、巨大的社会物质财富对海外民族的吸引力，这种吸引力本质上是一种文化吸引力。所以我们可以在中国正史中发现，在绝大多数情况下都是海

---

① 王文光：《二十五史中的海外民族史志与中国的文化边疆、政治边疆》，《中国边疆史地研究》2014年第4期。

② 《新唐书·西域传下》，中华书局标点本，1975，第6244~6247页。

③ 王文光：《二十五史中的海外民族史志与中国的文化边疆、政治边疆》，《中国边疆史地研究》2014年第4期。

外民族主动与中国交往，中国派遣使者到海外交往的情况从数量上看不是很多。因此，在正史中对海外民族志的记述首先是根据海外民族到了中国以后的叙述记录下来的，其次才是中国人到达海外对海外民族志的记述。

两汉时期的倭人研究

——以历史人类学的视角*

在中国古代的历史文献中历来有记载海外民族及其政权的传统，作为与中国一衣带水友好邻邦的日本及其民族很早就在中国古代的历史文献当中有所记载，到了近现代也有许多研究成果，例如赵步云在1985年《史学月刊》第2期发表了《邪马台国社会性质初探》，王金林在1986年《世界历史》第4期发表了《从考古学看邪马台国时代的日本》，沈仁安在1987年《北京大学学报》第4期发表了《〈汉书〉、〈后汉书〉倭人记事考释》，王顺利在1994年《外国问题研究》第3期发表了《论邪马台国的社会性质》，等等。但是，从民族和民族文化的角度对倭人进行研究还有一定的研究空间，故本文试从民族和民族文化的角度进行论述，并对某些问题进行辨析，以求教于方家。

一　对倭人分布的辨析

《汉书·地理志》最早记载了倭人的情况："乐浪海中有倭人，分为百余国，以岁时来献见云。"① 文中的乐浪指汉武帝时在朝鲜半岛北部设置的乐浪郡，而倭人就分布在乐浪郡附近的大海当中。"海中"所指的空间范围是模糊的，难以知道具体的位置，这说明在汉代汉人对倭人的认识不是十分深入，仅仅知道倭人分布在大海当中，有众多的部落群体，还没有产

＊ 本文曾以《两汉时期的倭人研究——以历史人类学的视野》为题，发表于《云南民族大学学报》（哲学社会科学版）2016年第6期，第42~47页。

① 以下皆见《汉书·地理志下》，中华书局标点本，1962，第1658页。

生能够统一各个部落的政治集团。虽然说在汉代倭人就已经开始和汉朝发生联系，但是倭人在什么地方，到了中国的什么地方，都不是很明确。唐人颜师古在注释《汉书·地理志》时注引《魏略》说："倭在带方东南大海中，依山岛为国，度海千里，复有国，皆倭种。"① 可以看出《魏略》对倭人的分布地望更加明确一点，是在"东南大海"中，需要渡海千里才能够到达。尽管如此，当时对倭人的整体情况的认识仍然是简略的，表现了大陆的农业民族对海岛民族认识的不足。

《后汉书·东夷列传》继承了《汉书·地理志》对倭人分布区的基本描述，但比《汉书·地理志》有了进步。例如《汉书·地理志》认为倭人分布在"乐浪海中"，而《后汉书·东夷列传》就具体记述为倭人分布"在韩东南大海中，依山岛为居"②，还进一步指出在东汉时倭人内部还没有出现强大的统一的政权，所以内部有"凡百余国"。这说明当时倭人内部众多的民族群体是在相对独立的状态下发展的，每一个所谓的"国"都有一个政治首领，属于世袭制，即"国皆称王，世世传统"，在众多的"国"中也有相对而言的强大者，即"其大倭王居邪马台国"。

由于东汉时期的汉族历史学家并没有亲自到过倭人的分布区，基本上是通过少量来到中国的倭人的叙述以及朝鲜半岛相关民族的传说书写倭人的历史文化，因此最突出的错误认识就是对倭人分布区的记载。这在《后汉书·东夷列传》中比较明显，《后汉书·东夷列传》说："其大倭王居邪马台国。乐浪郡徼，去其国万二千里，去其西北界拘邪韩国七千余里。其地大较在会稽东冶之东，与朱崖、儋耳相近，故其法俗多同。"③ 这一段对倭人的记载存在诸多问题，需要进行辨析。

第一，大倭王居住的邪马台国距离汉武帝设置在朝鲜半岛北部的乐浪郡，到底是《汉书·地理志》注引《魏略》说的千里，还是《后汉书·东夷列传》说的"乐浪郡徼，去其国万二千里"。我们认为这两个数据都不太准确，从谭其骧先生主编的《中国历史地图集》第 2 册"东汉时期全图"的

---

① 带方是一个郡名，东汉末年汉献帝建安年间（196～219 年）分乐浪郡所置，治所在带方（今天的朝鲜凤山一带）辖境，约相当于今朝鲜黄海南道、黄海北道地区。
② 以下皆见《后汉书·东夷列传》，中华书局标点本，1965，第 2820 页。
③ 《后汉书·东夷列传》，中华书局标点本，1965，第 2820 页。

记载来看，邪马台国应该在乐浪郡南边，朝鲜半岛对面的日本九州岛。① 之所以出现这样的错误，主要是由于不同的历史学家从不同的人口中听来。目前一般认为邪马台国在今天日本九州，也是日本国家的起源，是日本政治的最早中心，所以邪马台国隔朝鲜海峡与朝鲜半岛相望，直线距离最多在 500 千米。

第二，上述史料当中还有一句话说"去其西北界拘邪韩国七千余里"，即以邪马台国作为基点，在他的西北方向七千余里的地方还有一个倭人的"国"，叫作"拘邪韩国"，但是在中国其他历史文献当中很少见到关于"拘邪韩国"的相关记载，所以是否在邪马台国西北七千余里的日本列岛西北部还有一个"拘邪韩国"目前很难确定。正是因为如此，在谭其骧先生主编的《中国历史地图集》第 2 册"东汉时期全图"中就比较谨慎，没有对日本四国岛、本州岛以北的民族情况进行标注。所以，值得注意的是，《后汉书·东夷列传》中所记载的倭人并不是指整个日本列岛上的所有民族，而主要是指今天日本南部与朝鲜半岛相邻地区的倭人，具体而言应该是指日本九州岛及其附近的其他小岛上的民族群体。

第三，最大的问题是认为倭人的分布区"在会稽东冶之东，与朱崖、儋耳相近，故其法俗多同"。东汉时期的会稽郡的辖地大约在今天长江三角洲地区，其东边是东海，虽然与日本列岛有很远的距离，也算是隔着东海与日本列岛相望，但是倭人分布的日本列岛绝对不可能"与朱崖、儋耳相近"。朱崖郡、儋耳郡是汉武帝元封元年（公元前 110 年）在海南岛上设置的两个郡，《汉书·地理志下》粤地条记载："自合浦徐闻南入海，得大州，东西南北方千里。"② 这个"大州"就是海南岛，所以倭人分布的日本列岛与中国的海南岛隔得很远，一个在南，一个在北，这是《后汉书·东夷列传》关于倭人分布区记述的明显错误。

二　对倭人来源及分布区物产的辨析

同样是由于汉族的历史学家没有亲自到过倭人分布的日本列岛，所以

---

① 见谭其骧主编《中国历史地图集》第 2 册"西汉·东汉时期"，中国地图出版社，1982，第 40、41 页。

② 《汉书·地理志下》，中华书局标点本，1962，第 1670 页。

对历史文献中关于日本列岛和海南岛上的民族及民族文化的记述也需要对比辨析。《汉书·地理志下》记载海南岛上的民族"民皆服布如单被，穿中央为贯头，男子耕农，种禾稻、纻麻，女子桑蚕织绩。亡马与虎，民有五畜，山多麈麖。兵则矛、盾、刀，木弓弩、竹矢，或骨为镞"。① 《后汉书·东夷列传》记载日本列岛的物产、民族文化是："土宜禾稻、麻纻、蚕桑，知织绩为缣布。出白珠、青玉。其山有丹土。气温暖，冬夏生菜茹。无牛、马、虎、豹、羊、鸡。其兵有矛、楯、木弓、竹矢，或以骨为镞。男子皆黥面文身，以其文左右大小别尊卑之差。其男衣皆横幅，结束相连。女人被发屈紒，衣如单被，贯头而着之；并以丹朱坋身，如中国之用粉也。"② 以下我们以历史人类学的视角对《汉书·地理志下》和《后汉书·东夷列传》的相关记载进行辨析。

第一，从民族的语言系属来看，倭人与朱崖郡、儋耳郡的民族来源与语言系属是不同的，倭人属于蒙古人种的东亚类型，绝大多数学者认为倭人及其后代即日本的大和民族是属于阿尔泰语系的民族③，而朱崖郡、儋耳郡的民族是亚洲南部的汉藏语系壮侗语族的先民，因此"其法俗"不可能"多同"。

第二，从民族的来源看，倭人是一个多源合流的复合民族，其中包括来自西伯利亚和中国东北的阿尔泰语系满—通古斯语族的通古斯人、南洋群岛的马来人、中南半岛的印支人、长江下游的吴越人，以及公元前后迁入的汉人和朝鲜人④，而朱崖郡、儋耳郡的民族则是中国南方百越民族中的骆越支系之一部，是今天海南岛上最早的民族，与现代的黎族有直接的民族源流关系，因此"其法俗"也不可能"多同"。

第三，通过对文献记载的比较来看，倭人与朱崖郡、儋耳郡的骆越民族的确有一些文化上的相似性，例如都是农耕民族，都耕种"禾稻、纻麻"，使用的兵器都是"矛、盾、刀，木弓弩、竹矢，或骨为镞"。我们认为，这样的文化相似性实际上是由于倭人与朱崖郡、儋耳郡的骆越民族都生活在太平洋西岸，在自然地理生态环境方面可能有某些相似性。

---

① 以下皆见《汉书·地理志下》，中华书局标点本，1962，第1670页。
② 以下皆见《后汉书·东夷列传》，中华书局标点本，1965，第2820、2821页。
③ 《中国大百科全书·民族》，中国大百科全书出版社，1986，第378页。
④ 《中国大百科全书·民族》，中国大百科全书出版社，1986，第378页。

此外，倭人和骆越都属于稻作民族，分布在东亚的稻作文化圈之内，需要特别强调的是，日本的稻作文化是公元前 3 世纪从中国经过朝鲜半岛传入日本九州岛的①，因此日本稻作文化的源头在中国。

第四，倭人分布区与骆越分布的海南岛的物产有区别，倭人分布区"出白珠、青玉。其山有丹土。气温暖，冬夏生菜茹"，骆越分布的海南岛则是"民有五畜，山多麈麖"，其差别是明显的。

第五，由于日本列岛和海南岛都是在 1.5 万年前与亚洲大陆分离的，所以倭人分布的日本列岛和骆越分布的海南岛都没有马和虎等动物物种，这说明了一个问题，就是在日本列岛和海南岛与亚洲大陆还没有分离的时候，在太平洋西岸还没有马和虎等动物物种的存在。当然，将日本列岛没有的动物物种和海南岛没有的动物物种相比较，可以看到在太平洋西海岸的南北地区还是有差别的，例如海南岛虽然没有马和虎，当时却"民有五畜，山多麈麖"，而日本列岛除了没有马和虎之外，还没有"牛、豹、羊、鸡"。

三 对倭人文化的历史人类学解读

《后汉书·东夷列传》第一次系统地记载了日本列岛南部倭人的各种文化，现以历史人类学的视角对其进行简要的解读。

文身习俗。文身习俗世界许多民族都有，但是倭人的文身有一些与其他民族不同的特点：一是不是所有人都文身，仅仅是"男子皆黥面文身"②；二是通过文身的纹饰来体现人们在社会生活中的地位，即"以其文左右大小别尊卑之差"。

社会结构与生活习俗。尽管东汉时倭人内部没有出现强大的政治集团，而是有数以百计的民族群体，但每一个民族群体都是一个政治实体，已经处在比较发达的聚落发展阶段，也已经建立了一定规模的生存空间，"有城栅屋室"③，在聚落当中有自己的生活规则，虽然"父母兄弟异处"，但是"唯会同男女无别"。在一般人的心目中倭人应该穿木屐，但那是后

---

① 《中国大百科全书·民族》，中国大百科全书出版社，1986，第 378 页。

② 以下皆见《后汉书·东夷列传》，中华书局标点本，1965，第 2821 页。

③ 以下皆见《后汉书·东夷列传》，中华书局标点本，1965，第 2821 页。

来的风俗，在东汉时期倭人的习俗是所有的人"皆徒跣"。在日常生活的人际交往当中"以蹲踞为恭敬"，这一习俗一直沿袭到了现代，成为日本礼仪文化的一部分。

饮食文化。倭人的饮食习惯与汉族有一些差别，例如"饮食以手"，但是使用的饮食器具却与中国汉族多有相同，使用笾豆①。因为倭人是一个以农业为主的民族，很早就知道酿酒，所以饮食中的饮料是酒，而且"人性嗜酒"。大约因为地理环境和饮食习俗，倭人当中的长寿者很多，文献记载说倭人"多寿考，至百余岁者甚众"。②

服饰文化。在服饰方面朱崖郡、儋耳郡的骆越与倭人的确有相似之处，即骆越的服饰是"民皆服布如单被，穿中央为贯头"，倭人的服饰是"其男衣皆横幅，结束相连。女人被发屈紒，衣如单被，贯头而着之"。其相似之处是都有如单被的贯头衣服，不同的是，骆越是所有的人都穿如单被的贯头衣服，而倭人仅仅是妇女穿如单被的贯头衣服。

婚姻习俗。《后汉书·东夷列传》中没有对倭人的婚姻习俗进行详细的记述，仅仅突出了在倭人中男女性别比例失调，女多男少，因此部落的政治首领"大人皆有四五妻"，一般人也实行多妻制，"其余或两或三"，可能是因为社会生活当中实行多妻制，所以"女人不淫不妒"。这样的文化传统似乎也延续到了近代的日本社会，即日本妇女对男性的诸多宽容。

法律制度。倭人大约因为生活在一个相对封闭的海岛当中，民俗比较淳朴，所以"俗不盗窃，少争讼"。但是对犯罪的人则实行严刑峻法，对一般的犯罪者是"犯法者没其妻子"，而对那些犯罪严重的罪犯就"灭其门族"，这样的处罚与中国古代处罚重罪犯人的连坐制度基本相同。

丧葬习俗。在倭人的生活中，人死后有停丧的习俗，需要"停丧十余日"，在整个停丧期间所有的直系亲属"哭泣，不进酒食"，但是非直系亲属"就歌舞为乐"。从相关的文献记载来看，这种以"歌舞为乐"的仪式实际上是一种"娱尸"，是以歌舞为亡者送行，对生者而言也有安慰的文化意义。

宗教文化。从《后汉书·东夷列传》的记载来看，到了东汉时期倭人

---

① 笾是古代祭祀或者贵族宴会时盛果品、肉干的竹器，豆是古代日常生活中盛食物的器具。
② 《后汉书·东夷列传》，中华书局标点本，1965，第2821页。

都还没有成系统的人为宗教，但是已经有了宗教活动，主要是占卜，其形式与中国商代殷人的占卜大致相同，即"灼骨以卜，用决吉凶"。由于倭人在大海当中，出海航行是经常性的活动，而航海常常会发生事故，所以在每一次航海之前都会举行相关的宗教活动，具体是"行来度海，令一人不栉沐，不食肉，不近妇人"①，这样的宗教仪式叫作"持衰"。如果在后来的航海过程当中平安，将会给这个做"持衰"仪式的人很多财物；反之，如果航海不顺利，甚至是"病疾遭害"，整个社会的人就会认为是"持衰不谨，便共杀之"。② 这样的宗教习俗在世界上的民族当中是非常少见的。

神道与王权。据《后汉书·东夷列传》记载，在东汉汉桓帝、汉灵帝期间（公元 147～189 年），倭人社会发生了政治动乱，各个倭国部落之间"更相攻伐"，这样的政治动乱经历了很长时间都没有产生出能够统一各部的政治首领。就在这样的历史背景下，出现了一个叫作卑弥呼的妇女。卑弥呼是一个神奇的人，"年长不嫁"③，而且能够"事鬼神道"，能够"以妖惑众"。由于社会的长期动乱，倭人共同拥立卑弥呼为王，这是日本历史上第一个有名有姓的政治人物。作为倭人的第一个政治领袖，卑弥呼的地位是很高的，有"侍婢千人，少有见者，唯有男子一人给饮食，传辞语"，卑弥呼已经"居处宫室、楼观城栅，皆持兵守卫"。在卑弥呼当政期间，倭人社会"法俗严峻"。

四　倭人的民族关系

汉武帝元封三年（公元前 108 年），倭人开始与汉朝交往，在汉武帝灭了朝鲜之后，更多的倭人群体与西汉王朝进行大规模交往，"使驿通于汉者三十许国"④，在所有的倭人中势力最大的是邪马台国的首领，被称为大倭王。

东汉光武帝建武中元二年（公元 57 年），倭人诸国当中的倭奴国派遣

---

① 以下皆见《后汉书·东夷列传》，中华书局标点本，1965，第 2821 页。
② 《后汉书·东夷列传》，中华书局标点本，1965，第 2821 页。
③ 以下皆见《后汉书·东夷列传》，中华书局标点本，1965，第 2821 页。
④ 《后汉书·东夷列传》，中华书局标点本，1965，第 2820 页。

使者到东汉朝贡，使者自称大夫。倭奴国分布在整个倭国的最南边。光武帝十分重视这次朝贡，所以"赐以印绶"，由此倭人与中国建立了一种政治联系。到了东汉安帝永初元年（公元107年），倭国王帅升等人带领倭人160人来到中国，并且把这160人献给中国皇帝，希望得到中国皇帝的接见。

《后汉书·东夷列传》中还以卑弥呼的"女王国"作为基点，记述了其周边的民族群体：从卑弥呼作为女王的"女王国"向东渡海千余里，有一个拘奴国，虽然同样是倭人，但是没有接受卑弥呼的管理；从女王国向南渡海4000余里，可以到达朱儒国，朱儒国的人身高仅仅"三四尺"，也就是现代的一米左右；从朱儒国向东南行船一年，可以到达裸国、黑齿国。但是否准确，《后汉书·东夷列传》也不确定，因为是"使驿所传"，即道听途说所得的消息。

五　几个值得再讨论的问题

《后汉书·东夷列传》载："会稽海外有东鳀人，分为二十余国。又有夷洲及澶洲（也记为亶洲）。传言秦始皇遣方士徐福将童男女数千人入海，求蓬莱神仙不得，徐福畏诛不敢还，遂止此洲，世世相承，有数万家。人民时至会稽市。会稽东冶县人有入海行遭风，流移至澶洲者。所在绝远，不可往来。"① 在这段文字中，范晔以东汉的会稽郡作为空间基点，提到了以下几件事：会稽郡东边的大海中有东鳀人，会稽郡东边的大海中有夷洲及澶洲两个海岛，徐福东渡到了夷洲和澶洲并且在那里发展为数万个家庭，徐福的后人和会稽郡的人相互有交往。上述几件事有许多属于传说，所以需要逐一辨析之。

第一，东鳀在《汉书·地理志下》中第一次出现："会稽海外有东鳀人，分为二十余国，以岁时来献见云。"② 对于什么是东鳀，具体在什么地方，《汉书》没有进行进一步的说明。到了东汉，范晔引用了《汉书·地理志下》的内容，但是也没有回答什么是东鳀，具体在什么地方。那么，

---

① 《后汉书·东夷列传》，中华书局标点本，1965，第2822页。
② 《汉书·地理志下》，中华书局标点本，1962，第1669页。

到底东鳀指什么地方，东鳀人又是什么民族呢？历史地理学界的前辈周维衍先生认为："早期台湾的名称最先是'岛夷'，尔后则为'雕题''东鳀'。"① 则《汉书·地理志下》《后汉书·东夷列传》中的东鳀指的是台湾，而东鳀人就是台湾岛上的民族。

第二，夷洲及澶洲指的是什么地方？《后汉书·东夷列传》中注引《临海水土志》②，其最为核心的内容为："夷州在临海（郡）东南，去郡二千里，土地无霜雪，草木不死，四面是山溪。（男）人皆髡发穿耳，女人不穿耳。土地饶沃，既生五谷，又多鱼肉。有犬，尾短如麕尾状。此夷舅姑子妇卧息共一大床，略不相避。地有铜铁，唯用鹿格为矛以战斗，摩砺青石以作矢（镞）。取生鱼肉杂贮大瓦器中，以盐卤之，历月所日，乃啖食之，以为上肴。"③ 对这一段文字，学术界基本的共识是"夷洲"就是中国的台湾岛，如周维衍先生认为台湾的名称"由'东鳀'演化为'夷洲'，'岛夷''雕题''东鳀'音近意通，是以'人'为本义，'夷洲'则指'地'而言，都是指今天的台湾"。④ 那么，澶洲是什么地方呢？我们认为，在《汉书·地理志下》《后汉书·东夷列传》《三国志·吴书·孙权传》等相关的历史文献当中夷洲与澶洲并举，没有进行进一步的区分，澶洲应该是指中国东海中与台湾岛相近的岛屿。

第三，关于徐市、徐福求仙药的传说。关于秦始皇派遣徐市（后来才为徐福）带领童男女数千人入海的传说最初见于《史记·秦始皇本纪》的记载："既已，齐人徐市等上书，言海中有三神山，名曰蓬莱、方丈、瀛洲，仙人居之。请得斋戒，与童男女求之。于是遣徐市发童男女数千人，入海求仙人。"⑤ 需要特别注意的是，《史记·秦始皇本纪》当中的方士不是叫徐福，而是叫"徐市"，在《汉书》中也没有提到徐福，仅仅是说蓬莱、方丈、瀛洲所在的的海是渤海："此三神山者，其传在渤海中，去人不远。盖尝有至

---

① 周维衍：《台湾历史地理中的几个问题》，《历史研究》1978 年第 10 期。
② 《临海水土志》已经遗失，主要内容记载在《太平御览》之中。从所记内容来看，这是当时最完整的关于台湾的文字资料。《临海水土志》是迄今为止最早系统记载台湾民族历史的重要文献，为三国东吴临海郡太守沈莹所作。
③ 《后汉书·东夷列传》，中华书局标点本，1965，第 2822 页。
④ 周维衍：《台湾历史地理中的几个问题》，《历史研究》1978 年第 10 期。
⑤ 《史记·秦始皇本纪》，中华书局标点本，1982，第 247 页。

者，诸仙人及不死之药皆在焉。其物禽兽尽白，而黄金银为宫阙。"① 显然，《汉书·郊祀志》说的渤海，距离日本是十分遥远的，因为渤海是中国的内海。成书比《后汉书》早的《三国志》没有提到徐福到过日本列岛的事情，把徐市改为徐福较早的文献是《后汉书·东夷列传》，但是《后汉书·东夷列传》十分明确地认为徐福不是到了日本列岛，而是到了会稽郡海外的夷洲及澶洲。成书于唐代的著名历史地理著作《括地志》延续了《后汉书·东夷列传》的观点，认为："亶洲在东海中，秦始皇使徐福将童男女入海求仙人，止在此洲，共数万家，至今洲上有人至会稽市易者。"② 从这一段记载来看，最早的历史文献当中去寻找仙药的人是徐市，后来又被记为徐福，而且徐福去的地方在东海中，距离会稽郡比较近，能够到会稽郡来进行交换，所以这个地方应该就是台湾及其附近的岛屿。

总体而言，《史记》《汉书》当中没有徐福，仅有徐市，《后汉书·东夷列传》开始把徐市改为徐福，以后《括地志》等权威著作也把徐市改为徐福。此外，相关的历史文献中都没有徐福到日本的记载，到了五代后周太祖郭威显德元年（公元 954 年），齐州开元寺高僧义楚写下了《释氏六帖》，第一次提出徐福渡海到了日本列岛，而且这个说法很快得到了海内外一致认可，并且成为一种比较流行的说法。

至此，我们可以梳理出关于徐市、徐福传说的形成线索：《史记》有徐市入海，到了蓬莱、方丈、瀛洲三岛说，但是没有说明入什么海；《汉书》认为有蓬莱、方丈、瀛洲的海是渤海；《后汉书》开始把徐市改为徐福，徐福入海到了"澶洲"，这个澶洲应该是台湾岛；最后义楚在《释氏六帖》中完成了徐福入日本列岛说，一直到今天成为一种被大众认可的观点。

---

① 《汉书·郊祀志》，中华书局标点本，1962，第 1204 页。
② 以下皆见《史记·秦始皇本纪》，中华书局标点本，1982，第 248 页。《史记》正义注引《括地志》。

三国时期倭人的历史人类学研究[*]

我们曾经在阅读《汉书》《后汉书》中有关日本列岛倭人相关文献的基础上，发表过一篇关于日本列岛倭人历史文化的论文《两汉时期的倭人研究——以历史人类学的视野》①，近来又研读《三国志·乌丸鲜卑东夷列传》，发现《三国志》对倭人的记载是古代中国历史文献中最全面的，因此对三国时期倭人的历史文化有了更加深入的认识。现仍然以历史人类学的研究视角，对以曹魏带方郡为起点前往倭人分布的日本列岛的路线，倭人社会的人口结构、政治结构、政治制度，中日官方最早的交流等内容进行以文化为中心的阐释，同时关注倭人的民族志记述，从客位的角度进行历史客体的建构，力求从整体上把握三国时期倭人的历史发展格局。

一 东亚大陆汉人对倭人分布区及倭人分布的基本认识

《汉书·地理志下》最早记载了倭人与大陆民族的交往情况和社会发展的基本情况："乐浪海中有倭人，分为百余国，以岁时来献见云。"② 文中的乐浪指汉武帝时在朝鲜半岛北部设置的乐浪郡，而倭人分布在乐浪郡附近的大海当中，这样的认识相当模糊，对于倭人，仅仅知道当时已经有众多的部落群体，还没有产生能够统一各个部落的政治集团。总的来说，

---

* 本文原载于《云南师范大学学报》（哲学社会科学版）2018年第2期，第104~112页。
① 王文光、江也川：《两汉时期的倭人研究——以历史人类学的视野》，《云南民族大学学报》（哲学社会科学版）2016年第6期。
② 以下皆见《汉书·地理志下》，中华书局标点本，1962，第1658页。

《汉书》对倭人的记载过于简略，说明东亚大陆的汉人对日本列岛上相关民族的认识很肤浅。[①]《后汉书·东夷列传》对倭人的记载比《汉书·地理志》增加了一些内容，例如《汉书·地理志下》认为倭人分布在乐浪郡附近的海中，《后汉书·东夷列传》则记载说倭人分布"在韩东南大海中，依山岛为居"。[②]

三国时期，曹魏与日本列岛南部倭人的交往频繁程度超过了以往的任何时期，在陈寿的《三国志·乌丸鲜卑东夷列传》中我们看到了《汉书》《后汉书》没有记载的内容，这让我们更加清晰地认识了日本列岛的倭人社会。《三国志·乌丸鲜卑东夷列传》主要记述了分布在日本九州岛及其附近岛屿的倭人，这也说明当时东亚大陆的人们对日本列岛整体性的认识是不够的。从当时日本列岛的政治中心邪马台国向北，关于日本列岛北部倭人的情况，文献没有任何记载，布罗代尔在他的著作《15至18世纪的物质文明、经济和资本主义》中说："日本最初是个四分之三的疆土空无一人的列岛，突出的事实是日本比大陆落后，比朝鲜落后，尤其比中国落后。在那个遥远的时代，日本竭力追随中国文明，但又人口不足。国内内战频仍，每个小集团都很难压倒其他集团，结果使国家始终停留在不发达状态，列岛四分五裂，各自为政。"[③] 如果布罗代尔的认识代表了当今学术界的基本观点，那么就意味着九州岛以北很少有倭人分布，但是，布罗代尔没有具体指出日本的"最初"是什么历史时期。中国历史地理学家谭其骧先生认为，至少在东汉时期，日本列岛上的民族绝大部分都分布在四国岛、本州岛，即今天日本国的南部地区。正因为如此，在谭其骧先生主编的《中国历史地图集》第2册"东汉时期全图"中就没有对日本四国岛、本州岛以北的民族情况进行标注。[④]

日本列岛是一个狭长的地理空间，南北总长3800千米，最北的北海道气候寒冷，而南部的九州岛则比较温暖。《三国志·乌丸鲜卑东夷列传》

---

① 王文光、江也川：《两汉时期的倭人研究——以历史人类学的视野》，《云南民族大学学报》（哲学社会科学版）2016年第6期。

② 《后汉书·东夷列传》，中华书局标点本，1965，第2820页。

③ 〔法〕布罗代尔：《15至18世纪的物质文明、经济和资本主义》第2卷，顾良、施康强译，商务印书馆，2017，第726页。

④ 王文光、江也川：《两汉时期的倭人研究——以历史人类学的视野》，《云南民族大学学报》（哲学社会科学版）2016年第6期。

说当时倭人分布地区气候温暖，可以冬夏食生菜，而且当时的倭人基本是赤脚不穿鞋的，如果是在北海道地区，不穿鞋是难以想象的。所有这些记载都表明，三国时期中国人认识的倭人就是今天日本九州岛及其附近岛屿上的倭人，在日本列岛的南部，故《通典·边防典一》说："倭自后汉通焉，在带方东南大海中，依山岛为居，凡百余国。光武（建武）中元二年（公元57年），倭奴国奉贡朝贺，使人自称大夫，倭国之极南界也。"① 带方郡东南的大海就是日本列岛南部以九州岛为中心的众多岛屿。

至于其他地区的倭人，三国时期分布在东亚大陆的汉人对他们仅仅有一些模糊的认识，即"女王国东渡海千余里，复有国，皆倭种。又有侏儒国在其南，人长三四尺，去女王四千余里。又有裸国、黑齿国复在其东南，船行一年可至"。② 虽然对倭人的认识模糊，但是对日本列岛地理特点的总体格局是有基本认识的。首先，知道倭人分布的地区都"在海中洲岛之上"，即倭人分布的地方是个海岛；其次，这个海岛的格局是"或绝或连"，是"列岛"，这是当时对日本列岛十分准确的认识；最后，认为日本列岛的面积是"周旋可五千余里"，这与现代的认识也有诸多相似之处。

二　带方郡到日本列岛的交通路线及途中岛屿上的倭人社会

《三国志·乌丸鲜卑东夷列传》中明确指出倭人分布在曹魏带方郡东南大海当中的海岛上，而且这是一个多山的海岛，岛上有众多部落群体，号称有"百余国"。这说明到了三国时期，因为航海技术的进步，倭人可以通过弁韩与曹魏交往，而且交往的次数开始增多，交往的倭人群体也在增加，即"今使译所通三十国"。这里所谓的"国"，可以理解为倭人的内部部落群体，或者是一些政治集团。

《三国志·乌丸鲜卑东夷列传》是以曹魏的带方郡作为空间基点来认识倭人的，带方郡的西边就是黄海，所以说从带方郡到倭人分布区，要沿着黄海海岸航行，向南到达弁韩狗邪国，然后通过朝鲜半岛南部，自西北

---

① 《通典·边防典一》，中华书局标点本，1988，第4993页。
② 以下皆见《三国志·乌丸鲜卑东夷列传》，中华书局标点本，1982，第856页。

向东南渡过朝鲜海峡，"千余里至对马国"。[①] 三国时期的对马是一个独立的政治实体，有自己的政治官僚体系，"其大官曰卑狗，副曰卑奴母离"。由于对马群岛地处朝鲜海峡当中，所以其环境特征是"所居绝岛"，岛的面积"方可四百余里"（今天的实际面积是 696 平方千米），岛上的自然环境是多山，"土地山险，多深林，道路如禽鹿径"。有千余户人家，大约万余人，粗略估计每平方千米不到 20 人。[②] 这里需要说明的是，由于文献没有记载倭人的家庭结构，我们假定倭人家庭结构类型是主干家庭，每个家庭在 10 人左右，因为在劳动生产率低下的社会，核心家庭没有主干家庭的效率高，主干家庭可以有效地抵御各种风险，所以以下的人口我们都是按照主干家庭来进行计算的。

对马群岛以山区为主，所以无良田，也就没有农业生产，主要依靠捕捞"海物"为生，需要的粮食则是乘船或者到朝鲜半岛和韩人交换，或者和日本九州岛的人交换，即所谓"南北市籴"。这应该是中国的历史文献中第一次关于对马群岛的记载，也可以认为是中国的历史文献中最早对日本长崎县的记载。

从对马群岛再向南航行一千余里（这应该是个估计的数字，因为陈寿没有亲自前往，也是听说的大概数字），经过浩瀚的大海，到达一个大岛，至于这个岛的名称，文献没有记载，岛上部落政治首领的名称与对马群岛上政治首领的一样，"官亦曰卑狗，副曰卑奴母离"。[③] 由此我们可以认为，这个岛上的倭人与对马群岛上的倭人关系比较接近，所以其政治首领的称呼才会一致。岛的面积比对马群岛要小一些，"方可三百里"，岛上多竹木丛林，属于山地，有 3000 多户人家，按主干家庭计算，应该有 3 万余人，比对马群岛的人口要多，粗略估计每平方千米有 60 人左右，因此土地资源严重不足，"差有田地，耕田犹不足食"，所需要的粮食仍然是"南北市籴"，即乘船或者到朝鲜半岛和韩人交换，或者和日本九州岛的人交换。

从这个岛又渡海千余里就到了末卢国，末卢国已经在九州本岛，因为

---

① 以下皆见《三国志·乌丸鲜卑东夷列传》，中华书局标点本，1982，第 854 页。对马是地处朝鲜海峡中部的一个群岛，由五个岛屿组成，现在属于日本长崎县，历史上一直都是从日本列岛经过朝鲜半岛进入欧亚大陆的重要中转之地。

② 关于人口的数量和土地面积与人口的数量关系，仅仅是依靠文献提供的基本数据进行粗略估计，而得到的客位认识，是一种历史客体建构，仅供参考。

③ 以下皆见《三国志·乌丸鲜卑东夷列传》，中华书局标点本，1982，第 854 页。

可以从末卢国陆行前往伊都国。末卢国是一个大的部落集团，有 4000 余户人家，则人口有 4 万余人。末卢国的自然环境不错，"滨山海居，草木茂盛"①，但没有农业生产，末卢国人专门以在海上捕鱼为生，"好捕鱼鳆"，且捕鱼方式十分独特，不用渔网捕鱼，"水无深浅，皆沉没取之"。

从末卢国向东南陆行五百里，就到了伊都国。伊都国政治首领的名称开始与对马群岛政治首领的名称不同，职位最高的首领称为尔支，"副曰泄谟觚、柄渠觚"。② 伊都国有 1000 余户人家，1 万余人，有自己世代世袭的政治首领，但是都统属邪马台国，是三国时期带方郡的郡使前往倭国途中一个重要的地方，"往来常所驻"。

从伊都国的东南行百余里到奴国，其主要政治首领的名称叫作兕马觚，副的政治首领的名称叫作卑奴母离，和对马群岛倭人政治首领的名称完全相同，这说明奴国的民众与对马群岛倭人的关系比较接近。奴国的人口比较多，有 2 万余户人家，人口数量就应该是 20 余万。

从奴国向东行百里到不弥国，"官曰多模，副曰卑奴母离"，则不弥国的倭人与对马群岛的倭人关系也比较接近。不弥国有 1000 余户人家，约 1 万人。在此我们发现，末卢国（《册府元龟》记为"未卢国"）、伊都国、奴国、不弥国都是分布在一个大岛上的部落集团。从末卢国向东南陆行五百里到伊都国，从伊都国东南行百余里到奴国，从奴国向东行百里到不弥国，《册府元龟》也说："未卢国又东陆行五百里至伊都国，又东南行百里至奴国，又东行百里至不弥国。"③ 由此可见，上述这几个部落集团分布在同一个岛屿上，而其他岛屿之间大多数"相距千里"，行数十日才能够到达。

从不弥国向南水行 20 日就到了投马国，投马国与上述其他岛屿上的倭人有了一些地域性的差异，"官曰弥弥，副曰弥弥那利"。投马国的人口比较多，有 5 万余户，就应该是有 50 余万人。则投马国单独分布在一个岛屿上。

据《三国志·乌丸鲜卑东夷列传》记载，从带方郡出发到达邪马台国有 12000 余里的距离，当然是否有这样长的距离是难以考订的，可能当时

---

① 以下皆见《三国志·乌丸鲜卑东夷列传》，中华书局标点本，1982，第 854 页。
② 《三国志·乌丸鲜卑东夷列传》，中华书局标点本，1982，第 854 页。
③ 《册府元龟·外臣部·国邑一》，中华书局，1960 年影印本，第 11258 页。

带方郡的官员也是按照行程的天数来计算距离的，但海上航行的距离是无法准确计算的，所以对整个倭人境内的距离描述都不一定准确，但是为我们留下了从带方郡到达倭人分布地区珍贵的历史资料，对研究东北亚交通史、民族史、日本国家发展史意义重大。

此外，按照主干家庭人口的计算方法，我们大致可以推算出从对马群岛到投马国的倭人人口总量在 80 万左右，即对马群岛上 1 万、无名岛上 3 万、末卢国 4 万、伊都国 1 万、奴国 20 万、不弥国 1 万、投马国 50 万。从这个数据排列中我们还可以看出一个规律，即在距离倭人的政治中心邪马台国近的地方，相关"国"的倭人数量就开始增加，例如离邪马台国最近的投马国就有 50 万人。而邪马台国再加上其所属的 20 余"国"，人口在 100 万左右。因此，三国时期日本列岛上的倭人数量估计在 150 万左右。

三　以邪马台国为中心的倭人社会的历史人类学阐释

从投马国再向南"水行十日，陆行一月，至邪马壹国"[①]，也就是说，先从投马国航行十日，来到一个大的岛屿，登上岛之后，还要在岛上行走一个月才能够到达当时日本列岛的政治中心"邪马壹国"。需要在此辨析的是，《三国志·乌丸鲜卑东夷列传》中提到的"邪马壹国"中的"壹"字应该是繁体字"壹"误为"壹"字。《册府元龟·外臣部·国邑一》记载："倭国在带方郡东南，其王居邪马臺（按：即简化字"台"的繁体字）国。"[②]《册府元龟》的记载说明了两个问题：其一，"邪马壹国"当为"邪马臺（台）国"之误，因此以下我们都将"邪马壹国"改为"邪马台国"；其二，因为邪马台国是倭王居住的地方，所以邪马台国是当时倭人社会最大的一个政治集团，这样的认识与现代的研究结论也是一致的，最新的研究成果说邪马台国是日本历史上的第一个国家政权，出现在 1 世纪末 2 世纪初期，其下管辖着 20 余个"小国"（实际上应该是一些部

①　《三国志·乌丸鲜卑东夷列传》，中华书局标点本，1982，第 854 页。
②　《册府元龟·外臣部·国邑一》，中华书局，1960 年影印本，第 11257 页。

落集团）。① 这20余个"小国"具体是："有斯马国，次有已百支国，次有伊邪国，次有都支国，次有弥奴国，次有好古都国，次有不呼国，次有姐奴国，次有对苏国，次有苏奴国，次有呼邑国，次有华奴苏奴国，次有鬼国，次有为吾国，次有鬼奴国，次有邪马国，次有躬臣国，次有巴利国，次有支惟国，次有乌奴国，次有奴国，此女王境界所尽。"②

此外，在岛上可以陆行一个月，说明邪马台国是在一个很大的岛上，这个岛就是九州岛。对此，《册府元龟》又说："邪马台夷人不知里数，但计以日，其国境东西五月行，南北三月行，各至于海。"③ 要行走5个月才能够贯通东西方向，行走3个月才能够贯通南北方向，可见其面积之大，尽管这个记载不可能十分准确，但岛的面积大是个事实。

从人口数量来看，邪马台国的人口数量最多，有7万余户人家，人口数量在70万左右。从数量和质量的关系来看，正是他们有数量最多的人口，所以他们的势力最强大，因此邪马台国才能够成为倭人社会的政治中心，能够成为日本国家发展的一个重要历史起点，因为人口的数量在政治家那里是可以变为政治力量的，是可以决定政治家们的成功的，这就是数量与质量的历史辩证关系。具体而言，人口的数量多可以使农业发达、手工业进步，可以使生产和交换增加，可以产生大的城镇，其结果也会使政治家的权力更加稳固。因此，人口数量的多少能够反映政治家的权威大小。从现代政治学关于国家形成和发展的三个基本要素来看，人口的数量和质量是决定国家形成和发展的重要因素之一。

邪马台国在历史上曾经以男性作为国王，在男性国王执政七八十年之后，倭人社会发生巨大的动乱，"相攻伐历年，乃共立一女子为王，名曰卑弥呼"。④ 我们认为卑弥呼实际上是一个女萨满，因为她能够"事鬼道"，能够通过"神道"来稳定社会和控制民众，从这个意义上讲，邪马台国是一个政教合一的王国。卑弥呼作为一个把政治权力和经济权力掌握于一身的萨满，终身未嫁，文献记载她"年已长大，无夫婿"，身边的男性是她

---

① 《世界古代史》编写组：《世界古代史》下册，高等教育出版社，2016，第43页。该书是中共中央宣传部、教育部"马克思主义理论研究工程"的代表性成果。
② 以下皆见《三国志·乌丸鲜卑东夷列传》，中华书局标点本，1982，第854、855页。
③ 《册府元龟·外臣部·国邑一》，中华书局，1960年影印本，第11258页。
④ 以下皆见《三国志·乌丸鲜卑东夷列传》，中华书局标点本，1982，第856页。

的弟弟，由她的弟弟辅佐治理邪马台国。此外也还有一个官僚体系，即"官有伊支马，次曰弥马升，次曰弥马获支，次曰奴佳鞮"。

自从卑弥呼成为邪马台国的国王以后，为了保持她的神秘性，她基本不和一般人见面，"以婢千人自侍，唯有男子一人给饮食，传辞出入。居处宫室楼观，城栅严设，常有人持兵守卫"。[①] 正是因为如此，邪马台国又被称为女王国。卑弥呼死后，邪马台国为她修建了一座大墓，直径百余步，还有殉葬的奴婢百余人。

对卑弥呼死后的殉葬问题，以往的观点认为殉葬是奴隶社会的一个标志，所以在三国时期邪马台国的社会性质仍然是奴隶社会。这应该是按照传统进化论的观点进行的分析，卑弥呼作为一个具有"神性"的国王，在她死后如果是她的崇拜者愿意随她而去，那就不是殉葬，要是历史的真实的确如此，那么邪马台国是什么样的社会性质就应该另当别论了。此外，我们从三国时期倭人的人际关系方面看到当时的社会并非奴隶社会。在社会伦理方面，倭人虽然有等级制度存在，但是一般民众在日常生活中"其会同坐起，父子男女无别"。[②] 倭人特别喜爱喝酒，在喝酒的场合，普通民众见到尊者仅仅是"搏手以当跪拜"，这里的"搏手"即"拱手"，也就是说，见到了尊者是不用跪拜的，而是以拱手代替跪拜之礼。这样的人际关系，如果用奴隶社会的理论来看，肯定就不是所谓的奴隶社会，因为人们相互之间并没有十分残酷的人身占有关系。但是，一般民众和贵族之间的等级是十分严格的，"下户与大人相逢道路，逡巡入草。传辞说事，或蹲或跪，两手据地，为之恭敬。对应声曰噫，比如然诺"。

卑弥呼死后，邪马台国的贵族集团又立了另外一个男性国王，由此引发了社会动乱，"国中不服，更相诛杀，当时杀千余人"。[③] 在这样的历史背景之下，邪马台国的贵族集团只好立卑弥呼的侄女壹与为邪马台国的国王，当时壹与仅有十三岁，壹与即位之后"国中遂定"。由此，邪马台国仍然是女王当政，治理国家。由卑弥呼去世所引发的倭人社会

① 《三国志·乌丸鲜卑东夷列传》，中华书局标点本，1982，第856页。
② 以下皆见《三国志·乌丸鲜卑东夷列传》，中华书局标点本，1982，第856页。
③ 《三国志·乌丸鲜卑东夷列传》，中华书局标点本，1982，第858页。

动乱是倭人发展历史上一个重大的突发性事件①，因为男性国王的出现打破了倭人邪马台国历史发展的基本格局，属于政治首领的更替而引发的社会动乱，表明邪马台国的社会秩序是需要神权与世俗王权相结合进行控制的，所以当卑弥呼的侄女壹与即位为邪马台国的国王之后，"国中遂定"。这样的历史实例在人类历史上是屡见不鲜的，这恐怕与后来日本的神道信仰有一定的历史渊源关系，因为日本的神道信仰最初就产生在九州岛和四国岛。

四 对倭人物质文明、社会关系及精神生活的历史人类学阐释

在《三国志·乌丸鲜卑东夷列传》中第一次有了比以往任何文献都详细的倭人民族志记述，这些民族志是对倭人物质文明、社会关系和精神文明的客位记述，用的是客位的眼光，而且还是汉人文化中心论的视角。尽管如此，这些关于倭人民族志的记述的文化价值也很高，对研究环太平洋地区的民族起源与文化亲缘关系更是意义非凡。

文身是一种文化内涵相当丰富的服饰文化在人身体上的延伸，具体是在人的皮肤上刺画出各种纹饰，再用黑色的色料染之，待刺画的伤口愈合之后，纹饰便留在了身体上。倭人的男子无论年纪大小都黥面文身。在陈寿看来，倭人的文身习俗与中国古代华夏的文身习俗有一定的文化源流关系，因为华夏先民"夏后少康之子封于会稽，断发文身以避蛟龙之害"。②而封于会稽的少康之子后来融入越人，所以汉文文献认为文身习俗主要存在于越人当中。《史记·赵世家》载："夫剪发文身，错臂左衽，瓯越之民也。"《索隐》曰："今珠崖、儋耳谓之瓯人……文身断发，避龙。"③《山海经·海内南经》载："伯虑国、离耳国、雕题国、北朐国，皆在郁水南。"郭璞注"离耳"下释云："即儋耳也，在朱崖海渚中。"又于"雕

---

① 历史人类学的短时段观点认为，所谓"事件"，就是指在短时间之内出现的王朝更替、重大政策出台、重要条约签订、重大的自然灾害等，其特点是短暂得让人防不胜防，快速、敏感，让个体的人和社会深感不安。

② 《三国志·乌丸鲜卑东夷列传》，中华书局标点本，1982，第855页。

③ 《史记·赵世家》，中华书局标点本，1982，第1809页。

题"下释云："黥涅其面，画体为麟采，即鲛人也。"①《淮南子·原道训》
载："九疑之南，陆事寡而水事众，于是人民披发文身，以象鳞虫。"高诱
注云："文身，刻画其体内，黥其中，为蛟龙之状，以入水，蛟龙不伤
也。"②《汉书·地理志》载："粤地，牵牛、婺女之分野也。今之苍梧、
郁林、合浦、交阯、九真、南海、日南，皆粤分也。其君禹后，帝少康之
庶子云，封于会稽，文身断发，以避蛟龙之害。"③因此，文身习俗在漫长
的历史发展过程中，一直保留在以越民族群体为主体发展来的各民族之
中，成为其显著的文化特质之一。当然，如果从世界民族的发展历史过程
来看，环太平洋地区的诸多民族都有文身习俗，这似乎告诉我们环太平洋
地区的民族早期曾经有过诸多历史联系，甚至是民族的源流关系。《通
典·边防典一》就说倭人的男子"皆黥面文身"，而且还"自谓太伯之
后"。④

　　三国时期的倭人的生计方式为潜入水中捕鱼虾，即"好捕鱼鳆，水无
深浅，皆沉没取之"。⑤而且文身最初是因为倭人"好沉没捕鱼蛤，文身亦
以厌大鱼水禽，后稍以为饰"，这就说明倭人的文身目的一开始与中国古
代越人是一样的，即黥面文身是为了"入水，蛟龙不伤"，在此基础上，
文身的功能才渐渐由实用转化为一种服饰在身体上装饰的延伸。这样的认
识会不会是陈寿在暗示日本列岛的倭人与中国南方的越人有某种内在的文
化联系，甚至是民族的源流关系呢？

　　倭人文身的纹饰、色彩、图案的大小，在各个部落集团是有差异的，
而且还通过文身的纹饰来表示等级的高低，即"诸国文身各异，或左或
右，或大或小，尊卑有差"。我们认为倭人文身的纹饰或者是服装上服饰
的差异，实际上是在表达一种社会秩序和等级文化观念。

　　倭人种植的经济作物是纻麻和桑树，以之作为制作衣物的材料，因此
倭人"出细纻、缣绵"。⑥这些纺织品就决定了倭人的服饰文化，"男子皆
露紒，以木绵招头。其衣横幅，但结束相连，略无缝。妇人被发屈紒，作

①　袁珂：《山海经校注》，上海古籍出版社，1980，第269页。
②　《淮南子·原道训》，《诸子集成》第7册，上海书店，1986，第6页。
③　《汉书·地理志》，中华书局标点本，1962，第1669页。
④　《通典·边防典一》，中华书局标点本，1988，第4995页。
⑤　以下皆见《三国志·乌丸鲜卑东夷列传》，中华书局标点本，1982，第855页。
⑥　以下皆见《三国志·乌丸鲜卑东夷列传》，中华书局标点本，1982，第855页。

衣如单被，穿其中央，贯头衣之"。从上述记载来看，倭人男性的发型是都露出头发，再用木棉布覆之，服饰是用横幅的布披在身上，不用缝制，所以称为"横幅衣"；女性的发型是头发的下部分披着，头顶上的部分做成发髻，服饰是用整块布对折起来，不用剪裁，中间用布带打个结，周身无袖，从头上套入，所以称为"贯头衣"，贯头衣的长度及膝。贯头衣在环太平洋地区历史上曾经广泛存在过，甚至中国西南地区的一些民族历史上也有穿贯头衣的记载，所以我们不能低估人类早期的文化交往、交流，甚至是交融。

因为三国时期日本列岛南部地区的倭人还不能生产铁，所以绝大部分武器都是用木制作的，仅有少量的箭镞是用铁制作的，其他则是竹箭或骨镞。由于日本列岛多山，所以在山区有众多的物产："出真珠、青玉。其山有丹，其木有柟、杼、豫樟、楺枥、投橿、乌号、枫香，其竹筱簳、桃支。有狝猴、黑雉。"① 虽然出产姜、橘、椒、蘘荷等调味品，但是三国时期九州岛上的倭人还不知道食用这些调味品。饮食方式很特别，"用笾豆，手食"。尽管倭人是以稻作农业为主要生计方式的民族，但是在三国时期仍然没有比较发达的天文历法，注引《魏略》说倭人"其俗不知正岁四节，但计春耕秋收为年纪"。② 由此看来，在三国时期日本列岛上倭人的农业文明发展水平还不是很高，因为与农业生产紧密相关的天文历法的制度化是农业文明发展水平的一个标志。

三国时期的倭人社会以家庭作为基本的社会单位，每一个家庭都有自己的房屋，而且家庭成员都有属于自己的房间；日常生活中"以朱丹涂其身体，如中国用粉也"。③ 倭人的丧葬文化与汉人的丧葬文化有诸多差别，相同的文化习俗是人死之后，"停丧十余日"，之后装入棺木，但是有棺无椁，下葬时封土作冢；不同的地方是倭人去世的时候不食肉，丧主哭泣，而前来吊唁的人却歌舞饮酒，在办理完丧事之后，丧家要"举家诣水中澡浴，以如练沐"。

从日本列岛航海通过朝鲜半岛前往中国，整个行程是十分危险的，所以在倭人要渡海前往中国时，有一个特别奇怪的习俗："恒使一人，不梳

---

① 《三国志·乌丸鲜卑东夷列传》，中华书局标点本，1982，第855页。
② 《三国志·乌丸鲜卑东夷列传》，中华书局标点本，1982，第856页。
③ 以下皆见《三国志·乌丸鲜卑东夷列传》，中华书局标点本，1982，第855页。

头，不去虮虱，衣服垢污，不食肉，不近妇人，如丧人，名之为持衰。"①在行程当中如果一路平安没有发生危险的事情，那么所有同行的倭人就共同给"持衰"财物；但是如果同行的倭人生了病，或者遭遇其他危险，就有可能会杀死"持衰"，认为"其持衰不谨"。这样的习俗应该是以"持衰"作为护佑旅途安全的一种文化，目的是让"持衰"持有的神性保佑旅途平安。这种文化观念恐怕与当时倭人的神道思想有关。

在倭人的日常生活中，凡事都要用骨进行占卜，"其俗举事行来，有所云为，辄灼骨而卜，以占吉凶，先告所卜，其辞如令龟法，视火坼占兆"。②值得注意的是，倭人的占卜形式及使用的材料几乎都与中国商代的相同，即都使用甲骨进行占卜，这是偶然的相同还是有一种历史的内在联系，可以进行进一步研究。

日本列岛倭人的寿命很长，据说有的高达八九十岁，甚至有百岁之人，这大约与他们相对封闭的自然环境和饮食习俗有关。在婚姻习俗方面，政治首领可以娶四至五个妻子，一般的普通人也有娶两三个妻子的情况存在。

倭人的民族性格是重视自我克制，不随意表现自我，所以"其风俗不淫"③，特别是"妇人不淫，不妒忌"。由于重视自我克制，所以社会上很少出现盗窃的行为，也没有什么争讼。这与倭人社会严苛的法律制度有关，因为如果倭人触犯了法律，"轻者没其妻子，重者灭其门户"。因此，倭人社会是"及宗族尊卑，各有差序，足相臣服"。

倭人的经济生活也是有严格的制度规定的，不同的政治集团都对其治下的普通民众收取租赋；每一个政治集团的政治首领都有专门的居所；各个"国"之间也都有贸易往来，互通有无，在这个交换的过程当中，作为倭人社会最高首领的邪马台国王要派遣使者监督交易，也就是说，在倭人社会已经有了一个初级的市场体系存在。特别是在邪马台国以北地区，还专门设置了一个职位很高的官员，这个官员常住在伊都国，在国中有如刺史，"检察诸国，诸国畏惮之"。④

---

① 以下皆见《三国志·乌丸鲜卑东夷列传》，中华书局标点本，1982，第855页。
② 《三国志·乌丸鲜卑东夷列传》，中华书局标点本，1982，第856页。
③ 以下皆见《三国志·乌丸鲜卑东夷列传》，中华书局标点本，1982，第855页。
④ 《三国志·乌丸鲜卑东夷列传》，中华书局标点本，1982，第856页。

五　从邪马台国与曹魏的交往看东亚区域史

景初二年（238 年）六月，邪马台国女王卑弥呼派遣大夫难升米等人越过朝鲜海峡，通过韩人分布区到达带方郡，要求见魏明帝，带方郡太守刘夏派人带领倭人的使者到达洛阳。这一年的十二月，魏明帝在给倭国女王卑弥呼的回信中说："制诏亲魏倭王卑弥呼：带方太守刘夏遣使送汝大夫难升米、次使都市牛利奉汝所献男生口四人、女生口六人、班布二匹二丈，以到。汝所在逾远，乃遣使贡献，是汝之忠孝，我甚哀汝。今以汝为亲魏倭王，假金印紫绶，装封付带方太守假授汝。其绶抚种人，勉为孝顺。汝来使难升米、牛利涉远，道路勤劳，今以难升米为率善中郎将，牛利为率善校尉，假银印青绶，引见劳赐遣还。今以绛地交龙锦五匹、绛地绉粟罽十张、蒨绛五十匹、绀青五十匹，答汝所献贡直。又特赐汝绀地句文锦三匹、细班华罽五张、白绢五十匹、金八两、五尺刀二口、铜镜百枚、真珠、铅丹各五十斤，皆装封付难升米、牛利还到录受。悉可以示汝国中人，使知国家哀汝，故郑重赐汝好物也。"[①] 在这封信当中，曹魏明帝表达了以下几层意思：首先，收到了倭国进贡的礼物，对倭人的"忠孝"表示肯定；其次，册封倭女王卑弥呼为亲魏倭王，同时还赐了金印紫绶以及众多的珍奇物品；最后，前往洛阳的倭人使者因为道路辛劳，也被封赐，"以难升米为率善中郎将，牛利为率善校尉，假银印青绶"。从信中的内容还可以看出，魏明帝依然是以汉族为中心的民族观和曹魏是中国王朝国家的正统对待倭人，认为倭人是远夷，倭人与曹魏的交往关系是一种朝贡关系，所以册封倭女王卑弥呼为"亲魏倭王"。实际上，当时的倭王卑弥呼与曹魏政权之间是没有任何的政治隶属关系的，因此也就不存在朝贡问题，双方的交往实质上是一种文化交流、物质交换的关系。对这个实质性的问题，魏明帝也是清楚的，所以魏明帝用"绛地交龙锦五匹、绛地绉粟罽十张、蒨绛五十匹、绀青五十匹"来"答汝所献贡直"，这就是交换，"贡直"就是等值的交换，这才是所谓"朝贡"的实质性内容。从中日官方的交往历史来看，这次交往应该是第一次中日官方的交往，表面上具有

---

① 《三国志·乌丸鲜卑东夷列传》，中华书局标点本，1982，第 857 页。

政治的意味，例如魏明帝册封卑弥呼为"亲魏倭王"，但实质上还是一次文化交流、物质交换，其重大的意义在于日本列岛上的倭人政治首领开始与中国王朝国家交往，并且具有官方的性质，通过交往，倭人大量吸收中国文化，丰富了自己相对封闭的岛屿文化。

魏齐王正始元年（240 年），带方郡太守弓遵派遣建中校尉梯俊等人带着魏齐王的信和印绶等物前往倭国回访，"拜假倭王，并赍诏赐金、帛、锦罽、刀、镜、采物"①，倭王也通过梯俊等人带回了对魏齐王表示感谢的回信。之后，倭人与曹魏的交往开始频繁起来。正始四年（243 年），倭王再次派遣大夫伊声耆、掖邪狗等八人，向魏齐王进献了倭人、倭锦、绛青缣、绵衣、帛布等物品。倭人使者掖邪狗等人被曹魏授予率善中郎将印绶。正始六年（245 年），魏齐王下诏赐予倭人首领难升米黄幢，通过带方郡授予。

正始八年（247 年），刚刚上任的带方郡太守王颀就收到了倭人内部发生矛盾的报告，倭女王卑弥呼与狗奴国男王卑弥弓呼素来不和，矛盾冲突不断，双方都派遣使者载斯、乌越等人到带方郡来诉说对方的不是。带方郡太守王颀派遣塞曹掾史张政等人进入日本列岛进行调解。这个时候，卑弥呼已经去世，由壹与即位为邪马台国国王，张政以檄文告喻壹与，壹与也派遣邪马台国的大夫率善中郎将掖邪狗等二十人送张政等人回中国，与此同时，还向魏齐王"献上男女生口三十人，贡白珠五千，孔青大句珠二枚，异文杂锦二十匹"。② 魏明帝时期曹魏与邪马台国没有臣属关系，但是到了魏齐王的时候，随着倭人与曹魏交往的不断深入，倭人开始接受册封的事实，而且倭人内部的政治首领也开始信任曹魏，因此才会在内部发生矛盾冲突的时候请求曹魏进行调解，这说明日本列岛上的倭人与曹魏政权开始建立政治关系，如果从国家关系史的角度来看，这也应该是中日两国第一次国家的政治交往。

从历史人类学的角度来看，倭王每一次与曹魏的交往都要贡献倭人"生口"，即带来的不仅仅是物，还有"生口"，共计有景初二年（238 年）六月进献的倭人"男生口四人、女生口六人"，正始八年（247 年）进献

---

① 《三国志·乌丸鲜卑东夷列传》，中华书局标点本，1982，第 857 页。
② 《三国志·乌丸鲜卑东夷列传》，中华书局标点本，1982，第 857 页。

的倭人"男女生口三十人"。这是一个值得关注的重要事件，这些倭人"生口"最后都留在了中国，由于人数很少，不可能在人种方面对汉人的形成与发展有什么重大影响，但是这些人是有思想、带着文化观念的"活物"，对中国人认识倭人的文化传统、精神生活、物质文化的意义也是不可小视的。此外，从生物学的角度来看，历史上欧洲人进入美洲的时候，带去了病毒、细菌和相关的致病因素，所以产生了各种疾病，导致大量人员死亡。例如：墨西哥的原住民 1521 年大批死于天花；1576 年至 1577 年的"瘟疫"导致 200 万人死亡；安的列斯群岛某些岛屿的居民几乎死绝。[①]而曹魏时期，一方面是作为中国使者到达日本列岛的中国人进入日本列岛，另一方面是日本列岛的倭人经过朝鲜半岛南部进入中国境内，双方都没有发生疾病的传染，这说明日本列岛的倭人在与东亚大陆的人交往的历史过程当中，相互已经有了诸多生理适应性，而且这段历史发生的时间很早，联系前述的文身习俗，似乎可以推断日本列岛早期的人群与中国东南沿海的越人曾经有过某些文化联系。世界史的研究还表明，日本弥生时代的新文化是在大陆文化的直接作用之下发生、发展起来的，而且弥生文化的主人有许多是来自东北亚大陆的"渡来人"，他们最初主要分布在西日本地区。[②] 正是这些原因，使东北亚地区的人群有了相互之间的生理适应性。当三国时期来自中国大陆的汉人进入日本列岛时，没有给倭人带来疾病，就是因为他们对东亚地区的病毒、细菌和相关的致病因素已经适应，这说明东亚地区的人群在历史发展的长时段中，曾经以不同的方式发生过这样或者那样的联系。因此，东亚地区的人群交往历史是久远的。

---

① 〔法〕布罗代尔：《15 至 18 世纪的物质文明、经济和资本主义》第 1 卷，顾良、施康强译，商务印书馆，2017，第 21 页。

② 《世界古代史》编写组：《世界古代史》下册，高等教育出版社，2016，第 43 页。

汉晋时期朝鲜半岛"三韩"的
历史人类学研究 *

三国时期，曹魏在朝鲜半岛中部（今平壤以南地区）设置了带方郡，郡内的民族以汉族为主，而带方郡的南部主要是韩人。《册府元龟·外臣部·土风一》载："韩种有三，一曰马韩，二曰辰韩，三曰弁辰。"① 即韩人内部又分为马韩、辰韩和弁辰，人们习惯于称之为"三韩"。"三韩"的分布区"方可四千里"②，《册府元龟·外臣部·国邑一》载："马韩，古之辰国也，居山海之间，无城郭，凡有五十四国，其北与乐浪、南与倭接。辰韩，在带方东南，西海以为限，十有二国，其北与濊貊接。弁辰，在辰韩之南，亦十有二国，其南亦与倭接，三韩凡七十八国。"③ 即马韩分布在朝鲜半岛西部，濒临黄海；辰韩分布在朝鲜半岛东部，濒临日本海；在马韩和辰韩之间的是弁辰，弁辰的对面就是倭人分布的日本列岛南部地区。

一　韩人的社会政治结构与人口规模

"三韩"的政治中心是马韩，所以"三韩"中的马韩是名义上的"辰王"，对此，《通典·边防典一》说："（三韩）皆古之辰国也，马韩最大，

---

* 本文曾以《两汉至三国时期朝鲜半岛"三韩"的历史》为题，刊发于《西南民族大学学报》（人文社会科学版）2018 年第 9 期。

① 《册府元龟》第 12 册，中华书局影印本，1960，第 11282 页。
② 《三国志·乌丸鲜卑东夷列传》，中华书局标点本，1982，第 849 页。
③ 《册府元龟》第 12 册，中华书局影印本，1960，第 11257 页。

共立其种为辰王,都目支国,尽王三韩之地。其诸国王先皆是马韩种人。"① 这说明马韩历史上传统的政治首领辰王仍然存在,住在"目支国",辰王的下属"臣智或加优呼臣云遣支报安邪踧支渍臣离儿不例拘邪秦支廉之号。其官有魏率善、邑君、归义侯、中郎将、都尉、伯长"。② 实际上,辰王并没有能够真正控制所有的韩人,因此,韩人社会的政治结构是十分复杂的。一方面,有一个辰王,但是马韩、辰韩、弁辰的政治生活仍然具有很大的自主性;另一方面,弁辰虽然表面上是韩人当中相对独立的群体,但是弁辰的政治首领常常也由马韩人担任,"世世相继。辰王不得自立为王"③,对此注引《魏略》解释说"明其为流移之人,故为马韩所制",这里所谓的"流移之人",就是指弁辰的许多人不是本地的土著,而是从其他地方迁徙而来的,从朝鲜半岛三面环海的地理位置来看,弁辰的诸多民众应该是从朝鲜半岛北部的汉族地区进入的,所以势力较为强盛的马韩才自己来控制弁辰的民众,而且不让弁辰的人当政治首领。从这个意义上来看,传统势力对韩人社会的政治生活仍然具有一定的影响力。

到了三国时期,韩人仍然没有产生能够统一各部的政治首领集团,韩人的政治结构是"各有长帅,大者自名为臣智,其次为邑借,散在山海间,无城郭"。④ 这同样说明马韩、辰韩和弁辰各部的政治生活是相对独立的,所以才"各有长帅",前述的辰王并没有能够真正统一治理三韩。此外,即使是"三韩"内部的发展也是不平衡的,因此政治首领的名称才不同,即"大者自名为臣智,其次为邑借"。从国家形成与发展的理论来看,这个时候的韩人社会没有形成一个能够统一各部的强的大政治权利中心,应该是处于"聚落时代",韩人的众多聚落集团在中国的历史文献中被称为"国"。所以,在汉族的历史学家看来,韩人"其俗少纲纪"⑤,所谓的"纲纪"就是能够统一各个聚落集团的政治制度。韩人的各个聚落集团虽然都有主帅,但是"邑落杂居,不能善相制御",这说明三国时期的韩人政治制度还不是十分完备。

---

① 《通典·边防典一》,中华书局标点本,1988,第 4988 页。
② 《三国志·乌丸鲜卑东夷列传》,中华书局标点本,1982,第 850 页。
③ 《三国志·乌丸鲜卑东夷列传》,中华书局标点本,1982,第 853 页。
④ 《三国志·乌丸鲜卑东夷列传》,中华书局标点本,1982,第 849 页。
⑤ 《三国志·乌丸鲜卑东夷列传》,中华书局标点本,1982,第 851 页。

三韩当中，马韩统辖的"国"最多，有爰襄国、牟水国、桑外国、石索国、优休牟涿国、臣濆沽国、伯济国、速卢不斯国、日华国、古诞者国、古离国、怒蓝国、月支国、咨离牟卢国、素谓乾国、古爰国、莫卢国、卑离国、占离卑国、臣衅国、支侵国、狗卢国、卑弥国、监奚卑离国、古蒲国、致利鞠国、冉路国、儿林国、驷卢国、内卑离国、感奚国、万卢国、辟卑离国、臼斯乌旦国、一离国、不弥国、支半国、狗素国、捷卢国、牟卢卑离国、臣苏涂国、莫卢国、古腊国、临素半国、臣云新国、如来卑离国、楚山涂卑离国、一难国、狗奚国、不云国、不斯濆邪国、爰池国、乾马国、楚离国等 54 国。① 辰韩和弁辰各有十二"国"，即《册府元龟·外臣部·国邑一》记载的："辰韩，在带方东南，西海以为限，十有二国，其北与濊貊接。弁辰，在辰韩之南，亦十有二国。"② 因此，韩人社会一共有 78 个"国"。

韩人的 78 个"国"，"大国万余家，小国数千家，总十余万户"。③ 对这些数据，有必要讨论以下两个问题：第一，每一个"国"平均有多少户，马韩 54 个"国"有 10 万户，那么每一个"国"应该有 2000 户左右，因此韩人的 78 个"国"就应该有 16 万户左右；第二，每一户平均有多少人，古代的农耕民族因为劳动生产力的需要，一般而言都是主干家庭，每户的人口数量应该在 10 人左右，如果按照这样的方式进行估算没有太大的出入，那么三国时期整个朝鲜半岛南部地区韩人数量估计在 150 万左右。

值得注意的是，弁辰的十二个"国"之下又有诸多"小别邑"④，也就是说在弁辰内部还有一些"亚聚落"，具体有已柢国、不斯国、弁辰弥离弥冻国、弁辰接涂国、勤耆国、难弥离弥冻国、弁辰古资弥冻国、弁辰古淳是国、冉奚国、弁辰半路国、弁（辰）乐奴国、军弥国、弁辰弥乌邪马国、如湛国、弁辰甘路国、户路国、州鲜国、弁辰狗邪国、弁辰走漕马国、弁辰安邪国、弁辰渎卢国、斯卢国、优由国等。这些"亚聚落"也都有自己的政治首领，"大者名臣智，其次有险侧，次有樊濊，次有杀奚，次有邑借"。由此说明弁辰内部

---

① 《三国志·乌丸鲜卑东夷列传》，中华书局标点本，1982，第 849、850 页。
② 《册府元龟》第 12 册，中华书局影印本，1960，第 11257 页。
③ 《三国志·乌丸鲜卑东夷列传》，中华书局标点本，1982，第 850 页。
④ 《三国志·乌丸鲜卑东夷列传》，中华书局标点本，1982，第 853 页。

也是比较松散的，仍然没有一个力量把弁辰整合起来。由弁辰社会的社会政治结构来看，韩人社会的发展是不平衡的。

二 韩人的物质文明与社会生活

历史人类学对民族志阐释的职责不是去发现历史的奥秘，而是要以客位的角度去阐释相关的历史文化。因此我们将在现有文献认识水平的基础上，尽可能描述出汉晋时期韩人的物质文明与社会生活。

朝鲜半岛的地势北高南低，平原主要集中在南部，虽然韩人西部濒临黄海，东为日本海，南边是朝鲜海峡，但是很少有人以在海洋中捕鱼为生计方式，都是以农耕为主要的生计方式。从历史人类学的角度来看，这主要是受到了中国华北地区农耕文化的影响，所以韩人的物质文明、社会生活方式才会具有中国农耕文化的诸多特征。

韩人生活在朝鲜半岛的历史是久远的，以稻作农耕为主，也种桑养蚕，还能够种植棉花织布。三国时期韩人社会经济的发展水平并不低，其中弁辰分布的地区土地肥美，农业灌溉便利，适宜发展农业，因此弁辰的农业在"三韩"中发展水平较高，出产"五谷及稻，晓蚕桑，作缣布"。①弁辰除了农业发达之外，还盛产铁，朝鲜半岛南部地区的马韩、辰韩，以及朝鲜半岛北部的濊人和日本列岛的倭人往往与弁辰进行贸易，目的是从弁辰那里得到铁。值得特别关注的是，弁辰还把铁作为交换的媒介，使其具有货币的功能，即"诸市买皆用铁，如中国用钱"②，此外，弁辰生产的铁还供给带方郡和乐浪郡的汉人使用。

弁辰生产的铁，对韩人社会的发展意义重大，值得我们深入讨论。

第一，从生产环节来看，作为商品的铁首先要进行矿石的开采、冶炼、铸造，因此必须有冶炼的燃料，必须有技术熟练的工匠，而这些人的生活是以发达的农业作为保证的，这是生产环节。

第二，从流通交换环节来看，是以铁作为流通的媒介，交换的人来自朝鲜半岛附近的民族，即前述的马韩、辰韩、濊人、倭人、汉人等，而倭

---

① 《三国志·乌丸鲜卑东夷列传》，中华书局标点本，1982，第853页。缣布是一种质地细腻的丝织品。

② 《三国志·乌丸鲜卑东夷列传》，中华书局标点本，1982，第853页。

人要来朝鲜半岛进行交换，也必须有用于航海的海船。此外，弁辰关于铁的流通交换会形成一定规模的市场，而一个市场就是一个集镇，有时候甚至可能会形成一个小城镇，事实上也的确如此，《三国志·乌丸鲜卑东夷列传》就说"弁辰与辰韩杂居，亦有城郭"①，这就充分说明铁的交换促进了韩人社会城镇的发展。

第三，从消费环节来看，由于消费铁的人群除了朝鲜半岛的人之外，还有曹魏境内的汉人和日本列岛的倭人，因此，弁辰铁的生产、流通交换、消费便使弁辰分布区形成了东北亚地区一个区域性经济中心，这个区域性经济中心就是弁辰的弁辰渎卢国，弁辰渎卢国应该与日本列岛最南部九州岛西部的长崎最为接近，故说"其渎卢国与倭接界"。② 从文献的记载来看，韩人在三国时期与日本列岛上的倭人主要发生的是物物交换关系。以弁辰渎卢国为中心的铁的流通交换对推动区域的经济发展具有重大意义。与此同时，以铁为中心的流通交换，也带动了文化习俗的传播。例如日本列岛的倭人有文身的习俗，由于弁辰通过朝鲜海峡和倭人交往，所以接受诸多倭人的文化习俗，文身习俗也被弁辰民众选择，故"男女近倭，亦文身"。

韩人因为地理生态环境承载力不足，必须适应自然才能够生存，所以韩人的民族性格强悍，"其人性强勇，魁头露紒，如炅兵，衣布袍，足履革蹻蹋"。③ 韩人的民众在为政治首领服劳役时，并不认为是一件十分辛苦的事情，而是以之为可以健身的事情，即"诸年少勇健者，皆凿脊皮，以大绳贯之，又以丈许木锸之，通日欢呼作力，不以为痛，既以劝作，且以为健"。这说明韩人的民族性格不但强悍，还十分乐观。

韩人的"居处作草屋土室，形如冢，其户在上，举家共在中，无长幼男女之别"。④ 因为文化观念的问题，韩人内部对相同社会财富的价值认识有差别，例如马韩虽然有牛马，但是"其葬有椁无棺，不知乘牛马，牛马尽于送死"，也就是说，牛马基本上都是用来作殉葬品的，而弁辰与马韩人用牛马作殉葬品不同，弁辰是"乘驾牛马"，这样可以提高劳动生产率，

---

① 《三国志·乌丸鲜卑东夷列传》，中华书局标点本，1982，第853页。
② 以下皆见《三国志·乌丸鲜卑东夷列传》，中华书局标点本，1982，第853页。
③ 以下皆见《三国志·乌丸鲜卑东夷列传》，中华书局标点本，1982，第851、852页。
④ 以下皆见《三国志·乌丸鲜卑东夷列传》，中华书局标点本，1982，第851、852页。

同时也减轻了人的劳动强度，所以牛马作为劳动工具使用，对弁辰的社会发展有积极的经济学意义。韩人的财富观念是"以璎珠为财宝，或以缀衣为饰，或以县颈垂耳"，但是"不以金银锦绣为珍"，这和汉族"以金银锦绣为珍"的财富观不同。

韩人的宗教活动主要集中在每年五月和十月的农闲时节，五月庄稼种植完毕之后韩人就祭鬼神，在祭祀鬼神的时候以歌舞娱神，所以通常是"群聚歌舞"，而且还是一边饮酒一边歌舞，通宵达旦。舞蹈的表演方式是"数十人俱起相随，踏地低昂，手足相应，节奏有似铎舞"。① 到了十月，庄稼收割完毕之后，仍然是如此歌舞。对鬼神的崇拜是韩人精神生活的重要组成部分，每一个部落集团都要推选出一个人主祭天神，天神的名字叫作天君。部落集团下面的部落也有自己的部落神叫作苏涂，祭祀苏涂的时候"立大木，县铃鼓，事鬼神"。显然韩人所立的大木就是苏涂，是一个宗教性的物质符号，就如同佛教的佛塔，即"有似浮屠"，但二者所表达的内容是有差异的。

由于韩人社会没有严苛的各种制度，因此从汉族分布区逃亡到朝鲜半岛南部的人"皆不还之"。韩人分布在靠近带方郡、乐浪郡的部分对汉族的文化有一定的认知，所以生活当中也吸收了一些汉族的文化，但是更加向南的韩人对汉族文化的认知就比较少，于是被汉族的历史学家认为是"其远处直如囚徒奴婢相聚"。② 朝鲜半岛的特产是一种特别大的栗子，还有一种细尾鸡，"其尾皆长五尺余"。可以肯定韩人分布区还应该有很多其他物产，只不过是汉族记住了有梨这样大的栗子和羽毛很长的"细尾鸡"。韩人特别喜爱头巾，文献记载说："其俗好衣帻，下户诣郡朝谒，皆假衣帻，自服印绶衣帻千有余人。"③ 此外，韩人的男性都有文身的习俗，其具体的文化含义文献中没有记载，但不外是图腾崇拜、部落标志、审美方式等的含义。

弁辰的民众都特别喜爱歌舞，通常是一边饮酒，一边歌舞。伴奏的乐

---

① 以下皆见《三国志·乌丸鲜卑东夷列传》，中华书局标点本，1982，第852页。
② 以下皆见《三国志·乌丸鲜卑东夷列传》，中华书局标点本，1982，第852页。
③ 《三国志·乌丸鲜卑东夷列传》，中华书局标点本，1982，第851页。

器为瑟，弁辰的瑟与汉人的筑①极其相似，可以弹奏出美妙的音乐。韩人在三国时期虽然还没有十分严格的等级制度，但是在日常生活当中，弁辰人却是十分谦让的，"行者相逢，皆住让路"。②弁辰的婚姻文化大约是受到华夏文化的影响，表现出"嫁娶礼俗，男女有别"的特点。弁辰的孩子出生之后，便让孩子的头整天靠在一块石头上，目的是希望孩子的后脑部平扁，所以三国时期曹魏的人到了韩人分布区见到的人皆扁头。

因为弁辰有较为发达的农业、有以铁的贸易为中心的经济生活，所以军事组织也有一定的规模，擅长的是步兵作战，其他军事组织则与马韩大致相同。在弁辰的政治生活中，有特别严峻的习惯法，在民间是用习惯法来控制社会运行的。

弁辰的民居建筑是一种建筑方式特别的井干式木楞房，其修建方式是用很大木料为之，故《三国志·乌丸鲜卑东夷列传》注引《魏略》说："其国作屋，横累木为之，有似牢狱也。"③汉族的历史学家把这种井干式的木楞房与汉族的建筑相比较之后认为这种建筑与汉人的牢狱相似，由此说明这种建筑木料之间是留有比较大的空隙的，所以才会与汉族的牢狱有相似之处。在汉族的历史学家看来，由于民居似牢狱，所以人的灵魂也会受到禁锢，因此弁辰的人去世时，要以大鸟羽毛陪葬，"其意欲使死者飞扬"，这可以理解为是为了让亡者的灵魂离开牢狱似的居所，当然这仅仅是一种客位的阐释。

弁辰与辰韩之间没有十分严格的地理边界线，是相互杂居的。所以弁辰的"衣服居处与辰韩同。言语法俗相似"。但是弁辰和辰韩之间所祠祭的鬼神是有差异的，这是一种地域文化的差异，例如弁辰人的灶都要修建在朝西的方向，这大约与洋流、风向有关。从体质人类学的角度来看，弁辰与马韩、辰韩在民族源流上是有一定区别的，因为弁辰的体质特征是"其人形皆大"。

---

① 筑是中国战国时期非常流行的一种击弦乐器，有十三条琴弦，演奏时右手按琴弦的一端，左手执竹尺击琴弦发音。
② 以下皆见《三国志·乌丸鲜卑东夷列传》，中华书局标点本，1982，第853页。
③ 以下皆见《三国志·乌丸鲜卑东夷列传》，中华书局标点本，1982，第853页。

三　多源合流——韩人民族融合的基本特征

　　根据《史记》的记载，最早进入朝鲜半岛的华夏人是箕子，《史记·宋微子世家》说："于是武王乃封箕子于朝鲜而不臣也。"[①]箕子治理朝鲜半岛的时期被称为箕子朝鲜时期，箕子能够治理朝鲜肯定不是一个人，而应该是一个华夏群体，所以从周王朝时期开始就有诸多华夏人进入朝鲜半岛，作为政治首领的箕子也一定会在朝鲜半岛传播华夏文化，而且箕子的后人与华夏族政权的政治联系也一直没有中断。《三国志·乌丸鲜卑东夷列传》注引《魏略》就回顾了这段历史："昔箕子之后朝鲜侯，见周衰，燕自尊为王，欲东略地，朝鲜侯亦自称为王，欲兴兵逆击燕以尊周室。其大夫礼谏之，乃止。使礼西说燕，燕止之，不攻。后子孙稍骄虐，燕乃遣将秦开攻其西方，取地二千余里，至满番汗为界，朝鲜遂弱。"[②]秦始皇建立统一多民族国家之后，派遣蒙恬筑长城，长城东边的起点是辽东，这就涉及朝鲜半岛的北部，当时的朝鲜王叫作否，畏惧秦朝的攻击，表面上接受秦王朝的治理，但是从来没有向秦王朝进行过朝贡。否死后，他的儿子箕准即朝鲜王位。就在这个时候出现了秦末农民大起义，天下大乱，燕国、齐国、赵国的华夏民众为了逃避战乱，纷纷向箕准控制的地区逃亡，箕准就把这些华夏人安置在马韩分布区，所以又有华夏人进入朝鲜半岛，这些华夏人当然也就带去了华夏文化，影响了朝鲜半岛的韩人。

　　西汉建立之后，封卢绾为燕王，燕王卢绾的封地和朝鲜以浿水为边界。其后卢绾反汉，逃入匈奴，燕王卢绾的部下燕人卫满则东渡浿水，投降箕准，请求箕准同意让他们居住在西界。在这样的背景下，以燕人卫满为代表的华夏人成为中原地区与朝鲜之间交往的媒介。燕人卫满因此得到了箕准的信宠，"拜为博士，赐以圭，封之百里，令守西边"。但是卫满势力强大之后，发动对箕准的攻击，"满诱亡党，众稍多，乃诈遣人告准，言汉兵十道至，求入宿卫，遂还攻准。准与满战，不敌也"。[③]卫满推翻了箕准

---

① 《史记·宋微子世家》，中华书局标点本，1982，第1620页。
② 《三国志·乌丸鲜卑东夷列传》，中华书局标点本，1982，第850页。
③ 以下皆见《三国志·乌丸鲜卑东夷列传》，中华书局标点本，1982，第850页。

的政权自立为朝鲜国王的时间是公元前 194 年。而被卫满打败的箕准则带领几千人南下进入朝鲜半岛南部的西海岸攻击马韩，自立为韩王，即"朝鲜王准为卫满所破，乃将其余众数千人走入海，攻马韩，破之，自立为韩王"。① 这是华夏人大规模进入朝鲜半岛南部的开始，注引《魏略》说："其子及亲留在国者，因冒姓韩氏。准王海中，不与朝鲜相往来。"也就是说，箕准所带领进入马韩的后代都留在了马韩，而且为了避免文化冲突，让自己能够生存下来，所以选择了民族融合的道路，即"因冒姓韩氏"。尽管如此，这些已经韩化的华夏人仍然在自己的历史记忆当中留下了华夏祖先的意识，因此到了三国时期还有马韩的人祭祀箕准，说明在部分马韩人的历史记忆中，箕准是他们的人文祖先。

在辰韩的民族构成当中也有华夏人的成分，辰韩世代相传的历史记忆说："自言古之亡人避秦役来适韩国，马韩割其东界地与之。"② 也就是说，辰韩的民族构成中，有许多是"避秦役"而逃到朝鲜半岛的华夏人，这些人被马韩的政治首领安排到朝鲜半岛东南部。因为这些人有华夏人的历史传统和历史记忆，在建筑上与原来的韩人有所不同，建有城栅，在语言上也与马韩有些差异，例如："名国为邦，弓为弧，贼为寇，行酒为行觞。相呼皆为徒，有似秦人，非但燕、齐之名物也。名乐浪人为阿残；东方人名我为阿，谓乐浪人本其残余人。"很明显，到了三国时期，辰韩的语言当中还保留着诸多古汉语词汇，如"弓为弧，贼为寇，行酒为行觞"。正是因为如此，辰韩中的这一部分人就被称为"秦韩"，所谓"秦韩"，就是华夏人与韩人民族融合之后留下的民族融合痕迹和历史证据。

上述进入朝鲜半岛的箕子、箕准和卫满都是华夏人（西汉初期汉族还在形成的过程中，所以这里仍然称为华夏人，汉族是在西汉中后期形成的），他们到达朝鲜半岛的时候不会是一个人，一定会带领一些华夏人前往，这些华夏人到了三国时期应该是与朝鲜半岛原来的民众发生了民族融合，所以马韩当中就已经融入了不少华夏人的成分。如果从长时段研究的视角来看，马韩的民族发展趋势仍然是存在民族融合的，由于特定地理环

---

① 《通典·边防典一》，中华书局标点本，1988，第4989页。
② 以下皆见《三国志·乌丸鲜卑东夷列传》，中华书局标点本，1982，第852页。

境的制约，与马韩发生民族融合的人群主要是来自北方的华夏人和后来的汉人。

当然，朝鲜半岛的民族融合也是复杂的，还有少量的韩人由北向南进入朝鲜半岛南部，与朝鲜半岛南部的其他民族发生民族融合。据《三国志·乌丸鲜卑东夷列传》注引《魏略》所载，朝鲜半岛北部的历谿卿曾经担任朝鲜王右渠的相，由于"谏右渠不用，东之辰国，时民随出居者二千余户，亦与朝鲜贡蕃不相往来"。① 即朝鲜半岛北部有将近 2 万人进入朝鲜半岛南部的辰韩。此外，还有被辰韩掠夺进入辰韩的汉人，在王莽新朝地皇年间（公元20～23年），辰韩的右渠帅廉斯鑡，听说乐浪郡土地肥美，人民生活富足，所以准备归附王莽新朝。在这个过程当中廉斯鑡发现了在田中驱雀的一个男人，说的话不是韩语，觉得十分奇怪："问之，男子曰：'我等汉人，名户来，我等辈千五百人伐材木，为韩所击得，皆断发为奴，积三年矣。'"显然，这些人是被辰韩掠夺到朝鲜半岛南部的汉人，廉斯鑡就想带着这些汉人一同归附，问户来愿不愿意和他一起"降汉乐浪"，户来当即表示愿意。廉斯鑡之所以要带着户来归附，是想把这些被韩人掠夺的汉人当作给王莽新朝的一种"见面礼"。最后廉斯鑡带着户来到了含资县，含资县的县令又把此事上报了乐浪郡，乐浪郡的郡守马上"以鑡为译，从芩中乘大船入辰韩，逆取户来"。但是当廉斯鑡到达辰韩的时候，当年"降伴辈尚得千人，其五百人已死"。所以廉斯鑡就对辰韩首领说："汝还五百人。若不者，乐浪当遭万兵乘船来击汝。"辰韩由于害怕遭到王莽新朝的报复，当即表示："五百人已死，我当出赎直耳。""乃出辰韩万五千人，弁韩布万五千匹，鑡收取直还。"即辰韩用 15000 人来偿还已经死去的 500 个汉人，因此，又有众多的韩人进入乐浪郡，与汉人、濊人共同生活，其间一定会发生民族的经济交往、文化交流以及民族交融。由于廉斯鑡为此立了大功，所以乐浪郡的郡守"表鑡功义，赐冠帻、田宅，子孙数世"。

东汉中晚期的桓帝、灵帝时（公元 147～189 年），进入乐浪郡的韩人与当地的濊人发生了实质性的民族融合，所以被称为"韩濊"。据《三国志·乌丸鲜卑东夷列传》记载，因为"韩濊强盛，郡县不能制，民多流入

---

① 以下皆见《三国志·乌丸鲜卑东夷列传》，中华书局标点本，1982，第851页。

韩国"。即韩人和濊人融合之后的部分"韩濊"又向南进入半岛南部韩人核心分布区。

除了和汉人、濊人融合之外，部分韩人与倭人发生民族融合，被称为"倭韩"，如果不是和倭人发生民族之间的融合关系，汉族的历史学家是不会将之称为"倭韩"的。在东汉末的建安年间，公孙康斩杀二袁、击破东夷，割据辽东地区之后，在屯有县以南之地设置了带方郡，派遣公孙模、张敞等收集流散在这些地方的汉族民众，然后兴兵伐韩濊，诸多历史上进入带方郡辖区的汉族民众在这样的情况下都归附公孙康，而且这个地区韩人与倭人融合产生的"倭韩遂属带方"。① 这是一条十分珍贵的史料，可以让我们看到三国时期东北亚地区的民族融合情况。

四　结语

第一，韩人分布区的地理位置特点决定了其历史文化发展的基本方向。三韩北与中国相连接，隔朝鲜海峡和日本列岛上的倭人相望。这样的地理分布态势，使三韩的物质文明、民族关系、民俗文化特点带上了鲜明的地缘特征。从文化交流的角度来看，韩人以吸收汉族文化为主，同时也吸收了一些倭人的文化。

第二，东北亚地区的历史政治过程决定了朝鲜半岛的族际关系和民族融合特点。朝鲜半岛民族的发展过程与多民族中国的国家发展历史有密切的关系，在中国内部的政权更替过程中，或者是中国社会的动乱中，都会有一些华夏人或后来的汉人为了躲避战乱进入朝鲜半岛，最后在历史的发展过程中渐渐融入韩人。因此，我们认为，虽然今天朝鲜半岛的国家是单一民族国家，但是韩人应该是多元合流的民族，因为历史上韩人当中曾经有"韩濊""倭韩""秦韩"等特殊的民族群体存在过，这就是韩人以多元合流为特征的民族融合的历史痕迹。这说明人类社会发展的历史过程当中，民族之间的融合与分化是常态。

---

① 《三国志·乌丸鲜卑东夷列传》，中华书局标点本，1982，第851页。

第三编

民族、国家与"多元一统"格局

地域、民族、国家："中国"一词
作为国家名称的历史过程述论*

现代国家都有具体的国家名称，国家名称通常有形成的历史过程，形成之后具有稳定性，其最大特点就是具有排他性，代表在国际上该国的国际人格，且不以政权名称的变更而改变。①

今天的中国并不是一开始就叫中国，"中国"作为国名名称是在历史上逐渐形成的。在中国古代，人们在乎的是王朝国家姓什么，而不在乎这个国家叫什么，因此历史上中国的情况是每一个王朝国家的君主，都把国家称为自己的"天下"，所以中国古代从来都没有一个一直延续的、统一的国家名称，如秦始皇建立的国家叫"秦王朝"，刘邦建立的国家叫"汉王朝"，等等。对此，梁启超曾经在他的《中国积弱溯源论》一文中说过："吾中国有最可怪一事，则以数百兆人立国于世界者数千年，而至今无一国名也。"梁启超还具体指出古代中国人对国家认识的三个"不知"，即"不知国家与天下之差别""不知国家与朝廷之界限""不知国家与国民之关系"。②

历史上的"中国"一词，含义比较多，从古至今发生了极大的变化，其内涵和外延在不同的历史时期各有所指，因此，理解历史上的中国，必须充分注意中国历史上这种长期的发展变化。今天中国的国家名称"中

---

* 本文原载于《云南民族大学学报》（哲学社会科学版）2018 年第 1 期，第 124～130 页。

① 李扬帆：《未完成的国家："中国"国名的形成与近代民族主义的构建》，《国际政治研究》2014 年第 5 期。

② 以上见梁启超《中国积弱溯源论》，载吴松、卢云昆、王文光、段炳昌点校《饮冰室文集点校》第 2 集，云南教育出版社，2001，第 671、672、673 页。

国"一词在古代经历了地域、民族、国家等含义的历史变化，"中国"一词作为国家名称的变化过程也反映了中国历史的形成与发展过程。

一 先秦时期"中国"一词的含义

在商代的甲骨文中还没有"中国"一词，于省吾先生在他的《释中国》当中写道："商代甲骨文没有或、国二字。或字与国字相通，是指城邑。"①由于商代甲骨文中没有"国"字，所以也就不可能有"中国"一词。

在西周时期青铜器的铭文上最早出现"中国"一词，唐兰先生在他的《何尊铭文解释》一文中说，"中国"一词最早见于西周成王时期（前1042～前1021年）。1963年，陕西宝鸡出土的何尊铭文记载："佳（唯）武王既克大邑商，则廷告于天，曰：'余其宅兹中或（国），自之义民。'"②对金文上的这段文字所描述的事情，《逸周书·度邑》也有相应的记载："维王克殷国，君诸侯……自洛汭延于伊汭，居阳无固，其有夏之居。"③显然，金文上的"中国"就是指河洛交汇的地区，是当时周人的政治中心。所以《辞源》对"中国"的解释是："中国，上古时代，我国华夏族建国于黄河流域一带，以为居天下之中，故称中国，而把周围的其他地区称为四方。后成为我国的专称。"④

金文之外的先秦文献当中，"中国"一词出现较多的是《尚书》和《诗经》。

《尚书·梓材》篇是周公对答康叔的诰词，文中有"皇天既付中国民越厥疆土于先王，肆王惟德用"⑤一段话，其基本意思是说，上天既然把"中国"的民众和疆土都托付给了周人的先王，那么今天的周天子要施行德政。因此这里的"中国"是指周人的政治中心，仍然没有国家的含义。

《诗经》当中"中国"一词大多出现在"雅诗"中。《诗经·大雅·

① 于省吾：《释中国》，载《中华学术论文集》，中华书局，1981，第5页。
② 唐兰：《何尊铭文解释》，《文物》1976年第1期。
③ 《逸周书》，辽宁教育出版社，1997，第38页。
④ 《辞源》，商务印书馆，1988，第45页。
⑤ 江灏等译注《今古文尚书全译》，贵州人民出版社，1990，第299页。

荡》说："文王曰咨，咨女殷商，女炰烋于中国，敛怨以为德。……内奰于中国，覃及鬼方。"① 鬼方是相对于"中国"而言的远方民族群体。这首诗是要告诫周王，殷商嗜酒失德，引起远方民族的怨恨。《诗经·大雅·桑柔》第七章说："天降丧乱，灭我立王，降此蟊贼，稼穑卒痒，哀恫中国，具赘卒荒。"② 据《左传》《国语》记载，这首诗是周厉王的大臣芮良夫写的，目的是指责周厉王的暴政，其中的"中国"仍然是与远方相对的概念。《诗经·大雅·民劳》说："民亦劳止，汔可小康，惠此中国，以绥四方。"③ 这里的"中国"一词指的是周天子直接统治的核心地区，也就是所谓的"王畿"，而"四方"则指"王畿"以外的区域。《诗经·小雅·六月序》说："《小雅》尽废，则四夷交侵，中国微矣。"④ 这里的"中国"与"四夷"相对，具有中原的含义。在《诗经》当中还有诸多"中国"，此处不再一一列举，但是所有的"中国"其意义都主要是与"四方"相对应的周天子的"王畿"地区，所以先秦时期"中国"一词仅仅具有地域空间概念，并不具有国家意义。

关于西周时期"中国"一词的研究，王尔敏先生和陈连开先生的观点比较有代表性。王尔敏先生认为，在先秦典籍中"中国"一词虽有"京师""国境之内""诸夏之领域""中等之国""中央之国"五种含义，但最主要的是被用来指称"诸夏之领域"。⑤ 陈连开先生认为，在西周初期出现的"中国"，有如下几种含义：第一，天子所居之城，即京师；第二，周灭商以前，以丰镐为中心的周人分布区，克商之后，以洛阳居"天下之中"，所以成为"中国"；第三，指夏、商、周三族融为一体的民族，以夏为族称，也包括夏人的文化。总的来说，我们认为，西周时期的"中国"一词主要是指华夏族的核心分布区，并不是国家的名称。

那么，西周时期用什么作为国家的名称呢？仍然是用王朝的名称作为

---

① 高亨注《诗经今注》，上海古籍出版社，1980，第430页。
② 高亨注《诗经今注》，上海古籍出版社，1980，第440页。
③ 高亨注《诗经今注》，上海古籍出版社，1980，第422页。
④ 高亨注《诗经今注》，上海古籍出版社，1980，第244页。
⑤ 王尔敏：《"中国"名称溯源及其近代诠释》，载《中国近代思想史论》，社会科学文献出版社，2003，第371页。

国家的名称，这就是梁启超说的"不知国家与朝廷之界限"。① 在具体的文献当中，通常又称为"天下"。《诗经·小雅·谷风之什·北山》篇说："普天之下，莫非王土，率土之滨，莫非王臣。"② 从政治学的角度来看，这两句诗涉及研究国家与民族的三个重要概念：天下（国家）、疆域和人民。所谓的"天下"就是国家，就是当时对中国国家名称的一种称谓；"王土"就是疆域；所谓的"王臣"就是疆域之内的民众，就中国早期的历史来看，就是疆域之内的所有民族，就是国族。

春秋时期，华夏族在一些特定的语境中也称为"中国"，现以《史记·秦本纪》的相关记载举例说明。

秦人认为："中国以诗书礼乐法度为政，然尚时乱，今戎夷无此，何以为治，不亦难乎？"③ 这里把"中国"与"戎夷"对举，显然"中国"一词是指华夏族。秦人在分析春秋时期的形势时说："晋定公与吴王夫差盟，争长于黄池，卒先吴。吴强，陵中国。"④ 此处的"中国"亦指华夏族。在华夏族的眼中，"秦僻在雍州，不与中国诸侯之会盟，夷翟遇之"⑤，虽然秦国强大，但是华夏族仍然把秦人视为"夷翟"，即将其视为戎狄。到了战国时期，秦人渐渐融入华夏族，其地也成为"中国"，这是民族融合的问题，此处不扩展讨论。

总的来说，西周初期的"中国"一词的基本含义是"王畿"地区，即周人的政治中心；到了春秋时期，因为周天子的政治地位下降，与此同时华夏族也在稳定地发展着，所以"中国"一词又有了民族名称的含义。即指华夏族，而且华夏族的内涵在战国时期也发生了变化，这就是原来的秦人、楚人这些被视为"蛮夷"的民族，在战国时期成为华夏族。此外，由于秦人、楚人成为华夏族，所以他们的分布区也成了地理空间意义上的"中国"。司马迁在《史记·天官书》中发表自己的见解时就认为，在战国晚期，秦国已经是华夏族的一部分，已经与边疆的少数民族"四夷"相

---

① 梁启超：《中国积弱溯源论》，载吴松、卢云昆、王文光、段炳昌点校《饮冰室文集点校》第 2 集，云南教育出版社，2001，第 673 页。
② 高亨注《诗经今注》，上海古籍出版社，1980，第 315 页。
③ 《史记·秦本纪》，中华书局标点本，1959，第 192 页。
④ 《史记·秦本纪》，中华书局标点本，1959，第 198 页。
⑤ 《史记·秦本纪》，中华书局标点本，1959，第 202 页。

对，所以司马迁说："其后，秦遂以兵灭六王，并中国，外攘四夷。"① 司马迁的这段话我们可以理解为，到了战国晚期，"中国"一词的内涵和外延都发生了变化，华夏族形成了非常具体的华夷民族观和华夷共处的天下观（即国家空间观），古人对此表述为："天处乎上，地处乎下，居天地之中者曰中国，居天地之偏者曰四夷，四夷外也，中国内也。"②

二　秦汉至元代"中国"一词的含义

司马迁的《史记》中唯一一个具有世界史意义的列传是《大宛列传》，其中说到的一些中亚国家就是"外国"："自博望侯开外国道以尊贵，其后从吏卒皆争上书言外国奇怪利害，求使。……其吏卒亦辄复盛推外国所有，言大者予节，言小者为副，故妄言无行之徒皆争效之。其使皆贫人子，私县官赍物，欲贱市以私其利外国。外国亦厌汉使人人有言轻重，度汉兵远不能至，而禁其食物以苦汉使。"③ 与外国相对举的肯定是中国，所以司马迁在《太史公自序》中说到《大宛列传》的写作动机时是这样讲的："汉既通使大夏，而西极远蛮，引领内乡，欲观中国。作大宛列传第六十三。"④ 这里的"中国"就具有了国家名称的含义。汉王朝是一个严格意义上的统一多民族国家，为了击败匈奴的国家战略，汉武帝派遣张骞出使今天的中亚地区，知道了汉王朝的"天下"之外还有更大的"天下"，所以在这样的历史情景当中，"中国"一词开始具有与"外国"相对应的国家含义，但是仍然没有将"中国"一词作为一个固定的国家名称使用。

在更多的情况下，汉代的"中国"一词既有华夏族和汉族的含义，例如"自三代以来，匈奴常为中国患害；欲知强弱之时，设备征讨"⑤，又有汉王朝核心控制区的含义，例如"汉既平中国，而佗能集杨越以保南藩，

---

① 《史记·天官书》，中华书局标点本，1959，第1350页。
② （宋）石介：《徂徕石先生文集》，中华书局，1984，第116页。
③ 《史记·大宛列传》，中华书局标点本，1959，第3171页。
④ 《史记·太史公自序》，中华书局标点本，1959，第3318页。
⑤ 《史记·太史公自序》，中华书局标点本，1959，第3317页。

纳贡职"①，"东瓯请举国徙中国"②，这两段引文当中的"中国"都是指汉王朝的核心控制地区，前一个"中国"是指刘邦建立汉王朝之后，基本控制了中原地区，即汉族分布的核心地区；后一个"中国"含义与前同，是指东瓯的民众请求把他们迁移到汉族分布的中原地区。

"中国"一词在魏晋南北朝时期具有汉族、汉族建立的政权、汉族分布的中原地区的含义，这在《晋书》的"载记"中比较突出。

第一，具有"汉人"或者汉族的含义。例如："句丽、百济及宇文、段部之人，皆兵势所徙，非如中国慕义而至，咸有思归之心。"③ "时朝廷遣使诣俊，俊谓使者曰：'汝还白汝天子，我承人乏，为中国所推，已为帝矣。'"④ "中国之风，诚在昔日，不足复论通和之事也。"⑤ "中国以学养性，而人寿考，漠北啖牛羊而人不寿，何也？"⑥ "朕之皇祖，自北迁幽、朔，姓改姒氏，音殊中国，故从母氏为刘。"⑦

第二，具有汉族建立的政权的含义。例如："廆谋于其众曰：'吾先公以来世奉中国，且华裔理殊，强弱固别，岂能与晋竞乎？何为不和以害吾百姓邪！'"⑧ "苻融以虚耗中国，投兵万里之外，得其人不可役，得其地不可耕，固谏以为不可。"⑨ "疆宇既宁，宜绥以德，方虚广威声，勤心远略，骚动苍生，疲弊中国，违天怒人，将何以济！"⑩ "王尚孤城独守，外逼群狄，陛下不连兵十年，殚竭中国，凉州未易取也。"⑪

第三，具有汉族分布的中原地区的含义。例如："中国之人皆将壶飧奉迎，石季龙谁与居乎！"⑫ "今中国大乱，无复纲维，晋室当不可复

① 《史记·太史公自序》，中华书局标点本，1959，第3317页。
② 《史记·东越列传》，中华书局标点本，1959，第2980页。
③ 《晋书·慕容皝载记》，中华书局标点本，1974，第2824页。
④ 《晋书·慕容俊载记》，中华书局标点本，1974，第2834页。
⑤ 《晋书·苻生载记》，中华书局标点本，1974，第2874页。
⑥ 《晋书·苻坚载记上》，中华书局标点本，1974，第2899页。
⑦ 《晋书·赫连勃勃载记》，中华书局标点本，1974，第3206页。
⑧ 《晋书·慕容廆载记》，中华书局标点本，1974，第2804页。
⑨ 《晋书·苻坚载记下》，中华书局标点本，1974，第2911页。
⑩ 《晋书·乞伏国仁乞伏乾归乞伏炽磐冯跋（冯素弗）载记》，中华书局标点本，1974，第3114页。
⑪ 《晋书·秃发乌孤秃发利鹿孤秃发傉檀载记》，中华书局标点本，1974，第3150页。
⑫ 《晋书·慕容皝载记》，中华书局标点本，1974，第2823页。

兴也。"①

关于"中国"一词的含义还有一些特例，如用"中国"一词指汉族政权的"正统"，即真正能够代表汉族政权的政治实体。《晋书·苻坚载记下》："坚曰：'帝王历数岂有常哉，惟德之所授耳！汝所以不如吾者，正病此不达变通大运。刘禅可非汉之遗祚，然终为中国之所并。'"② 这里说的是苻坚认为蜀汉政权不能代表汉族政权"正统"。

此外，由于所谓的"五胡"进入中原地区，建立了自己的政权，也就认为自己是"正统"，所以也自认为是中国的皇帝，这样的认识对统一多民族中国的建设与发展是具有积极意义的，因为"中国"一词已经开始具有中华民族的凝聚力的作用。例如十六国时期，石勒（羯人）、苻坚（氐人）等自称"中国皇帝"，以统一中国为己任；鲜卑人建立北魏，更认为自己的北魏王朝才是中国的正统，反而把汉族建立的南朝叫作"岛夷"。③还有两条史料比较典型。《晋书·石勒载记下》："陛下既包括二都，为中国帝王，彼司马家儿复何异玄德，李氏亦犹孙权。"④ 《晋书·苻坚载记下》："西戎荒俗，非礼义之邦。羁縻之道，服而赦之，示以中国之威，导以王化之法，勿极武穷兵，过深残掠。"⑤ 这些史料说明少数民族入主中原后，便以"中国"自居。

到了唐代，随着民族观的变化，"中国"一词的含义发生了比前朝更多的变化，唐人李延寿写的《南史》《北史》就把所有的政权和民族都作为一体，都是"中国"，仅仅是有南北之分。宋代，宋朝的汉人只把宋朝看成"中国"，其含义是汉族建立的正统王朝国家，把辽、金、元等看成夷、狄。元代，由于国家政权是由蒙古人建立的，所以民族观又有别于宋代，脱脱主持撰修前朝历史，便把辽、金、西夏等国与宋朝一样，都看成"中国"的王朝，所有的民族都是"中国"的臣民。

综上可见，在秦汉、唐宋至元代，"中国"一词在历史文献中频繁出现，但其共同特征是没有任何一个朝代将"中国"一词作为固定的国家名

① 《晋书·李特李流载记》，中华书局标点本，1974，第3024页。
② 《晋书·苻坚载记下》，中华书局标点本，1974，第2935页。
③ 陈连开：《中华民族研究初探》，知识出版社，1994，第24页。
④ 《晋书·石勒载记下》，中华书局标点本，1974，第2753页。
⑤ 《晋书·苻坚载记下》，中华书局标点本，1974，第2914页。

称使用。

三 明清时期"中国"一词的含义

黄仁宇在他的《中国大历史》中说："明朝，居中国历史上即将转型的关键时代，先有朱棣派遣郑和下西洋，主动与海外诸邦交流沟通，后有西方传教士东来叩启闭关自守的（中国）大门。"① 正是在这样的历史背景之下，西方与明王朝开始大规模地发生联系，于是在对外交往的客观需要中，国家名称成为必须要有的东西。

由于明朝是在灭亡蒙古人建立的元朝之后建立的，明朝建立之初仍然以"中国"代指汉族、汉族建立的政权和汉族的分布区，用"中国"与"夷狄"对举。朱元璋在他的北伐檄文中曾经说过："自古帝王临御天下，中国居内以制夷狄，夷狄居外以奉中国，未闻以夷狄居中国而制天下者也。"② 这里出现了三个"中国"，第一个"中国"具有汉族的含义，第二个"中国"具有汉族建立的政权的含义，第三个"中国"具有汉族的分布区的含义。当然，这些"中国"使用的语境是讲明朝自己国家内部的事情。具体到明朝与海外国家的交往时，"中国"一词则开始具有国家的含义。洪武二年（1369 年），在朱元璋致日本国的国书中使用的"中国"一词就具有了国家含义："彼倭来寇山东，不过乘胡元之衰耳，朕本中国之旧家……"③

宣德九年（1434 年），郑和第七次下西洋回来之后，当时的南京人巩珍以郑和下西洋的事迹作为根据写出了《西洋番国志》，在书中多次使用"中国"一词来称呼明朝，如占城国"国王岁采方物犀角象牙茄蓝等香赴中国进贡"④，爪哇国"中国铜钱通使"⑤，暹罗国"若其妻与中国男子情好，则喜曰'我妻有美，能悦中国人'"⑥。由此可见，在明朝的官方文献

---

① 黄仁宇：《中国大历史》，三联书店，1997，第 177 页。
② 《明太祖实录》卷 26，吴元年十月丙寅，"檄谕齐鲁河洛燕蓟秦晋之人"。
③ 《明太祖实录》卷 39，洪武二年二月辛未。
④ （明）巩珍著、向达校注《西洋番国志》，中华书局，2000，第 4 页。
⑤ （明）巩珍著、向达校注《西洋番国志》，中华书局，2000，第 6 页。
⑥ （明）巩珍著、向达校注《西洋番国志》，中华书局，2000，第 13 页。

和民间的文献中涉及与海外民族和国家交往的语境之下,"中国"一词开始具有国家的含义。但是,"中国"一词并不是明朝确定的且通用的国家名称。

清朝对统一多民族中国国家建设的贡献是巨大的,基本将中国边疆少数民族地区和台湾纳入了统一多民族国家的有效治理。与此同时,在世界近代化的历史过程中,清朝开始大规模与海外近代民族国家建立外交关系,并且还签订了一系列条约,在这样的历史背景之下,"中国"一词具有了国家名称的含义。1689 年 9 月 7 日《中俄尼布楚条约》签订,条约当中说"中国大皇帝钦差分界大臣领侍卫内大臣议政大臣索额图……"①,但是,文本中的"中国"一词是从俄文、拉丁文和满文翻译过来的,换句话说,这里的"中国"称谓是外国对中国的称呼,而不是清朝的自称。②

鸦片战争以后,中国同列强签订了一系列不平等条约,这些条约从政治学意义上讲就是主权国家相互之间的约定,因此国家名称也是必须要有的,在中国历史上第一个不平等的《江宁条约》(即《南京条约》)中,国家名称是"中国"和"大清国"交替出现:"兹因大清国大皇帝,大英君主,欲以近来之不和之端解释,息止肇端,为此议定设立永久和约。……且凡系中国人,为英国事被拿监禁受难者,亦加恩释放。"③ 由此可见,清代中后期,当中国进入世界近代化的潮流当中时,"中国"一词渐渐作为统一多民族中国的国家名称使用。

总的来说,到了清代,"中国"一词的含义已经不再刻意区别谁是华、谁是夷,特别是清代中后期,随着中国人与海外国家的交往增多,还有西方列强的入侵,传统的国家观即"天下观"、民族观即"华夷观"发生了巨大变化,"中国"一词的外延和内涵进一步发生了本质性的变化。因为这个时候中国已经成为世界体系中的一个部分,是"万国之一",而非万国之核心,所以《清史稿》第一次出现了《邦交志》,在八个邦交志中列举了中国与俄罗斯、英吉利、法兰西、美利坚、德意志、日本、瑞典那威、丹墨、和兰、日斯巴尼亚、义大里、奥斯马加、秘鲁、巴西、葡萄

---

① 《中俄尼布楚条约》,载王铁崖编《中外旧约章汇编》第 1 册,三联书店,1957,第 1 页。

② 李扬帆:《未完成的国家:"中国"国名的形成与近代民族主义的构建》,《国际政治研究》2014 年第 5 期。

③ 《江宁条约》,载王铁崖编《中外旧约章汇编》第 1 册,三联书店,1957,第 30~32 页。

牙、比利时、墨西哥、刚果等国的邦交关系。

四　民国时期"中国"一词作为国家名称的最后确定

辛亥革命过程当中，孙中山曾经为未来的国家政权名称考虑过叫"中华民国"，所以1907年章炳麟在他写的《中华民国解》一文中对"中华民国"有过相关的解释。

1911年11月11日革命党人组织了谋略处，并且做出了一些决定，其中就有"称中国为中华民国"。① 革命党人把中国称为"中华民国"，我们认为是几千年来中国历史和中国民族发展的一个必然的历史归属，因为在几千年的历史发展过程当中，"中国"一词的概念已经从一个政治地域中心、民族名称、民族政权名称，发展到了一个具体的代表民族、代表国家的名称，"中国"一词从此有了明确的政治内涵，"中华民国"强调的是这个国家政权属于中华所有的民众，而不再属于历史上的某个家族。在这里，"中国"不是"中华民国"的简称，中国人通过"中华民国"自上而下地完成了身份的现代认同。②

值得注意的是，除了革命党人之外，当时的政治家和知识分子也在对国家问题进行思考。梁启超从19世纪末期到20世纪初期共写下了大约40篇标题带有"中国"一词的论文，例如发表于1896年《时务报》的《论中国积弱由于防弊》。这说明在19世纪晚期，中国的政治家和知识分子已经把"中国"一词作为国家的名称。梁启超最晚写的《中国韵文里头所表现的情感》中所使用的"中国"一词，已经完全就是大众使用的国家名称，体现了"中国"的国家名称已经得到了全体中国人的认同，从而成为一个具有政治意义、文化意义、民族自豪感的概念。至此，"中国"正式具有了包含各民族在内的历史文化政治主权实体的含义，成为具有近现代国家意义的正式国名。可见，今天的"中国"一词不同于历史上的"中国"一词，今天的中国是由历史上的中国发展而来的，是由各民族共同创

---

① 张难先：《湖北革命知之录》，载武汉大学中国近代史教研室编《辛亥革命在湖北史料选辑》，湖北人民出版社，1981，第149页。

② 李扬帆：《未完成的国家："中国"国名的形成与近代民族主义的构建》，《国际政治研究》2014年第5期。

造的，是中国各民族生存与发展的空间。因此，杨建新先生在《"中国"一词和中国疆域形成再探讨》一文中说："从清代到民国，'中国'一词始具有现代中国的含义，从疆域上说，包括了现代中国的边疆和内地；从民族方面说，包括了汉族和其他各少数民族；从政治上说，强调了全国政令的统一等。历史上的'中国'一词与现代'中国'一词，并不是内涵一致和在同一层次上的词。"①

五　小结

通过上面的讨论，我们可以看到"中国"一词其含义的历史变化过程，这个历史变化过程同时也反映了统一多民族中国国家发展过程当中的一些重大问题。

第一，反映了统一多民族中国是以黄河中下游洛河地区为政治中心向外发展的。"中国"一词由最初的"王畿"含义发展为一个泱泱大国的国家名称，就是统一多民族中国国家发展历史轨迹在国家名称上的反映。

第二，"中国"一词含义的历史变化，还反映了中国与世界的关系。在《史记·大宛列传》当中，中国人第一次比较多地认识了在中国的"天下"之外还有如此多的"天下"，所以司马迁在他的《太史公自序》当中开始把"中国"一词与"外国"对举。明代是中国开始大规模与海外国家交往的时期，所以在明代讲到一些与海外国家交往的历史时，"中国"一词具有国家名称的含义。清代以后，"中国"一词渐渐成为比较固定的国家名称，特别是从清末民初开始，中国成为世界格局当中不可分割的一个重要组成部分，这个时候"中国"一词已经完全成为国家名称。

第三，在世界反法西斯的战争当中，中国人民抗击日本帝国主义者的侵略，政治家写出了与中国相关的重要著作，例如蒋介石的《中国之命运》，以及一大批名为"中国民族史"的著作，这就说明"中国"一词所包含的政治学意义上的国家含义已经完全具备，因为这些著作都考虑到了政治学意义上国家概念必需的三个维度：主权、空间（地域）、人口（民族）。

---

① 杨建新：《"中国"一词和中国疆域形成再探讨》，《中国边疆史地研究》2006 年第 2 期。

第四，从民族与国家的关系来看，"中国"一词最初仅仅有华夏族和汉族的含义，但是到了近代已经包括"中国"这个政治空间之内所有的民族，这说明统一多民族中国由各民族共同缔造的历史事实，还说明汉族是在历史的发展过程当中由各民族的元素构成的，例如进入黄河流域的匈奴人、鲜卑人、羯人、氐人、羌人都成为中国北方汉族的重要组成部分。

第五，"中国"一词作为国家名称，还是统一多民族中国国家发展历史中的政治文化遗产，对凝聚中华民族具有无可估量的文化力量，对解决当代中国的台湾问题同样意义非凡。

总的来说，"中国"一词的发展经历了从核心政治地域名称、分布在核心政治地域的民族名称到国家名称这样一个历史过程，其背后蕴含的历史意义则是统一多民族中国从黄河中下游向东亚地区发展的历史过程。

"大一统"中国发展历史与中国边疆民族发展的"多元一统"*

这里所说的"多元一统"与费孝通先生提出的"多元一体"概念是有区别的:"多元一统"是从民族发展历史与国家发展历史的互动关系着眼,强调的是民族与国家的关系;"多元一体"概念是以中华民族为基点,着眼的是中国各民族之间的关系,强调的是中国民族的个体与整体的关系,目的是建设一个强大的中华民族。

一 作为意识形态的中国国家发展"大一统"理论及其实践

(一)关于"大一统"理论

"大一统"的理论最早见于《春秋·隐公元年》公羊传的注释,原文为:"元年,春,王正月。"公羊传注释说:"元年者何?君之始年也。春者何?岁之始也。王者孰谓?谓文王也。曷为先言王而后言正月?王正月也。何言乎王正月?大一统也。"② 这句话反映的是春秋时期周天子的政治地位下降,诸侯纷纷争霸的历史,当时的情况是:"天下无道,礼乐征伐自诸侯出。"因此,强调"王正月",就是要确立周天子的地位,天下统一于周天子,保证国家不分裂,消除诸侯割据,这样的政治主张是一种意识形态,是保证国家"大一统"的意识形态,是顺应"天意"的,所以董仲

---

* 本文原载于《中国边疆史地研究》2015 年第 4 期,第 23~30 页。

② 许嘉璐主编《文白对照十三经·春秋公羊传》,广东教育出版社,1995,第 1 页。

舒说:"臣谨案《春秋》之文,求王道之端,得之于正。正次王,王次春。春者,天之所为也;正者,王之所为也。"① 这是关于"大一统"理论的最初含义。但是随着秦汉时期多民族大一统国家的建立和发展,"大一统"的理论开始具有新的意义,即对边疆民族的治理、维护多民族大一统国家的思想成为"大一统"理论的主题,"大一统"的思想要求国家的政治、经济、文化、边疆、民族等基本要素都必须保持大一统。

汉朝奠定了中央集权的君主制政体下的多民族大一统的基本格局,使大一统变为现实。由于大一统的政治格局需要"大一统"理论的支持,汉武帝建元元年(前140年),董仲舒建议"罢黜百家,独尊儒术",得到了汉武帝的采纳。董仲舒把儒家的"尊王攘夷"学说发展为"大一统"的思想,把民族和国家作为一个整体。董仲舒认为:"《春秋》大一统者,天地之常经,古今之通谊也。"② 并且做了进一步阐释:"《春秋》谓一元之意,一者万物之所从始也,元者辞之所谓大也。谓一为元者,视大始而欲正本也。《春秋》深探其本,而反自贵者始。故为人君者,正心以正朝廷,正朝廷以正百官,正百官以正万民,正万民以正四方。四方正,远近莫敢不壹于正,而亡有邪气奸其间者。是以阴阳调而风雨时,群生和而万民殖,五谷孰而草木茂,天地之间被润泽而大丰美,四海之内闻盛德而皆来臣,诸福之物,可致之祥,莫不毕至,而王道终矣。"③ 从此,大一统思想成为推动国家统一、民族发展的历史主流思想,成为中国人关注中国国家发展历史和前途命运的思维模式,成为中国人崇尚国家统一的文化遗产,成为中国政治一个鲜明的价值取向。

如果要对中国多民族大一统国家发展历史与中国民族历史发展进行概括的话,可以概括为"多元一统","多元一统"中的"多元"指中国历史上曾经有过的民族和已经消亡的民族,以及现在还存在的中国各民族,每一个民族就是一元④,"一统"指"大一统"的国家,因此"多元一统"指多民族共同生存于一个大一统国家之中并且与大一统国家互为发展的前

---

① 《汉书·董仲舒传》,中华书局标点本,1975,第 2501、2502 页。
② 《汉书·董仲舒传》,中华书局标点本,1975,第 2523 页。
③ 《汉书·董仲舒传》,中华书局标点本,1975,第 2502、2503 页。
④ "多元"开始于新石器时代,因为新石器时代是中国民族的孕育时期,不同地区的新石器文化都和后来的民族有关系。从古代的文献上看,夏商周时期就有民族的"多元",有"夷"和"夏"的区别,而"夷"内部又有东夷、北狄、西戎、南蛮的区别。

提和条件。

"多元一统"的"多元"事实在中国多民族大一统国家发展历史上从来没有发生过变化，而"一统"却在多民族大一统中国的国家发展过程的不同时期有不同的内涵。具体来讲，这个"一统"可以分为两个层次，第一个层次是如汉唐这样多民族大一统历史时期，第二个层次是在不同时期的中国之内，同时存在几个民族建立的政权，每个政权都希望成为国家的代表，即所谓的"正朔"，而每一个政权之内都有不同的民族存在，各自在这个政权之下发展着，为下一个历史时期范围更广的、规模更大的多民族大一统国家的形成与发展聚集力量。因此，在多民族大一统中国国家发展历史上，大一统是一种常态，但是在这个国家之内有时候也还有同时并存几个政权的历史事实，也正是因为如此，历代的政治家、帝王都把多民族大一统国家的发展作为自己毕生的政治目标和政治理想。这一种历史传统正是今天多民族大一统中国能够不断发展的文化力量。如果从多民族大一统中国的发展历史来看，中国的大一统是历史的必然。

发展到近代，中国的"大一统"理论已经具有更加丰富的含义，即多民族大一统国家应该处于国家疆域广大、民族众多、政治高度发达、国家权利高度集中的状态。随着中国"大一统"理论的发展，这种理论在中国人心中已经深深扎根，人们对多民族大一统国家有了一种精神的眷恋，这是中国国家发展历史的一种财富。人们常常说为什么世界的文明古国只有中国发展到最后，而其他几个文明古国都在历史的发展过程中消亡，多民族大一统国家发展的"多元一统"理论与实践，是多民族大一统中国没有消亡的最重要的原因。

（二）"大一统"理论的实践

从国家发展与民族发展的角度来看，真正实现中国的大一统，把边疆各民族真正纳入大一统中国，是历代统治者的政治目标和政治理想。从这个意义来讲，多民族大一统中国的形成与发展就是历代统治者对边疆民族进行治理并且不断巩固的历史过程，是一种政治行动，有时还是一种军事行动。

秦始皇即位之后，把华夏族建立的分裂的各个诸侯国统一为一个大一统国家，促进了华夏族及相关民族的形成与发展。秦始皇三十三年（前

214 年）、三十四年（前 213 年），秦始皇对当时秦朝的边疆民族进行治理，目的是建立一个多民族大一统的国家。据《史记·秦始皇本纪》记载："三十三年，发诸尝逋亡人、赘婿、贾人略取陆梁地，为桂林、象郡、南海，以适遣戍。西北斥逐匈奴。自榆中并河以东，属之阴山，以为四十四县，城河上为塞。又使蒙恬渡河取高阙、阳山、北假中，筑亭障以逐戎人。徙谪，实之初县。禁不得祠。明星出西方。三十四年，适治狱吏不直者，筑长城及南越地。"①当时秦始皇首先攻取闽越之地，设置了闽中郡，又攻下南越之地，设置了桂林郡、南海郡、象郡，西北方向攻击匈奴，设置了众多的县，真正建立了一个多民族大一统国家，实现了春秋战国时期政治家们所追求的大一统国家格局，使大一统成为中国国家发展的一种常态。

汉武帝是汉代最有代表性的帝王，他把建设大一统国家作为毕生的追求：在东北边疆安抚朝鲜，设置了乐浪郡、临屯郡、玄菟郡、真番郡；在北方不断发动对匈奴的反击；南抚诸越；开西南夷，设置了益州郡；等等。与秦朝相比较，汉武帝实现了更大范围、更大规模的中国国家大一统。所以司马迁在《史记·太史公自序》中说"今汉兴，海内一统"。②

魏晋南北朝时期匈奴、鲜卑、羯、氐、羌等民族进入黄河流域，建立了所谓的"五胡十六国"，虽然从表面上看中国的国家发展处在一种各民族上层各为政的状态，但是这是在为隋唐时期更大规模的大一统做质与量的准备。

唐朝的大一统超过了以往任何时代，边疆民族的情况也发生了巨大变化，北方出现了强大的突厥、回纥，西部也出现了强大的吐蕃，西南出现了南诏。面对这种变化，以唐太宗为首的唐朝皇帝为了维护多民族大一统国家的进一步发展，用以战求和的方式处理与突厥的关系，以战与和交错进行的方式处理与吐蕃、南诏的关系。

经过唐朝末年的社会动荡、五代十国的国家分裂之后，虽然北宋又再度统一，但其统一的范围远不能和唐朝相比，这显然是国家分裂、社会动荡造成的民族发展不稳定所致。从民族发展的宏观角度看，则是在汉民族

---

① 《史记·秦始皇本纪》，中华书局标点本，1982，第 253 页。
② 《史记·太史公自序》，中华书局标点本，1982，第 3295 页。

之外，又出现了一些强大的民族，在一种寻找稳定与平衡的状态下发展着，而其表面现象便是民族间的矛盾斗争与国家的暂时分裂。两宋时期大一统格局发生了变化，在中国境内分别有汉族建立的宋朝、契丹建立的辽朝、女真建立的金朝、党项建立的西夏、白蛮建立的大理等政权，是一个"多元无统"时代，但是其中有两点值得注意。

第一，以上这些政权内部也有众多的民族群体，而且这些民族群体都统一在他们生活的政权之下，就具体的宋朝、辽朝、金朝、西夏、大理而言，是亚层次的一个大一统格局，在为元代更大规模的中国国家大一统进行准备。

第二，宋、辽、金等政权都把建立更大规模的大一统国家作为统治者的政治目标和政治理想。这一目标最终被兴起于北方草原的蒙古族政治家实现了。

如果说魏晋南北朝时期的民族矛盾斗争和国家的暂时分裂对隋唐更大范围的统一和中国各民族的共同发展起了促进作用并为其打了基础的话，那么，辽、宋、夏、金时期的分区域统一和各民族的分区域活动，同样为下一个历史阶段的元朝在更大范围内的统一和各民族的大发展提供了条件。13 世纪初以后，蒙古帝国通过军事征服，先后消灭了西夏、金、大理、南宋，最后建立了元朝，中国又重新成为一个多民族大一统国家。这期间吐蕃各部纳入元朝的版图，在政治上首次统一于中央政府，其意义是深远重大的。

从此以后，经过元明清三代，多民族大一统中国的发展历史基本没有中断，从民族发展的角度看，形成了中国民族发展"多元一统"的历史格局，即多民族共同生活在一个大一统的国家之中。

至此，我们可以看到，多民族大一统中国发展过程和中国民族发展过程有三个特点。

其一，在多民族大一统中国的发展历史过程中，有三个发展的高峰期：一为秦汉时期，二为唐代，三为元明清时期，而元明清时期又以清朝前期最有代表性。如果说秦汉时期有"华夷之别"的民族观，那么，由于清王朝的建立者是少数民族，他们摈弃了"华夷之别"的民族观，所以中国民族发展"多元一统"的政治格局更加稳定。

其二，从秦汉时期开始的多民族大一统中国使不同时期的民族都融入这个多民族大一统国家之中，于是可以认为从秦汉时期开始，中国民族的发展格局就是"多元一统"，这些从古至今的民族几千年来都共同生活在大一统中国，并且不断推进大一统中国的发展。

其三，中国共产党提出的"一国两制"理论，本质上也是对"大一统"理论的探索与实践，也是在以"大一统"理论推进多民族大一统中国的发展。

二　历代政治家、历史学家为"多元一统"进行的历史性行动、制度性建设和文本书写

中国民族发展"多元一统"的历史格局是历史上无数政治家在政治实践中不断维护发展起来的。为了维护中国"多元一统"的历史格局，历代的政治家、历史学家进行了诸多历史性行动和制度性建设。

（一）"多元一统"格局的形成、发展与多民族大一统国家对边疆进行治理并不断巩固的政治与军事行动有关

为了维护中国民族形成与发展的"多元一统"格局，汉代对匈奴的战争，唐代对突厥、吐蕃的战争，清代一系列维护多民族大一统国家发展所进行的战争较有代表性。[①]

汉初，由于执行和亲的民族政策，汉王朝争取到了60多年的和平发展机会，但是汉朝与匈奴的关系问题没有彻底解决，所以到了汉武帝时除了继续与匈奴和亲之外，还发动了对匈奴强有力的反击，战争的结果是匈奴产生分裂，不再南下掠夺，北方的汉族获得了一个较好的发展空间。从多民族大一统中国建立的角度看，汉武帝时期对匈奴的战争胜利实现了多民族大一统中国更大范围的统一，对多民族大一统国家发展意义深远。

突厥是唐朝初年对唐朝发展影响最大的少数民族，突厥与唐朝的关系成为当时民族矛盾的主要方面。被各民族称为"天可汗"的唐太宗李世民，在处理与突厥的关系时，以他宏才大略的政治智慧、刚柔并济的政治策略、主动出击的军事战略，有效地改变了唐高祖时期对突厥的战略方

---

① 　关于这方面的内容和材料相当丰富，考虑到文章的主题与篇幅，此处不展开论述。

针，较好地解决了唐朝与突厥的矛盾冲突，使突厥不再是北方对唐朝的威胁，从而使唐朝获得了一个较好的经济社会发展环境，促进了中国民族"多元一统"格局的发展。①

唐代，吐蕃开始崛起于中国西部，并且利用与唐朝的和亲不断向东扩展。吐蕃一方面请求与唐朝建立和亲关系或者与唐朝结盟，另一方面又不断进攻唐朝，因此唐朝与吐蕃的关系便在战与和中交错展开。在这个过程中，可以看到吐蕃向东扩展的战略以及唐朝以遏制为主的策略，双方虽然大多以战争的形式来解决民族关系问题，但正是这一过程为吐蕃融入多民族大一统中国奠定了坚实的基础，丰富了多民族大一统国家发展的历史内容。

清代对多民族大一统中国的建设力度是前所未有的，平定三藩之乱、统一台湾、平定噶尔丹叛乱、建立驻藏大臣制度、平定回疆、对喀尔喀蒙古的战争、进行改土归流等，都是促进"多元一统"格局发展的行动。

（二）"多元一统"格局的形成、发展与多民族大一统国家建构民族政策等制度建设有关

秦汉时期在边疆少数民族的分布区设置了一个特别的行政区"道"，《汉书·百官公卿表》说"县有蛮夷曰道"②，《后汉书·百官志》也说"凡县主蛮夷曰道"③。我们认为秦汉时期"道"这个特殊行政区设置是中国多民族大一统国家发展过程中羁縻制度的开始。从此以后，羁縻制度成为多民族大一统国家维护民族发展"多元一统"格局的一项政治制度，也可以认为其是民族区域自治制度的滥觞。

唐朝在边疆少数民族地区设置边郡、边州；元朝在历代王朝对少数民族管理的基础上，逐步形成了一种在民族地区进行政治统治的土司制度；明朝继承了元朝的土司制度，在边疆少数民族地区推行比较完备的土司制度。从表面上看，土司制度是任用少数民族中的贵族上层充当各级地方政权中的长官，实质上是用此政策来保留各少数民族内部的政治、经济结

---

① 王文光：《唐太宗与突厥》，《云南社会科学》2013 年第 6 期。
② 《汉书·百官公卿表》，中华书局标点本，1975，第 743 页。
③ 《后汉书·百官志》，中华书局标点本，1965，第 3623 页。在《后汉书》当中"志"没有标注卷数。

构，然后通过土官来进行贡赋征收，并从形式上和实质上保证全国范围内政治上的统一。这种政策的实施，使民族众多而且经济、文化发展不平衡的多民族大一统国家稳固地统一了下来，有利于各民族之间经济、文化的交流，也有利于各民族的共同发展。

清朝在汉族与少数民族的杂居区采取了"改土归流"的政策，即废除少数民族中世袭的土官，改用由中央派遣前往的流官，使其在政治、经济生活方面与汉、满、回族趋于一致。与此同时，在僻远闭塞、交通不便的边疆少数民族聚居区仍然实行土司制度，目的是团结各民族上层以巩固和保卫边疆，使之成为中国民族中的一个有机组成部分。

为了更好地对边疆民族进行治理，从汉代开始在多民族大一统国家的中央机构中设置了典客（大行令、大鸿胪），位在九卿之列，职能是"掌诸归义蛮夷"，典属国"掌蛮夷降者"。[①]

汉代在地方行政机构中有军政合一的护某某校尉，例如护乌桓校尉、护羌校尉等，还有与校尉同级别的都护，例如有名的西域都护。唐代为了维护多民族大一统国家，在边疆设置了安西大都护府、北庭大都护府、安东都护府、安南都护府、安北都护府等，对吐蕃、南诏、渤海等民族则以多种方式建立与多民族大一统国家有联系的政治关系，例如册封松赞干布为驸马都尉、西海郡王，册封南诏，册封渤海，等等。这些制度建设与实践在多民族大一统中国的发展历史中意义非凡，此不赘述。

（三）"多元一统"格局的形成、发展与多民族大一统国家意识形态的历史文本书写等文化建设有关

大一统中国形成与发展的历史过程，还是一个对大一统国家形成与发展的历史文本书写过程，从文化软实力建设的角度支持着中国民族"多元一统"格局的形成与发展。

先说作为正史的二十四史。二十四史的特点是记述相对全面、史料相对原始可信，二十四史的核心是政治统治史，因此一切都围绕着政治来展开，但不论哪一部正史都强调"大一统"，都强调多民族大一统国家的重要性，这些都被历史学家为了多民族大一统中国的发展写进了中国的历史

---

① 《汉书·百官公卿表》，中华书局标点本，1975，第735页。

文献之中。为了使论文更加简明，对这个问题只强调以下几点。

第一，二十四史中司马迁首创了"四裔传"，开创了较为系统地研究华夏族和汉族以外的民族历史的先河。由于整个汉代的民族关系重点是北方和西部，而整个汉王朝的东南方、西南方绝大部分都纳入大一统国家的治理之下，所以《汉书》把《南越列传》《东越列传》《西南夷列传》《朝鲜列传》合并为《西南夷两粤朝鲜传》，而把《大宛列传》变为《西域传上》《西域传下》，《匈奴传》也变为《匈奴传上》《匈奴传下》，这个变化比《史记》更加明确了当时汉王朝民族关系、民族矛盾的主要方面所在。《后汉书》在《汉书》的基础上有了更大的变化，增加了《东夷列传》《西羌传》《乌桓鲜卑列传》，《匈奴列传》变为《南匈奴列传》，这些都说明多民族大一统国家对边疆民族有了更加深入的治理，文本书写的变化实际上反映了多民族大一统国家内部各民族的分化与融合，反映了大一统国家对各民族治理的不断深入。

第二，二十四史中只有《陈书》《北齐书》没有少数民族的专传，但是仍然有关于少数民族历史的一些记载。特别值得强调的是，二十四史是各民族共同编撰的，例如《宋史》就是元朝的蒙古人脱脱主持编写的，因此，作为正史的二十四史完整地记载了多民族大一统中国发展的历史，是多民族大一统中国发展历史的基本文献，同时也是记载中国民族"多元一统"形成与发展历史的基本文献。

第三，从相关的民族传记当中可以发现，唐宋以后的历史文本对大一统国家的民族记载越来越详细，出现的民族种类越来越多，表明多民族大一统国家对边疆民族的治理越来越深入，各民族与大一统国家的关系越来越密切，国家的发展与民族的发展达到了密不可分的地步。

第四，到了元代，中国多民族大一统格局基本稳定下来，多民族共处于一个大一统国家之中，大一统国家内的绝大多数少数民族都纳入了国家行政区中，成为多民族大一统国家的某一个行政地方的民众。历史学家们敏锐地捕捉到这一历史变化，所以《元史》就没有以专门的少数民族列传的方式来记录各民族的历史，而是在《地理志》中分别记录了各省民族的情况。这是第一次十分系统地按行省、路、府、州、县这种政区系统来研究民族历史，同样说明中国各民族已经被十分有效地纳入多民族大一统中国的政治系统和行政系统之中。

第五，明代除了北方的部分蒙古族之外，多民族大一统中国境内的民族都纳入了国家的行政区中，所以《明史》也没有少数民族的列传，而是首创了《土司传》来叙述明朝各地少数民族的社会历史，再加上《西域传》记载了中国西北的民族发展历史，因此，《明史》中虽然没有民族的列传，但是有关民族记载在二十四史中却是分量最多的。

第六，二十四史之外的《清史稿》在体例上多同于《明史》，同样无民族专传，用《土司传》来记录湖广、四川、云南、贵州、广西、甘肃的民族情况。凡归理藩院管理的蒙古、青海、西藏的民族则归入《藩部列传》中。特别重要的是，清朝对"华夷之辨"民族观的否定，为多民族大一统中国的稳定发展提供了思想观念的保障。

再说有关历史地理文献的编撰。从元代开始，由忽必烈倡导编撰的《大元一统志》，全书一共1300卷，以元朝的各州为纲，分别有各州的建置沿革、山川、风土、人物等，推动了中国历史地理学的发展，其重大意义在于把多民族大一统国家的意志贯穿到历史地理文本的书写中，在潜移默化的过程中培育中国人的多民族大一统国家地理观念与"多元一统"的中国民族发展观念。

明代也在此基础上编撰《大明一统志》，清代有《大清一统志》，把中国多民族大一统在空间上进行了说明。这些历史文本的书写，使我们对多民族大一统中国有了一个非常明确的空间观念，这是中国民族发展"多元一统"思想观念在元明清时期一个大的发展。

三　结语

中国是一个多民族大一统国家，几千年来边疆虽然多有变化，但是边疆一直都是少数民族分布区的历史格局从来没有发生变化，所以对边疆进行治理并将之纳入多民族大一统国家的范围，就成了历代政治家的理想目标之一。不论是汉族的政治家还是少数民族的政治家，都把对边疆民族进行有效治理，把国家能够实现大一统作为自己的政治理想。因为多民族大一统中国发展历史上的边疆问题，本质上还是民族问题，还是国家发展问题。

从中国新石器时代灿若繁星的文化到夏商周时期的华夏、四夷，一直到今天的 56 个民族，民族众多是统一多民族中国的一个基本国情。因此，为了多民族中国能够统一并且健康发展，就有了政治家、历史学家"大一统"的思想和一系列政治实践。产生于春秋时期的"大一统"理论是为了天下统一于周天子，消除诸侯割据，是保证国家大一统的意识形态；秦汉以后"大一统"思想发展成为维护多民族大一统中国发展的主题，经过几千年的实践，成为中国人崇尚国家统一的文化遗产和鲜明的政治价值取向。

从中国民族发展的角度看，多民族"大一统"的思想与中国民族发展的"多元一统"格局互为表里，中国民族发展"多元一统"的格局是历史上无数政治家、历史学家在政治实践和历史文本书写中不断维护发展起来的，所以中国的大一统与中国民族发展的"多元一统"格局就成了中国各民族的宝贵财富和文化遗产。

“多元一统”格局与南诏关系史 [*]

如果要对统一多民族中国发展历史与中国民族发展历史的关系进行概括的话，可以概括为“多元一统”。“多元一统”中的“多元”指中国历史上曾经有过的民族和已经消亡的民族，以及现在还存在的中国各民族，每一个民族就是一元，“一统”指“大一统”的中国，因此，“多元一统”指多民族共同生存于一个大一统中国之中并且与大一统中国互为发展的前提和条件。

“多元一统”格局是从民族发展历史与国家发展历史的互动关系着眼，强调的是民族与国家的关系。经过统一多民族中国发展的历史实践，“多元一统”观念已经成为中国人崇尚国家统一的文化遗产和鲜明的政治价值取向，中国的大一统与中国国家发展的“多元一统”格局就成了中国各民族的宝贵财富和文化遗产。

一　“多元一统”格局中的南诏国

唐代的统一多民族中国民族众多，这就是“多元”；在大一统文化思想基础上建立起来的唐王朝，是当时统一多民族中国的核心，中国的各民族共同处在大一统的中国之中，当时的各民族曾经称呼唐太宗为“天可汗”，这就是“一统”。从民族与国家的关系来看，可以称之为唐代的“多元一统”格局，那么对南诏发展历史的认识也应该以统一多民族中国发展的“多元一统”格局作为基点。

　　* 本文原载于《光明日报》2015年11月19日，第11版。

南诏国是统一多民族中国强盛时期——唐代西南的一个地方民族政权，是在唐王朝支持下出现的，因此南诏国是统一多民族中国国家发展的产物，南诏国的发展历史深刻地反映了唐代统一多民族中国发展的历史过程，说明了统一多民族中国的历史发展既丰富多彩，又跌宕起伏。

说到南诏国，我们首先需要对南诏的含义进行必要的解释。南诏的第一层含义是指一个民族群体，其族属是乌蛮，与秦汉时期的昆明族有直接的民族源流关系；南诏的第二层含义是南诏国王城的名称；唐朝初年，洱海地区有蒙巂诏、越析诏、浪穹诏、邓睒诏、施浪诏、蒙舍诏等六个大的乌蛮部落，历史文献称为六诏，南诏的第三层含义是特指六诏当中的蒙舍诏，因为蒙舍诏在其他各诏的南边，所以就称为南诏。

唐武德四年（621年），唐王朝在今云南省的姚安、大姚县一带设置了姚州云南郡，并以此为据点，深入西洱河地区招诱六诏乌蛮贵族，任命这些贵族担任羁縻州、县的州刺史和县令。蒙舍诏（南诏）的贵族接受了蒙舍州的设置，充任蒙舍州刺史。之后，蒙舍诏的首领在唐王朝的支持下，火烧松明楼，消灭了其他五诏，控制了洱海地区。可见，从一开始南诏的发展就与统一多民族中国的发展相联系。

二 南诏与唐、吐蕃错综复杂的关系

738年，皮逻阁被唐玄宗封为云南王。唐玄宗封皮逻阁为云南王的战略目的，主要是让南诏牵制吐蕃。当时，吐蕃的军队进逼成都平原，在这样的形势之下，唐朝扶植南诏牵制吐蕃是一个重要的战略选择。因此，中国西南出现了唐王朝、吐蕃、南诏国三者之间错综复杂的关系。所以，在讨论唐代统一多民族中国西南地区的历史时，需要从唐朝、吐蕃、南诏三者之间的关系入手，分别对南诏与唐朝、南诏与吐蕃的关系进行分析。

（一）南诏与唐朝的关系

南诏与唐朝的关系是在统一多民族中国发展的历史过程当中展开的，吐蕃、唐朝对西南地区的争夺左右着南诏与唐朝的关系。如果从唐朝支持蒙舍诏统一洱海地区开始，那么唐朝与南诏的关系可以概括为这么几个时期：唐高宗到唐玄宗时期是南诏依附唐朝时期；唐玄宗天宝年间到唐代宗

大历年间是南诏依附吐蕃反唐时期；唐德宗建中年间到唐文宗太和年间是南诏与唐朝重新和好时期；唐文宗开成年间到唐昭宗时期南诏与唐朝的关系且战且和，并且一直延续到南诏、唐朝灭亡。

唐朝支持南诏建立政权之后，南诏在唐朝的支持下得到了很大的发展，开始扩张，于是和唐朝巩固边疆的战略发生了冲突，不可避免地爆发了唐玄宗天宝年间的"天宝战争"。

"天宝战争"爆发的原因可以分为根本原因和直接原因。

根本原因。唐朝希望连通从戎州都督府到安南都护府的通道，并且把这一个地区控制起来，因此唐朝派遣官员竹灵倩修建安宁城，却遭到地方政治势力爨氏的反对，所以唐朝让南诏的军队前来镇压，之后南诏的军队就乘此机会占领了滇池地区。

直接原因。天宝九年（750年），南诏王阁逻凤按惯例谒见时任云南太守的张虔陀，而其妻竟受到张虔陀的侮辱，阁逻凤十分愤怒，上表控告，但朝廷不置一词，于是阁逻凤起兵问罪，杀张虔陀，攻城夺地数十处。战争中南诏国得到了吐蕃的帮助，战争以南诏胜利结束，唐朝军队的将军李泌也战死在大理。值得注意的是，阁逻凤在战后立"南诏德化碑"于国门，表明自己是不得已而叛唐，目的是希望以后唐朝容许南诏再归附。

唐代宗大历十四年（779年），阁逻凤去世，因为当时凤伽异也已经去世，所以南诏国立凤伽异的儿子异牟寻为南诏国国王。异牟寻当权之后，便集中了20万南诏国的军队与吐蕃军队兵分三路同时向唐朝进攻，但是这次南诏和吐蕃的联合军事行动遭到了唐朝军队的沉重打击。因为这次战争的失败，南诏和吐蕃产生了矛盾，所以吐蕃降格对待南诏国国王，把南诏国国王从"赞普钟"降为"日东王"。

在此背景之下，南诏国国王开始考虑与唐朝联合共同对付吐蕃。所以便有了贞元十年（794年）的会盟，这一时期成了唐朝、南诏间关系较好的时期。贞元会盟之后，南诏国国王异牟寻派遣其弟及清平官尹仇宽等27人"入献地图、方物，请复号南诏"（《新唐书·南诏传》）。唐德宗对此给予了很高的重视，而且还封了南诏国使者尹仇宽为高溪郡王，拜为左散骑常侍。第二年，唐德宗册封异牟寻为南诏王，以祠部郎中袁滋持节领使，带领一批官员到南诏国进行册封，"赐黄金印，文曰'贞元册南诏印'"，袁滋等人到达南诏国都城时，受到了隆重的欢迎。

唐宪宗元和三年（808 年），异牟寻去世，唐朝派太常卿武少仪"持节吊祭"。异牟寻的儿子寻阁劝即位为南诏国国王，唐朝马上改赐了"元和印章"。但是，寻阁劝仅仅在位一年就去世，儿子劝龙晟即位。劝龙晟在位 9 年，被弄栋节度使王嵯巅所杀，立其弟劝利。对劝利，唐朝没有马上赐印，而是在唐宪宗去世三年之后，唐穆宗长庆三年（823 年）才赐印，由此可以说明唐朝对南诏节度使王嵯巅杀劝龙晟立劝利是有意见的，是用不马上赐印承认劝利来表示唐朝的政治立场，同时也表达了南诏国与唐朝的关系是一种隶属关系。对一个南诏国不合法的国王不马上承认，其中包含了唐朝处理这一政治事件的政治智慧。

从唐懿宗开始，唐朝进入了晚唐的衰微时期，南诏国与唐朝之间的和平友好关系基本结束，不断发动对唐朝的攻击。与初唐相比较我们可以发现，初唐时唐朝为了抵制吐蕃向西南扩展，扶持南诏，双方的力量对比是唐朝强盛，南诏还处在刚刚开始发展的阶段，唐朝处在主导地位；而到了唐玄宗时，安史之乱正在酝酿之中，唐朝内部的许多矛盾正在显现，而南诏国也处在与唐朝、吐蕃的政治博弈之中，所以发生了唐朝与南诏的天宝之战，唐朝三次直接攻入南诏国的都城，所以仍然是唐朝处在主导地位。

860 年，劝丰祐去世，南诏国继位的酋龙埋怨唐朝不来吊慰，而且发来的诏书都是给劝丰祐的，所以酋龙大为不快，进而称帝，建元"建极"，号"大礼国"，而唐懿宗认为酋龙的"龙"字犯了唐玄宗李隆基"隆"字的讳，也决定彻底断绝与南诏国的关系。至此，唐朝与南诏国表面上的友好关系结束。

在此，我们可以对唐朝与南诏关系进行以下几点分析。

第一，初唐时期唐朝为了抵制吐蕃向西南扩展，扶持南诏，双方的力量对比是唐朝强盛，但是到了晚唐时期，唐朝开始走下坡路，而此时南诏国那些有政治智慧的国王、清平官也都去世，再加上军事重臣如王嵯巅等人把持政治军事大权，所以南诏开始不把唐朝放在眼中，发动对唐朝的大规模军事行动，极大地动摇了唐朝在西南的统治。

第二，在唐朝与南诏国最后的博弈中，唐朝与南诏的关系是一种且战且和的关系，正是在这种且战且和的博弈当中唐朝与南诏都耗尽了各自的实力，以致两败俱伤。

第三，从统一多民族中国发展的角度来看，唐朝和南诏国的关系较为复杂。当唐朝强盛，希望建设一个强大的统一多民族中国时，积极以文化的、政治的、军事的各种方法与边疆民族建立友好关系，但是当唐朝开始走向衰弱的时候，唐朝与边疆民族的博弈关系发生变化，唐朝希望建设统一多民族国家的愿望破灭，表现为边疆民族与唐朝不断发生以战争为表达的关系。而南诏在弱小的时候，表现为对唐朝的顺从，积极参与唐朝建设统一多民族中国的相关事务，例如帮助唐朝在制约吐蕃势力进入西南，当南诏在地缘政治格局当中处在有利地位之时，就尽可能发展自己的政治力量、军事力量，与唐朝展开利益博弈，特别是当唐朝走向衰亡的时候，南诏国对唐朝的进攻是极其猛烈的。

总之，综观唐朝、南诏间的关系，在皮逻阁、异牟寻时代，唐朝与南诏国的关系以和平为主流，而以后，战争多于和平，以矛盾冲突为主流。面对南诏国的攻击，唐朝常常疲于应付。虽然南诏后来有与唐朝建立友好关系的愿望，但是那时候的唐朝已是强弩之末，已经无力来经营与南诏的关系，所以唐昭宗时南诏"遣使款黎州修好，昭宗不答。后中国乱，不复通"（《新唐书·南诏传》）。唐朝与南诏的关系走到了历史发展的尽头。

（二）南诏与吐蕃的关系

南诏的强大是因为唐朝和吐蕃争夺对洱海地区的控制权而出现的，但当南诏有能力与唐朝争夺实际利益时，双方产生了矛盾冲突。由于唐朝不能很好地处理与南诏国的关系，于是把南诏推到了吐蕃一边，南诏"北臣吐蕃，吐蕃以为弟，夷谓弟'钟'，故称'赞普钟'，给金印，号'东帝'"（《新唐书·南诏传》）。从此，南诏与吐蕃成为兄弟之邦，共同对付唐朝，但双方仍有不少矛盾存在。

唐代宗大历十四年（779 年），阁逻凤死，其孙异牟寻继立，南诏与吐蕃联合进击西川。结果是唐朝军队大败异牟寻，吐蕃于是把失败归罪于南诏，改封异牟寻为日东王，把兄弟之邦降为臣属关系，并进一步加重对南诏的求索，"然吐蕃责赋重数，悉夺其险立营候，岁索兵助防，异牟寻稍苦之"。

在南诏与吐蕃的关系出现危机时，南诏上层开始考虑如何处理与唐朝的关系。而就在这个复杂的形势之下，出现了一个对唐朝有深刻认识的历史人物郑回。郑回是唐朝的西泸县令，在南诏攻破唐朝的巂州时被虏，得到了阁逻凤的任用，担任清平官。因为曾经作为先生教过南诏国的王族子弟，所以郑回在这个时候劝说异牟寻与唐朝重新和好，异牟寻采纳了郑回的意见，开始私下谋划与唐朝接触。唐朝的剑南节度使韦皋因为能够很好地处理西南的民族问题，西南少数民族的首领对他颇有好感，于是一些少数民族的首领把异牟寻希望与唐朝交好的想法告诉了韦皋，韦皋得知南诏有归唐的愿望后，开始做争取南诏的工作。贞元七年（791年），韦皋派讨击副使段忠义携德宗敕书前往南诏招谕。韦皋为了排除南诏对吐蕃势力的畏惧心理，在贞元七年（791年）十二月派兵讨伐私下与吐蕃交往的勿邓鬼主苴梦冲，杀之，使唐朝兵力深入东蛮地区，直达南诏边境，有效地支援了南诏对抗吐蕃。

南诏希望与唐朝和好的愿望是十分强烈的，于是暗中派遣使者分三路向唐朝在西南的官员韦皋送信，从南诏给韦皋的信中可以看出以下两点信息。

第一，南诏国要找一个恰当的理由来说明自己当初与吐蕃联合是身不由己的，而且本来可以悔过自新，但是又因为唐朝的官员鲜于仲通的阻隔，所以"自新无由"。

第二，对于当时统一多民族中国境内各民族的政治格局和力量对比，南诏相当清楚，说明南诏并不是对统一多民族中国宏观政治格局毫无观察和思考的，他们会在众多的政治力量之间寻找适合自己生存发展的政治空间，所以南诏国的表态，恰好就是唐朝当时需要解决的民族关系的主要方面，即唐朝在北方与突厥的战争与和平，唐朝在西北部与回鹘的战争与和平，唐朝在西部与吐蕃的战争与和平。所以对于唐朝而言，南诏国的归附，恰恰可以实现遏制吐蕃向西南方向发展的战略目标。

韦皋收到信后，派人护送南诏国的使者到了长安，南诏国的使者向唐德宗面奏了异牟寻希望重新归附唐朝的愿望，向唐德宗献了黄金、丹砂，表示南诏国归顺唐朝的一片诚心。于是有了著名的唐朝与南诏国的贞元会盟。贞元会盟后，唐朝、南诏约定，共同讨伐吐蕃。而南诏与唐朝结盟之事，吐蕃并不知道，仍向南诏征兵。此时，吐蕃因为与回鹘发生战争，死伤十分严重，所以希望调动南诏国的军队一万人参加与回鹘的战斗。而这个时候异牟寻正想攻击吐蕃，就将计就计，表面上表示南诏国很"寡弱"，仅仅派遣了五千人前往，异牟寻自己却亲自带领数万人跟随其后，不分白天黑夜地行进，最后在神川打败吐蕃的军队，斩断了铁桥，吐蕃的战士"溺死以万计，俘其五王"（《新唐书·南诏传》）。从此之后，吐蕃与南诏国的势力就基本上以金沙江为界，吐蕃没有再进入西南以洱海为中心的地区。

唐德宗贞元十五年（799年），异牟寻又开始谋划攻击吐蕃，唐德宗也同意出兵给予支持。而吐蕃也准备攻击南诏，异牟寻和韦皋闻讯后，积极准备迎战，结果，吐蕃大败，唐朝联合南诏攻击吐蕃的战略目标达到，南诏国也从吐蕃的控制当中解脱出来，于是南诏国与唐朝的关系有了进一步的发展，"异牟寻比年献方物，天子礼之"（《新唐书·南诏传》）。

三　南诏国对唐王朝的攻击及唐王朝和南诏国的灭亡

唐顺宗永贞元年（805年）以后，唐王朝进入了衰落时期。在大约102年的时间里，唐朝有十一个皇帝，这些皇帝或者被宦官控制，或者被外戚控制，或者被节度使等控制，表明这个时候的唐王朝已经衰落，于是南诏国发动了对唐王朝西南方向剑南西川和安南都护府的进攻。

唐文宗太和三年（829年），南诏国第一次攻入成都。在一般人的意识中，南诏国攻入成都一定是大肆掠夺，但是攻入成都的南诏国将士安慰成都百姓，不滋扰市场交易，秋毫不犯。上述行为至少可以说明两个方面的问题：其一，南诏国的统治集团对唐朝是有敬畏之心的，能够正确处置南诏国与唐朝的关系；其二，南诏国对汉民族文化的学习，使他们不做杀人放火的事。但是，在返回南诏时，"乃掠子女、工技数万引而南"（《新唐书·南诏传》），其目的是补充南诏国发展需要的劳动力，特别是社会发展中最重要的"工技"。在此次攻入成都的战役之后，南诏国的物质文化有了一个飞跃式的发展，"南诏自是工文织，与中国埒"（《新唐书·南诏传》）。这就是为什么我们今天还可以在云南大理看到具有中原汉民族文化特点的诸多文化遗迹，而大理也因此才成为中华人民共和国成立之后第一批24个历史文化名城之一。

唐懿宗咸通年间（860～874年），南诏国第二次攻入成都。南诏国的军队一反第一次攻入成都时的做法，"俘华民，必劓耳鼻已，纵之，既而居人刻木为耳鼻者什八"（《新唐书·南诏传》）。从历史发展的角度来看，这种做法反映了南诏国的当权者已经以消灭生产力的心理来对待唐朝的普通民众，这样的行径表明了南诏国即将灭亡。

从此唐朝与南诏国的关系发生巨大变化，南诏开始处于较为主动的地位，发动了对唐朝安南都护府的攻击。唐宣宗时，南诏国第一次进入安南都护府。当时，因为唐朝在安南的地方官员不能很好地执行唐太宗时期的民族政策，安南的少数民族首领邀请南诏国的军队帮助他们抵抗唐朝地方官员的盘剥，南诏占领了安南都护府之后，还派人驻守在安南，这在唐朝与南诏国关系史上是史无前例的。

唐咸通四年（863 年），南诏又发动了对安南的强大攻势，安南都护府的官员蔡袭全家被杀，城遭屠。唐朝为了有效抵抗南诏国对安南都护府的攻击，从中原征调了许多军队驻防，但是因为来自中原的战士不适应热带气候，大量减员，战斗力严重不足。虽然唐朝对军事上的战略部署进行了调整，咸通七年（866 年）唐朝大败南诏国在安南的军队，收复了安南，但是因为大量的中原汉族战士不适应南方的气候，开始反对这场战争，由此埋下了唐王朝灭亡的种子。

868 年，驻守桂林的唐朝军队在庞勋的带领下从桂林起事反唐王朝，成了导致唐王朝灭亡的直接原因，所以唐王朝也在南诏国灭亡五年之后的907 年灭亡，从此中国陷入了五代十国的分裂局面中。对此，《新唐书·南诏传》总结说，唐王朝灭亡的根本原因在于唐王朝与南诏国的矛盾冲突，直接原因是黄巢起义，黄巢起义的原因又与庞勋带领的桂林起义有关，即祸基于桂林，而根源是南诏。

南诏不断向北、向南发动攻击，不但给唐王朝造成了极大的消耗，南诏自身也疲惫不堪，国库空虚，连十五岁以下的男子都征发参加战争，仅仅留下妇女耕种以供军饷。南诏在攻击唐朝的战争当中，消耗了大量社会财富和人力资源，很快衰弱下去，902 年，南诏国的最后一个国王舜化贞去世，掌握实权的郑买嗣趁机发动政变，在五华楼下杀南诏国国王蒙氏宗族八百余人，结束了南诏国的统治。

虽然南诏国灭亡了，但是留下了巨大的社会动荡，西南地区政治上极不稳定，因此在南诏国灭亡和大理国建立之间的三十六年当中，西南相继出现了三个小王国，即权臣郑买嗣建立的大长和国、清平官赵善政建立的大天兴国、杨干贞建立的大义宁国。杨干贞当了国王之后，政治上也无多大建树，而且他"贪暴特甚"，引起不满，"中外咸怨"，这说明当时社会动乱的严重程度，所以在后晋天福二年（937 年），"大义宁国"的通海节度使、白蛮贵族段思平起兵反杨，推翻了"大义宁国"，建立了大理国。

尽管南诏国后期衰退了，但是仍然给大理国留下了许多物质和精神财富，所以大理国建立后，各个生产部门的生产力较之南诏时期有显著的提高。

在农业生产方面，表现在水利工程范围的扩大和土地的大量开垦。在手工业方面是炼铁技术先进，制造出来的"大理刀"闻名全国，其锋利程度被描写为"吹毛透风"。畜牧业也很发达，"大理马"闻名全国，成为大理国与内地贸易的主要商品之一，每年都有数以千计的马卖给宋朝。精美的手工艺品也颇有特色，如用象皮制造的甲胄式样优美、质坚如铁，披毡、彩漆器皿也闻名全国。

随着农业、手工业的发展，商业也兴盛起来。当时输往内地的有马、羊、鸡等畜禽，有刀、毡、甲胄、漆器等手工艺品，而大理则从内地购入汉文书籍、丝绸、瓷器、药材等物品。据《马可·波罗游记》记载，善阐城（今昆明市）已发展成为一个新兴的工商业城市。这为元代以善阐城作为云南的省会，创造了客观的物质条件。因此，我们可以这样认为，虽然宋代统一多民族中国没有实现大一统，但是大理国的发展，为元朝统一多民族中国在更大范围内的统一和各民族的大发展提供了诸多物质和精神的准备。

四　余论

第一，在南诏与唐朝、吐蕃的错综复杂关系中，南诏对统一多民族中国具有凝聚力的儒家文化是非常重视的。唐朝曾经派遣官员徐云虔到南诏国的东都善阐府进行实地考察，见到了南诏国国王隆舜。在徐云虔的眼中，隆舜没有什么国王的排场，似乎是一个少年贵族公子，但出乎意料的是隆舜居然要求徐云虔为他讲解《春秋》大义，这一个行动说明了当时南诏国是十分崇尚儒家文化的。正是因为如此，不论南诏国与唐朝发生过什么样的矛盾冲突，双方的文化联系、文化交流是没有中断过的，双方在思想上是有友好交往的基础的。因此，如果从统一多民族中国的发展历史来看，南诏国在西南地区的局部发展为后来更加强大的统一多民族中国的发展也奠定了相关的基础。

第二，唐王朝是继汉之后又一个强盛的统一多民族国家，"多元一统"格局总体上是稳定发展的。宋代，统一多民族中国的"多元一统"格局又一次遭到破坏，在南诏国基础上发展起来的大理国，在发展区域性经济文化的同时，客观上也在为下一个"多元一统"格局的到来做准备，所以元代能在全国十一个行省中设云南行省，与大理国的物质文化和精神文化积累是分不开的。

第三，"多元一统"的"多元"事实在统一多民族中国的国家发展历史上从来没有发生过变化，而"一统"却在统一多民族中国的国家发展过程中有不同的内涵。具体来讲，"一统"可以分为两个层次，第一个层次是如汉唐这样多民族大一统历史时期，第二个层次是在不同时期的中国之内，同时存在几个民族建立的政权，而每一个政权之内都有不同的民族存在，各自在这个政权之下发展着，为下一个历史时期范围更广的、规模更大的统一多民族中国的发展聚集力量。因此，在统一多民族中国国家发展历史上，大一统是一种常态，但是在这个国家之内有时候也还有同时并存几个政权的历史事实，也正是因为如此，统一多民族中国杰出的政治家、帝王都把实现中国"多元一统"格局作为自己毕生的政治追求和政治理想。这一种历史传统正是今天统一多民族中国能够不断发展的巨大文化力量。因此，中国的大一统是历史的必然。

第四，中国各民族的团结是统一多民族中国发展的根本保证，民族团结则国泰民安，民族纷争则家国不宁，甚至国破家亡。只有有一个强大的统一多民族中国，中国各民族才能共同繁荣、共同发展。

第四编

民族发展历史与历史文本书写

《汉书》《后汉书》民族列传与汉代边疆民族历史的文本书写[*]

　　《汉书》《后汉书》属于二十四史中的"前四史"，长期以来学术界一致认为其史料价值很高，特别是《汉书》《后汉书》当中关于汉代民族历史的记载，几乎是研究中国古代边疆民族历史必须参考和引用的文献。因此从不同的角度对这个问题进行研究的成果较多，具有代表性的有以下论著：沈仁安发表了《〈汉书〉、〈后汉书〉倭人记事考释》一文，文章对《汉书》《后汉书》中对倭人不足百字的记载进行了考辨[1]；力之发表了《〈史记〉、〈汉书〉、〈后汉书〉注札记》一文，文章对《史记》三家注、《汉书》颜师古注、《后汉书》李贤注进行考辨，其中与民族有关的内容不多[2]；谢晓丹发表了《从〈史记〉、〈汉书〉和〈后汉书〉探讨两汉时期中印交流》一文，文章仅仅探讨两汉时期中国和印度文化交流的问题，没有涉及边疆民族[3]；舒仁辉发表了《范晔〈后汉书〉史论探讨》一文，文章主要讨论在《后汉书》的序、论、赞中表现出来的范晔的历史观，与边疆民族历史联系不多[4]；钟书林发表了《〈后汉书〉研究史概述》一文，文章主要从学术史的角度梳理对《后汉书》的研究，基本没有涉及民族历史

---

　　* 本文原载于《中国边疆史地研究》2013年第4期，第117～125页。

[1]　沈仁安：《〈汉书〉、〈后汉书〉倭人记事考释》，《北京大学学报》（哲学社会科学版）1987年第4期。

[2]　力之：《〈史记〉、〈汉书〉、〈后汉书〉注札记》，《内蒙古师范大学学报》（哲学社会科学版）1999年第1期。

[3]　谢晓丹：《从〈史记〉、〈汉书〉和〈后汉书〉探讨两汉时期中印交流》，《牡丹江师范学院学报》（哲学社会科学版）2011年第5期。

[4]　舒仁辉：《范晔〈后汉书〉史论探讨》，《杭州师范学院学报》（社会科学版）1989年第3期。

问题①。真正与边疆民族研究有关的研究成果也不多，李珍发表了《范晔的民族思想略论》一文，文章认为范晔在《后汉书》当中体现了自觉的民族史撰述意识，通过考察中国各民族关系的历史渊源与发展脉络，体现大一统的政治倾向，但是文章并没有深入对《汉书》《后汉书》当中的民族列传进行评述②；汪波发表了《〈后汉书〉与羌族史研究》一文，文章虽然与边疆民族历史研究有关，但主要是围绕《西羌传》进行论述，也没有进行综合性的研究③；曹德全发表了《〈后汉书〉〈三国志〉中〈高句丽传〉的比较研究》一文，文章仍然属于单一性的研究，而且论文主要是考据《后汉书》在引用《三国志》时的众多问题，也不属于边疆民族问题研究④。综上所述，虽然有众多的学者对《汉书》《后汉书》进行研究，但是紧扣《汉书》《后汉书》边疆民族列传进行综合研究的还不多见，故本文具有一定的探索意义，对边疆民族史的研究、对探索统一多民族中国的形成与发展也有一定的积极意义。

一

班固的《汉书》是我国第一部纪传体断代史，对汉武帝之前的历史做了很多补充，从民族史的角度看，《汉书》续写了《史记》所缺汉武帝后期至王莽时期的边疆民族历史。汉武帝中期以前西汉时期的边疆民族历史，《汉书》大量抄录《史记》，但由于作者思想的差异和材料取舍标准不尽相同，班固在向《史记》取材时不是一味照抄，而是在继承中有增补、有调整、有发展。总体而言，《汉书》中所有的关于边疆民族历史的记载，比《史记》的《匈奴列传》《南越列传》《东越列传》《西南夷列传》《大宛列传》《朝鲜列传》都详尽具体，是今天研究古代中国边疆民族历史以及研究统一多民族中国形成发展历史的宝贵文献。《汉书》对民族史的研究，把握住当时社会历史的变化，抓住民族关系的主要方面进行论述，具

---

① 钟书林：《〈后汉书〉研究史概述》，《唐都学刊》2009 年第 2 期。
② 李珍：《范晔的民族思想略论》，《山西师大学报》（社会科学版）2006 年第 2 期。
③ 汪波：《〈后汉书〉与羌族史研究》，《西南民族学院学报》（哲学社会科学版）1996 年第 2 期。
④ 曹德全：《〈后汉书〉〈三国志〉中〈高句丽传〉的比较研究》，《社会科学战线》2000 年第 4 期。

体篇章包括汉书《匈奴传》上下、《西南夷两粤朝鲜传》、《西域传》上下。

《汉书》与《史记》相比较有了许多变化。

首先，从汉民族与匈奴的民族关系角度看《汉书·匈奴传》对《史记·匈奴列传》的继承、超越及其对北部边疆匈奴史的研究。

由于汉代民族关系和国家战略重点都在北方，匈奴一直和汉朝的主体民族汉族争夺生产生活资料，汉匈关系是汉王朝民族关系的核心，因此《汉书》对民族史的记述特点更加突出，抓住国家民族关系的主要方面进行论述，将重点放在匈奴和西域各族上。从数量上来说就是将《匈奴传》增为上下两卷，除收录了《史记·匈奴列传》的旧文之外，大量增补汉武帝以后的史实，增加了李广利投降匈奴之后到更始末年的史事，从而使匈奴历史有了完整的记载。此外，《汉书·匈奴传》比《史记·匈奴列传》新增史料五分之三左右，篇幅大大超过《史记·匈奴列传》。《史记·匈奴列传》记载匈奴的历史到公元前98年，而《汉书·匈奴传》则增加了从汉武帝太始元年（公元前96年）起的匈奴历史，这一年匈奴左贤王立为狐鹿姑单于。因此可以这样认为，如果仅仅以《史记·匈奴列传》作为研究匈奴的文献，那么只能看到匈奴三分之一的历史，而《汉书·匈奴传》则把匈奴与汉民族的民族关系发展历史较为清晰地展示出来，所以《汉书·匈奴传》的"赞"说："自汉兴以至于今，旷世历年，多于春秋，其与匈奴，有修文而和亲之矣，有用武而克伐之矣，有卑下而承事之矣，有威服而臣畜之矣，诎伸异变，强弱相反，是故其详可得而言也。"① 由此可见《汉书·匈奴传》在研究匈奴历史当中的价值。

《汉书·匈奴传》还把司马迁在《史记·匈奴列传》中记载不是十分明确的引用进行了明确。例如《史记·匈奴列传》说："中国疾之，故诗人歌之曰'戎狄是应'，'薄伐猃狁，至于大原'，'出舆彭彭，城彼朔方'。"② 在这一段文字中，司马迁没有具体说明是在什么时候发生的事情，诗人为何写诗。而《汉书·匈奴传》就非常具体地进行记述："至穆王之孙懿王时，王室遂衰，戎狄交侵，暴虐中国。中国被其苦，诗人始作，疾

---

① 《汉书·匈奴传》，中华书局标点本，1975，第3830页。
② 《史记·匈奴列传》，中华书局标点本，1972，第2882页。

而歌之，曰：'靡室靡家，猃允之故'；'岂不曰戒，猃允孔棘'。至懿王曾孙宣王，兴师命将以征伐之，诗人美大其功，曰：'薄伐猃允，至于太原'；'出车彭彭'，'城彼朔方'。"① 由此可见，《汉书·匈奴传》对匈奴历史的记载是比较完整的。

其次，从中国西南、东南民族纳入统一多民族国家的郡县统治体系看《汉书·西南夷两粤朝鲜传》对《史记》中《南越列传》《东越列传》《西南夷列传》《朝鲜列传》的继承、超越及其对西南边境、南方、东北亚民族的研究。

汉王朝在重点经营北部边疆的同时，积极加强对其他边疆地区的治理，在东南方设置了儋耳郡、珠崖郡、南海郡、苍梧郡、郁林郡、合浦郡、交趾郡、九真郡、日南郡，在西南方设置了犍为郡、越嶲郡、牂柯郡、沈黎郡、汶山郡、益州郡等，在东北亚地区设置了乐浪郡、临屯郡、玄菟郡、真番郡②，上述地方到汉武帝时都已经纳入统一多民族国家的治理之下，所以《汉书》把《南越列传》《东越列传》《西南夷列传》《朝鲜列传》合并为《西南夷两粤朝鲜传》，这样的归并不是简单的归并，而是根据统一多民族国家发展变化的实际而进行调整的。在《西南夷两粤朝鲜传》中，班固在继承《史记》各传的基础上也补其遗漏，续其后事，增加了不少珍贵材料，例如汉昭帝到王莽时期西南夷的史事以及汉孝文帝和南越王赵佗之间交往的书信是《史记·南越列传》中所没有的。

再次，从统一多民族国家发展的角度看《汉书·西域传》对《史记·大宛列传》的继承、超越及其对中国西北边疆民族历史、中亚西亚民族历史的研究。

由于西域是汉王朝和匈奴争夺的重要战略之地，汉武帝为了实现夹击匈奴的战略目的，在建元三年（前138年）派遣张骞出使西域，希望能够联合西域的力量攻击匈奴。此后汉王朝与匈奴在西域的政治斗争、军事斗争就一直没有停止过，而《史记·大宛列传》已经不能涵盖当时西域的历史，所以班固在《汉书》中把《史记·大宛列传》充实修改为《西域传》，记述了西域53个民族或者叫作"城郭诸国"的情况，以及汉与西域

① 《汉书·匈奴传》，中华书局标点本，1975，第3744页。
② 《汉书·武帝本纪》记载说，元封二年，"朝鲜王攻杀辽东都尉，乃募天下死罪击朝鲜，三年夏，以其地为乐浪郡、临屯郡、玄菟郡、真番郡"。

的密切关系，例如汉王朝对西域民族上层进行册封的记载就是《史记·大宛列传》中所没有的。① 此外，《汉书·西域传》不仅对《史记·大宛列传》中提及的大宛、乌孙等详加叙述，还增加了婼羌、鄯善、精绝等几十个民族的情况，内容比《史记》更加丰富，由于内容涉及了大夏、康居、大月氏、安息、罽宾、乌弋等今天的中亚、西亚许多民族的历史，因此可以认为，《汉书·西域传》就是中国西北边疆民族史、中亚西亚民族史，在当时的历史条件下，《汉书·西域传》已经具有世界史意味。

最后，从《史记》中的"太史公曰"和《汉书》中的"赞"的对比看《汉书》对《史记》民族史观的超越。

在《史记》中有一个特殊的内容，即"太史公曰"，主要是司马迁发表个人的观点，就《史记·匈奴列传》而言，司马迁没有进行深入的讨论，仅仅认为"世俗之言匈奴者，患其徼一时之权，而务谄纳其说，以便偏指，不参彼己；将率席中国广大，气奋，人主因以决策，是以建功不深"。② 其中不乏对汉武帝的怨言。《汉书》中也有一个类似的内容叫作"赞"，班固在其中不但抒发个人思想，还有许多历史哲学式的思考，例如在《汉书·匈奴传》的"赞"中班固就深入地讨论了汉王朝对匈奴的民族政策，认为："是以《春秋》内诸夏而外夷狄，夷狄之人贪而好利，被发左衽，人面兽心，其与中国殊章服，异习俗，饮食不同，言语不通，辟居北垂寒露之野，逐草随畜，射猎为生，隔以山谷，雍以沙幕，天地所以绝外内也。是故圣王禽兽畜之，不与约誓，不就攻伐；约之则费赂而见欺，攻之则劳师而招寇。其地不可耕而食也，其民不可臣而畜也，是以外而不内，疏而不戚，政教不及其人，正朔不加其国；来则惩而御之，去则备而守之。其慕义而贡献，则接之以礼让，羁縻不绝，使曲在彼，盖圣王制御蛮夷之常道也。"在这段文字中，我们可以清楚地看到班固"贵华夏，贱四夷"的大民族主义思想，同时也可以看到班固强调对待匈奴不能只是用一种策略，应当根据每个时期双方力量的变化，以"来则惩而御之，去则备而守之。其慕义而贡献，则接之以礼让"的策略应对。同样，班固在《汉书·西域传》的"赞"中也对汉王朝经营西域给予了较高的评价，认为："孝武之世，图制匈奴，患者兼从西国，

---

① "自译长、城长、君、监、吏、大禄、百长、千长、都尉、且渠、当户、将、相至侯、王，皆佩汉印绶，凡三百七十六人。"见《汉书·西域传》，中华书局标点本，1975，第3928页。
② 《史记·匈奴列传》，中华书局标点本，1972，第2919页。

结党南羌，乃表河西，列四郡，开玉门，通西域，以断匈奴右臂，隔绝南羌、月氏。单于失援，由是远遁，而幕南无王庭。"①

二

南朝宋人范晔撰写的《后汉书》有 120 卷。② 与边疆民族有关的列传是《东夷列传》《南蛮西南夷列传》《西羌传》《西域传》《南匈奴列传》《乌桓鲜卑列传》。与《汉书》相比较，增加了《东夷列传》《南蛮列传》《西羌传》《南匈奴列传》《乌桓鲜卑列传》，这些新增加的列传实际上反映了东汉时期统一多民族国家的发展变化。

东汉时期，中央政府对边疆民族的治理与统治更加深入，众多边疆民族都纳入了郡县治理，原来的边疆开始成为内地，随之而来的是汉族历史学家对边疆民族的认识与分类更加细致，在汉文的历史文献中，出现了许多在此以前从来没有见过的民族名称，这说明边疆民族自身在发生着民族的分化与融合，所有这些都被记录到了《后汉书》的民族列传中，因此《后汉书》在《汉书》的基础上有了更加大的变化，和《史记》《汉书》相比，《后汉书》没有了《朝鲜列传》《南越列传》《东越列传》，特别是把第一次出现的"南蛮列传"和《史记》《汉书》中一直存在的"西南夷列传"合在一起，写成了《后汉书·南蛮西南夷列传》。我们认为范晔对《后汉书》并不是随意进行增减的，列传的增减反映了东汉时期中国政治格局的变化和民族关系的变化，反映了东汉王朝对边疆民族的统治更加深入。

从东汉时期全国的政治格局看，民族矛盾的主要方面还是在北方，具体为汉民族与南匈奴、鲜卑、乌桓的矛盾冲突。因为南方大多数民族是农业民族，他们对土地有很强的依赖性，所以反映在民族关系上，发生战争只在镇压与反镇压的情况下出现，一般不以激烈的矛盾冲突来反映，相对

---

① 《汉书·西域传》，中华书局标点本，1975，第 3928 页。

② 范晔撰写《后汉书》预定是十本纪、十志、八十列传，合为百卷，以之和《汉书》相对应，但是十志还没有写完，范晔就被杀害了，所以现在《后汉书》里的《律历》《祭祀志》《天文志》《五行志》《郡国志》《百官志》《舆服志》等八志，就由后人从司马彪的《续汉书》当中取出来补到范晔的《后汉书》里面，所以又有人说《后汉书》是范晔和司马彪撰写的。

来说大的政治事件较少。范晔没专门为百越族后裔立传，而是将之放在南蛮中交代，这是因为百越民族的后裔到了东汉时期，除了骆越之外，绝大部分已经融入汉族。

现以《东夷列传》《南蛮西南夷列传》《西羌传》《西域传》《南匈奴列传》《乌桓鲜卑列传》为顺序，将《后汉书》和《汉书》《史记》进行比较，分别简要论述《后汉书》各个列传在边疆民族研究中的意义。

首先，从统一多民族汉王朝在东北亚地区的发展看《后汉书·东夷列传》对《史记》《汉书》东北亚地区民族研究的发展与超越。

《史记》《汉书》的"朝鲜列传"只是记载朝鲜一个民族，而《后汉书·东夷列传》是以东北亚地区主要民族作为对象的区域民族史。在《后汉书·东夷列传》中，范晔不是简单地把《朝鲜列传》换成《东夷列传》，而是更加具体、更加翔实地记载了东北亚地区的夫余、挹娄、高句丽、东沃沮、濊貊、三韩、倭等民族，说明东汉时历史学家们对东北亚地区的民族有了更多认识。

需要注意的是，在《后汉书·东夷列传》中提到的东夷，指的是两个对象。在《后汉书·东夷列传》的前半部分，东夷指的是先秦时期分布在今天山东、河南的东夷，这些东夷是孔子都羡慕的民族，《后汉书·东夷列传》说："《王制》云：'东方曰夷。'夷者，柢也，言仁而好生，万物柢地而出。故天性柔顺，易以道御，至有君子、不死之国焉。夷有九种，曰畎夷、于夷、方夷、黄夷、白夷、赤夷、玄夷、风夷、阳夷。故孔子欲居九夷也。"① 由于先秦时期的东夷与华夏族有太多的文化联系，到商朝晚期"遂分迁淮、岱，渐居中土"，开始与华夏族融合，到了秦朝，"秦并六国，其淮、泗夷皆散为民户"，融合到华夏族之中。因此汉代的东夷主要是泛指东北亚地区的民族，是《后汉书·东夷列传》记载的主体，即夫余、挹娄、高句丽、东沃沮、濊貊、三韩、倭等民族。

其次，从统一多民族汉王朝对西南、中南民族的深入治理看《后汉书·南蛮西南夷列传》对《史记》《汉书》的发展超越及其对西南边疆、南部边疆民族的研究。

① 以下皆见《后汉书·南蛮西南夷列传》，中华书局标点本，1962，第2807页。

由于东汉王朝对西南、中南民族的治理比较深入，所以《后汉书》把西南、中南的民族全部集中到一个传，写出了《后汉书·南蛮西南夷列传》。与《史记》《汉书》的《西南夷列传》相比较，《后汉书·南蛮西南夷列传》记载的内容更加丰富，记述到的民族种类更多。

先说南蛮。南蛮包括巴郡南郡蛮、板楯蛮等，显然南蛮不是指某一个具体的民族，而是泛指某个区域的不同民族，所以先需要对《后汉书·南蛮西南夷列传》中的南蛮进行辨析。

第一，南蛮是一个泛称，专门指分布在东汉王朝南部，除益州刺史部部分郡县（如牂柯郡、永昌郡、益州郡）外的民族，主要是分布在益州刺史部北部巴郡的民族，和分布在荆州南郡、江夏郡、零陵郡、武陵郡、桂阳郡、长沙郡的民族，以及分布在交州南海郡、苍梧郡、郁林郡、合浦郡、交趾郡、九真郡、日南郡的民族。

第二，由于南蛮分布区广大，所以汉族史家又以行政区名称为标准，在行政区名称后面加上个"蛮"字来区别南蛮中的各部分，例如澧中蛮、零阳蛮、五里蛮、溇中蛮、长沙蛮、九真蛮、日南蛮、合浦蛮、夜郎蛮、象林蛮、郁林蛮、涺山蛮、巫蛮、江夏蛮。这些蛮都属于南蛮范畴。当然，表面上看似乎只是简单地在行政区名称后加上"蛮"字，但实际上当时汉族史家的分类，是以基本的文化特点作为分类依据的，例如以槃瓠为崇拜对象的武陵蛮，其下又有澧中蛮、零阳蛮、溇中蛮、五里蛮、零陵蛮、长沙蛮等，又如巴郡南郡蛮是指分布在巴郡、南郡且崇拜廪君的民族。

再说西南夷。西南夷包括夜郎、滇、哀牢、邛都、莋都、冉駹、白马氏等。《后汉书·南蛮西南夷列传》对西南夷的记载比南蛮要更加丰富，从文献的字数来看，《后汉书·南蛮西南夷列传》中记载西南夷的部分已经发生了很大变化，例如《史记·西南夷列传》有1300多个字，《汉书·西南夷两粤朝鲜传》中关于西南夷的内容增加至2300多个字，而《后汉书·南蛮西南夷列传》中关于西南夷的内容已经到了4400多个字。由此可见其内容大大增加，资料更加丰富。

在《后汉书·南蛮西南夷列传》中还出现了西南边疆民族的神话传说，

这是《史记》《汉书》当中没有的。例如与夜郎国有关的"竹王传说"① 和与哀牢国有关的"九隆传说"②。

除了神话传说之外，《后汉书·南蛮西南夷列传》还有民歌民谣的记载。

"显宗以其地置哀牢、博南二县，割益州郡西部都尉所领六县，合为永昌郡。始通博南山，度兰仓水。行者苦之。歌曰：'汉德广，开不宾。度博南，越兰津。度兰仓，为它人。'"③ 这是著名的越兰津歌，说明随着东汉在西南边疆统治的深入，虽然"行者苦之"，但是对外的交往规模越来越大。

东汉明帝永平年间，益州刺史梁国朱辅，"好立功名，慷慨有大略。在州数岁，宣示汉德，威怀远夷。自汶山以西，前世所不至，正朔所未加。白狼、槃木、唐蔍等百余国，户百三十余万，口六百万以上，举种奉贡，称为臣仆"。④ 所以朱辅上疏给明帝说白狼王慕化归义，作诗三章，希望献给朝廷，明帝十分高兴，"嘉之，事下史官，录其歌焉"。于是有了《远夷乐德歌诗》《远夷慕德歌诗》《远夷怀德歌》，后人将这三首诗歌统称为《白狼王歌》。从《白狼王歌》的产生、传播可以看出边疆民族对统一多民族国家的向往，以及统一多民族国家形成与发展的历史进程。

再次，从统一多民族汉王朝对羌人的治理看《后汉书·西羌传》对《史记》《汉书》的发展创新及其对西部边疆民族的研究。

---

① "竹王传说"："夜郎者，初有女子浣于遁水，有三节大竹流入足间，闻其中有号声，剖竹视之，得一男儿，归而养之。及长，有才武，自立为夜郎侯，以竹为姓。武帝元鼎六年（前111年），平南夷，为牂柯郡，夜郎侯迎降，天子赐其王印绶。后遂杀之。夷獠咸以竹王非血气所生，甚重之，求为立后。牂柯太守吴霸以闻，天子乃封其三子为侯。死，配食其父。今夜郎县有竹王三郎神是也。"见《后汉书·南蛮西南夷列传》，中华书局标点本，1962，第2844页。

② "九隆传说"："哀牢夷者，其先有妇人名沙壹，居于牢山。尝捕鱼水中，触沉木若有感，因怀妊，十月，产子男十人。后沉木化为龙，出水上。沙壹忽闻龙语曰：'若为我生子，今悉何在？'九子见龙惊走，独小子不能去，背龙而坐，龙因舐之。其母鸟语，谓背为九，谓坐为隆，因名子曰九隆。及后长大，诸兄以九隆能为父所舐而黠，遂共推以为王。后牢山下有一夫一妇，复生十女子，九隆兄弟皆娶以为妻，后渐相滋长。种人皆刻画其身，象龙文，衣皆着尾。九隆死，世世相继。乃分置小王，往往邑居，散在溪谷。"《后汉书·南蛮西南夷列传》，中华书局标点本，1962，第2848页。

③ 《后汉书·南蛮西南夷列传》，中华书局标点本，1962，第2848页。

④ 《后汉书·南蛮西南夷列传》，中华书局标点本，1962，第2855页。

羌作为一个历史悠久的古代民族,《后汉书》第一次在正史中给羌人立传,因此《后汉书·西羌传》是迄今为止关于羌人最早、最系统、最翔实的文献。

从文化史的角度来看,关于羌人的民族志记述最有价值:"西羌之本,出自三苗,姜姓之别也。其国近南岳。及舜流四凶,徙之三危,河关之西南羌地是也。滨于赐支,至乎河首,绵地千里。赐支者,《禹贡》所谓析支者也。南接蜀、汉徼外蛮夷,西北接鄯善、车师诸国。"①《西羌传》首先对羌人的民族源流进行记述,然后告诉我们羌人的分布区十分广大,即以黄河上游为中心,"南接蜀、汉徼外蛮夷,西北接鄯善、车师诸国"。

羌人的生产生活方式是"所居无常,依随水草。地少五谷,以产牧为业"。民俗文化特征为"其俗氏族无定,或以父名母姓为种号。十二世后,相与婚姻,父没则妻后母,兄亡则纳釐嫂,故国无鳏寡,种类繁炽"。因为游牧经济的原因,"不立君臣,无相长一,强则分种为酋豪,弱则为人附落,更相抄暴,以力为雄"。没有成文的法律,因为自然生态环境恶劣,所以民族性格十分强悍,"杀人偿死,无它禁令。其兵长在山谷,短于平地,不能持久,而果于触突,以战死为吉利,病终为不祥。堪耐寒苦,同之禽兽。虽妇人产子,亦不避风雪。性坚刚勇猛,得西方金行之气焉"。

根据《西羌传》的记载,西羌是一个十分庞大的民族群体,内部还有诸多分支,多达一百五十余种,有参狼种羌、牦牛种羌、白马种羌三大派系。因此羌人的民族关系就分为两个重要的方面,一是西羌内部各个分支的关系,二是西羌各分支与汉王朝的关系。

在西汉时羌人曾经与匈奴联合对抗汉朝,汉武帝对羌人进行了有效治理,一方面设置郡县,另一方面以武力平定,第一次专门设置了治理羌人的护羌校尉,"及武帝列置四郡,通道玉门,隔绝羌胡,使南北不得交关。于是障塞亭燧出长城外数千里。时先零羌与封养牢姐种解仇结盟,与匈奴通,合兵十余万,共攻令居、安故,遂围枹罕。汉遣将军李息、郎中令徐自为将兵十万人击平之。始置护羌校尉,持节统领焉。羌乃去湟中,依西

---

① 以下皆见《后汉书·西羌传》,中华书局标点本,1962,第2869页。

海、盐池左右"。① 显然羌人与汉朝的关系已经不是单一的民族关系，而是当时以汉匈关系为核心的民族关系的一个组成部分。

到了东汉，羌人不断发动反抗汉朝的军事行动，东汉花费了巨大人力和财力来镇压西羌。范晔十分客观地认为，羌人的反抗主要是由于东汉政策出现了失误，再加上用人不当，所以虽然东汉花费了大量的人力、物力，仍得不到长治久安，"自羌叛十余年间，兵连师老，不暂宁息。军旅之费，转运委输，用二百四十余亿，府帑空竭。延及内郡，边民死者不可胜数，并凉二州遂至虚耗"。② 可见对社会造成的危害之大。

复次，从统一多民族汉王朝对西域的有效经营看《后汉书·西域传》对《史记》《汉书》的继承与超越。

从《史记·大宛列传》到《汉书·西域传》，对西域的记载就一直没有中断过，东汉王朝时对西域的经营仍然在继续深入开展，所以《后汉书·西域传》主要是记载东汉时期对西域的经营治理，重点是记述西域在东汉时期的重大变化。因此从《后汉书·西域传》中可以看到统一多民族国家内外民族关系的变化与各民族的分化融合，反映了统一多民族国家对辖区内各民族治理的不断深入。

《西域传》记载了拘弥、于阗、莎车、疏勒、焉耆、车师等狭义西域的民族或者民族政权，又有广义西域的条枝、安息、大秦、大月氏、天竺等民族国家的风俗人情、地理环境，以及班超、甘英等人在西域的政治活动和影响及佛教传入等这一时期的重要事件。从世界史的角度看，《后汉书·西域传》是中外文化交流的重要史料，具有极高的文献价值，故其"论曰"："立屯田于膏腴之野，列邮置于要害之路。驰命走驿，不绝于时月；商胡贩客，日款于塞下。其后甘英乃抵条支而历安息，临西海以望大秦，拒玉门、阳关者四万余里，靡不周尽焉。若其境俗性智之优薄，产载物类之区品，川河领障之基源，气节凉暑之通隔，梯山栈谷、绳行沙度之道，身热首痛、风灾鬼难之域，莫不备写情形，审求根实。至于佛道神化，兴自身毒，而二汉方志，莫有称焉。"③

又次，从统一多民族汉王朝对匈奴的战略变化看《后汉书·南匈奴列

---

① 《后汉书·西羌传》，中华书局标点本，1962，第 2876、2877 页。
② 《后汉书·西羌传》，中华书局标点本，1962，第 2891 页。
③ 《后汉书·西域传》，中华书局标点本，1965，第 2931 页。

传》对《史记》《汉书》的继承与超越。

匈奴在东汉时期已经分化为南北两个部分，南匈奴进入黄河流域的农业文明区，开始大量接受汉文化，而北匈奴已经远遁漠北，所以原来的《匈奴列传》变为《南匈奴列传》，对此，《后汉书·南匈奴列传》开篇便说："前书（按：指《汉书》）直言《匈奴传》，不言南北，今称南者，明其为北生义也。以南单于向化尤深，故举其顺者以冠之。"① 所谓"南单于向化尤深，故举其顺者以冠之"，指的是南匈奴的汉化程度已经很深。

南匈奴进入黄河流域，与东汉放弃了武力征伐，采用和平的招徕的政策有关，"天子总揽群策，和而纳焉。乃诏有司，开北鄙，择肥美之地，量水草以处之。驰中郎之使，尽法度以临之。制衣裳，备文物，加玺绂之绶，正单于之名。于是匈奴分破，始有南北二庭焉"。这样一来，东汉既分化了匈奴，减少了几百年以来的汉匈民族矛盾和民族斗争，又扩大了汉文化的影响，南匈奴成为汉王朝的民众之后，帮助东汉守御北方边境，联合鲜卑、丁零，夹击北匈奴，迫使其西迁，结束了匈奴对汉朝的频繁战争。

最后，从匈奴衰亡与乌桓、鲜卑的强盛及其与汉王朝的关系看《后汉书·乌桓鲜卑列传》对《史记》《汉书》的超越与创新。

《后汉书·乌桓鲜卑列传》是在正史当中第一次记载乌桓、鲜卑的历史，所以其史料价值极高。

和其他几个传相比较，《后汉书·乌桓鲜卑列传》的民族志记述较为丰富，具体有以下几个方面。

第一，对乌桓、鲜卑民族源流以及民族名称的由来的记述。"乌桓者，本东胡也。汉初，匈奴冒顿灭其国，余类保乌桓山，因以为号焉。"② 这里讲的是乌桓。关于鲜卑："亦东胡之支也，别依鲜卑山，故因号焉。其言语习俗与乌桓同。"③ 显然，乌桓、鲜卑都是东胡系统的民族，属于同源异流的关系，民族名称的产生是被匈奴灭其国之后"保乌桓山，因以为号焉""别依鲜卑山，故因号焉"。这种以分布区的地名或者山名作为民族名称的情况在中外历史上是十分常见的。

---

① 《东观记》称《匈奴南单于列传》，范晔去"单于"二字。
② 以下与乌桓相关者皆见《后汉书·乌桓鲜卑列传》，中华书局标点本，1965，第2979页。
③ 以下与鲜卑相关者皆见《后汉书·乌桓鲜卑列传》，中华书局标点本，1965，第2985页。

第二，记述乌桓、鲜卑的生产生活方式。乌桓："俗善骑射，弋猎禽兽为事。随水草放牧，居无常处。以穹庐为舍，东开向日。食肉饮酪，以毛毳为衣。"鲜卑："其言语习俗与乌桓同。唯婚姻先髡头，以季春月大会于饶乐水上，饮讌毕，然后配合。又禽兽盖异于中国者，野马、原羊、角端牛，以角为弓，俗谓之角端弓者。"文献从游牧生产方式、主要物产、饮食习俗等方面让我们看到了作为游牧民族的乌桓、鲜卑。与农业民族尊老不同，游牧文化认为老年人是整个社会的拖累和负担，所以"贵少而贱老，其性悍塞。怒则杀父兄，而终不害其母，以母有族类，父兄无相仇报故也"。从"怒则杀父兄，而终不害其母"的文化习俗来看，虽然他们已经处在父系社会，但是对于母系仍然崇敬。

第三，乌桓与鲜卑的游牧文化使他们的社会组织与民俗文化不可能和农业民族一样。因为不可能太多的人集中在一起放牧，那样将会很快破坏自然生态环境，所以社会组织就较为松散，"有勇健能理决斗讼者，推为大人，无世业相继。邑落各有小帅，数百千落自为一部"。[1] "大人"是松散社会重大事件发生时的召集人，"大人有所召呼，则刻木为信，虽无文字，而部众不敢违犯。氏姓无常，以大人健者名字为姓"。但是在"大人"以下的不同部落政治、经济的联系就十分松散，"各自畜牧营产，不相徭役"。

第四，乌桓、鲜卑的婚姻习俗也处处表现出游牧文化特征。婚姻习俗为："其嫁娶则先略女通情，或半岁百日，然后送牛马羊畜，以为聘币。婿随妻还家，妻家无尊卑，旦旦拜之，而不拜其父母。为妻家仆役，一二年间，妻家乃厚遣送女，居处财物一皆为办。"[2] 从婚姻发展历史看，显然是盛行服役婚。这种服役婚，是男子在婚前或婚后住在妻方劳动一段时间，作为代价偿还妻方劳动力的损失，换娶妻子到本氏族或本家族中来。

第五，从宗教信仰上看，乌桓已经有了强烈的灵魂崇拜和祖先崇拜，最突出的是面对死亡自有一套生命观："俗贵兵死，敛尸以棺，有哭泣之哀，至葬则歌舞相送。肥养一犬，以彩绳缨牵，并取死者所乘马、衣物，皆烧而送之，言以属累犬，使护死者神灵归赤山。赤山在辽东西北数千

---

① 以下皆见《后汉书·乌桓鲜卑列传》，中华书局标点本，1965，第2979页。
② 《后汉书·乌桓鲜卑列传》，中华书局标点本，1965，第2979页。

里，如中国死者魂神归岱山也。敬鬼神，祀天地日月星辰山川及先大人有
健名者。祠用牛羊，毕皆烧之。"① 乌桓以习惯法来控制社会："其约法：
违大人言者，罪至死；若相贼杀者，令部落自相报，不止，诣大人告之，
听出马牛羊以赎死，其自杀父兄则无罪；若亡畔为大人所捕者，邑落不得
受之，皆徙逐于雍狂之地，沙漠之中。"② 这些史料都是我们今天研究乌
桓、鲜卑的重要参考文献。

三

对边疆民族历史的系统研究，司马迁在《史记》中首创了按地域记载民
族历史的少数民族列传，开创了较为系统地研究华夏族和汉族以外的民族历
史的先河，通过《匈奴列传》《南越列传》《东越列传》《西南夷列传》《大
宛列传》《朝鲜列传》，分别记述了中国东南西北四方的边疆民族发展历史。
《汉书》《后汉书》的作者基本是仿照司马迁开创的这一范式来进行民族史的
记述的，但是又根据历史情况的变化有许多超越《史记》的创新，把对汉代
边疆民族的研究推向了一个更新的高度，使历史文本的书写成为统一多民族
中国文化建设的一个重要组成部分。具体而言，有以下几个方面值得重视。

首先，汉代是统一多民族中国发展的一个关键时期，国家的发展与民
族的发展紧密相连，所以《汉书》《后汉书》的民族列传记述了动态变化
之中的边疆民族，重点以边疆民族的民族关系为主线书写了汉代边疆形成
与发展的历史过程。从这个意义上讲，中国边疆民族也积极参加了统一多
民族国家的缔造和建设，对他们的历史进行充分的记述，可以丰富统一多
民族中国国家形成与发展的历史。

其次，《汉书》《后汉书》的民族列传以统一多民族国家形成与发展的
宏观视角，紧紧抓住统一多民族国家发展过程当中民族矛盾的主要方面，
对以匈奴为主的北方民族进行了非常深入详细的记述，真实地反映了汉代
民族关系和汉王朝的国家战略重点在中国北方这一历史事实。通过这些真
实的历史文本书写，我们能够看到中国北部边疆的形成与发展，以及北方

---

① 《后汉书·乌桓鲜卑列传》，中华书局标点本，1965，第 2980 页。
② 《后汉书·乌桓鲜卑列传》，中华书局标点本，1965，第 2980 页。

民族发展演变的历史过程。

最后，《汉书》《后汉书》民族列传的增减实际上反映了统一多民族国家的发展变化，例如随着统一多民族国家疆域的发展变化，原来《史记》中的相关列传在《汉书》《后汉书》中进行了归并，与此同时，新增加了《西羌传》《乌桓鲜卑列传》等，说明随着汉王朝对相关民族进行有效治理，汉王朝的边疆也在发生变化。

后汉武帝时代北部边疆汉匈民族关系述论[*]

汉武帝征和三年（公元前90年），匈奴狐鹿姑单于带领匈奴军队"入上谷、五原，杀略吏民。其年，匈奴复入五原、酒泉，杀两部都尉"。① 于是汉武帝派遣贰师将军带领七万人出五原发动了对匈奴的攻击。但是就在这个时候，汉王朝内部发生"巫蛊事件"，贰师将军的家属受到牵连，因此，贰师将军希望能够以功免罪，又一次发动了对匈奴的攻击。由于贰师将军带领的军队长途奔袭，已经相当疲惫，所以"单于知汉军劳倦，自将五万骑遮击贰师，相杀伤甚众，贰师降"。② 贰师将军投降匈奴一年之后，卫律③对贰师将军得宠非常嫉妒，于是制造了一个阴谋，利用阏氏生病的机会，卫律命令匈奴的祭师说，上一世单于的在天之灵发怒了，认为以前经常说要用贰师将军来祭祀，但是为什么至今没有做到，所以匈奴"遂屠贰师以祠"。④ 贰师将军死后，汉匈双方基本上没有发生大规模的军事冲突。汉武帝后元二年（公元前87年），汉武帝去世，汉昭帝即位，汉匈民族关系进入了后汉武帝时代，开始发生一系列变化。

从学术史的角度来看，对后汉武帝时代汉匈之间民族关系的研究相对少一些，汉匈民族关系的研究重点大多集中在汉初和汉武帝时代，代表性

---

* 本文原载于《广西民族大学学报》（哲学社会科学版）2016年第6期，第120~126页。

① 以下皆见《汉书·匈奴传》，中华书局标点本，1962，第3778、3779页。
② 《汉书·匈奴传》，中华书局标点本，1962，第3780页。
③ 卫律，胡人，生长在汉朝，汉武帝曾经派遣卫律出使匈奴，他在汉王朝的朋友李延年、李季兄弟因犯淫乱之罪被灭族，卫律怕被株连，逃走投降匈奴，多次对抗汉朝军队，因此被且鞮侯单于封为丁灵王。
④ 《汉书·匈奴传》，中华书局标点本，1962，第3781页。

的论文主要有郝建平的《论文景时期的汉匈关系》①、孟庆璋的《汉武帝时的汉匈战争的战略研究》②、胡岩涛的《论夷夏观与汉武帝时期的汉匈战争》③、李现臣等的《汉武帝时的汉匈战争的积极性浅谈》④，在众多中国民族史著作当中也都对汉武帝时期的汉匈关系关注比较多。此外，关于汉匈民族关系的研究大多是一些比较微观的具体研究，例如李静等人的《从汉匈关系的角度探讨汉匈民族意识的形成与变迁》⑤、徐华灿的《西汉时期汉匈和战中的相互招降策略及其影响》⑥、张元城的《西汉时期汉人流落匈奴及影响》⑦ 等。而本文则力图从宏观历史发展的角度，立足于统一多民族中国的发展历史，梳理后汉武帝时代汉匈民族关系变化的特点，并且关注汉匈民族关系对世界发展历史的影响，以求教于大方之家。

一　汉昭帝、汉宣帝时期汉匈民族关系向着有利于汉王朝的方向变化

汉昭帝、汉宣帝时期，汉匈民族关系的特征是：匈奴开始呈现出衰败的迹象，汉王朝开始在汉匈民族关系格局当中占据主动，匈奴对汉王朝的攻击次数逐渐减少，而每一个新的单于都不断向汉王朝请求和亲。

汉昭帝始元二年（公元前85年），狐鹿姑单于去世。卫律等人立左谷蠡王为壶衍鞮单于。壶衍鞮单于即位之后，马上希望与汉王朝和亲，为了表示匈奴与汉王朝的友好，壶衍鞮单于"乃更谋归汉使不降者苏武、马宏等"。⑧ 由此可见，匈奴释放苏武、马宏这两个人，是为了表达与汉王朝和好的意图，具有积极的意义，同时也说明汉王朝的经济实力和军事实力是

---

① 郝建平：《论文景时期的汉匈关系》，《西北第二民族学院学报》（哲学社会科学版）2005年第2期。
② 孟庆璋：《汉武帝时期汉匈战争战略研究》，陕西师范大学硕士学位论文，2011。
③ 胡岩涛：《论夷夏观与汉武帝时期的汉匈战争》，《内蒙古社会科学》2015年第6期。
④ 李现臣等：《汉武帝时的汉匈战争的积极性浅谈》，《前沿》2004年第3期。
⑤ 李静等：《从汉匈关系的角度探讨汉匈民族意识的形成与变迁》，《青海民族研究》2007年第3期。
⑥ 徐华灿：《西汉时期汉匈和战中的相互招降策略及其影响》，江西师范大学硕士学位论文，2014。
⑦ 张元城：《西汉时期汉人流落匈奴及影响》，《中国边疆史地研究》2000年第2期。
⑧ 《汉书·匈奴传》，中华书局标点本，1962，第3782页。

匈奴无法比拟的。但是匈奴一方面希望与汉王朝和亲，另一方面因为匈奴特殊的生产生活方式，必须要从农业民族手中夺取一定的物资，所以还是不断发动对汉王朝的攻击。汉昭帝始元三年（公元前 84 年），匈奴派遣三千余骑攻入五原，"略杀数千人，后数万骑南旁塞猎，行攻塞外亭障，略取吏民去"。① 由于汉王朝在边疆的将士防卫严密，"汉边郡烽火候望精明，匈奴为边寇者少利，希复犯塞"。在这个时候，投降汉王朝的匈奴人建议利用匈奴与乌桓的矛盾攻击匈奴，于是大将军霍光"拜明友为度辽将军，将二万骑出辽东。匈奴闻汉兵至，引去"。这次战争虽然匈奴没有受到重创，但还是十分恐慌，可见，因为汉匈的力量对比发生了变化，匈奴已经没有强大的军事力量发动对汉王朝的攻击，所以在此后的很长一段时间匈奴都没有发动对汉王朝的攻击。

　　汉昭帝在元平元年（公元前 74 年）去世，汉宣帝即位，年号本始。汉宣帝时代是匈奴衰败的一个重要时期，匈奴内部矛盾不断，整个北方草原的政治格局发生了巨大变化，西域被匈奴控制的民族在这样的情况下，也开始与汉王朝进行密切的联系，乌孙昆弥首先向汉宣帝上书说："连为匈奴所侵削，昆弥愿发国半精兵人马五万匹，尽力击匈奴。"② 本始二年（公元前 72 年），汉宣帝联合乌孙出动 20 万大军攻击匈奴，与匈奴争夺对西域的控制权。面对汉王朝如此强大的军事进攻，"匈奴闻汉兵大出，老弱奔走，驱畜产远遁逃"③，而且损失巨大，"民众死伤而去者，及畜产远移死亡不可胜数"。

　　这年冬天，壶衍鞮单于亲自统率万骑击乌孙，但是仅仅抓到一些乌孙的老弱病残之人，就在壶衍鞮单于准备撤退之时，"会天大雨雪，一日深丈余，人民畜产冻死，还者不能什一"。④ 在这样的情况下，平时受到匈奴攻击的部分北方民族乘机对匈奴发动攻击，"丁令乘弱攻其北，乌桓入其东，乌孙击其西。凡三国所杀数万级，马数万匹，牛、羊甚众"。在战争、天灾的双重打击下，加上又没有食物，匈奴民众大量饿死，汉王朝则"出三千余骑，为三道，并入匈奴，捕虏得数千人还。匈奴终不敢取当"。当

---

① 以下皆见《汉书·匈奴传》，中华书局标点本，1962，第 3784 页。
② 《汉书·匈奴传》，中华书局标点本，1962，第 3785 页。
③ 以下皆见《汉书·匈奴传》，中华书局标点本，1962，第 3786 页。
④ 以下皆见《汉书·匈奴传》，中华书局标点本，1962，第 3787 页。

此时，匈奴希望与汉王朝和亲，原因是汉王朝已经处于优势地位，所以文献记载"边境少事矣"。

汉宣帝地节二年（公元前 68 年），壶衍鞮单于在位十七年之后去世，他的弟弟左贤王即位，在匈奴历史上称为虚闾权渠单于。因为匈奴已经极度衰弱，不能对汉王朝发动有力的攻击，所以"汉罢外城，以休百姓。单于闻之喜，召贵人谋，欲与汉和亲"。① 但是虚闾权渠单于希望和亲的提议被前单于所幸颛渠阏氏的父亲反对，而且反对者准备投降汉王朝。在这样的政治背景之下，匈奴又遇到了灾荒，"人民畜产死十六七。又发两屯各万骑以备汉"。因此，又有一部分匈奴人投降汉王朝，极大地削弱了匈奴的力量。

汉宣帝地节三年（公元前 67 年），长期遭受匈奴控制的西域城郭诸国共同攻击匈奴，匈奴也不断发动对西域及相关北方民族的反击，但是都没有得到大的胜利，反而多有损失，以至于"单于病欧血，因不敢入，还去，即罢兵。乃使题王都犁胡次等入汉，请和亲"。② 至此我们再一次看到，匈奴在处理与汉王朝的关系时，当匈奴处于强势时，以军事进攻为主，当匈奴处于弱势时，就特别希望与汉王朝和亲，把与汉王朝和亲作为一种政治谋略，作为一种生存策略。

二 汉宣帝时期以"五单于之争"为中心的匈奴内部斗争

汉宣帝神爵二年（公元前 60 年），虚闾权渠单于在位九年之后去世，握衍朐鞮单于即位，也想和汉王朝和亲，于是派遣他的弟弟伊酋若王胜之出使汉王朝。与此同时，握衍朐鞮单于对虚闾权渠单于时代得宠的人进行处罚，又引发了匈奴内部的矛盾斗争，由于日逐王平时就与握衍朐鞮单于有矛盾，所以日逐王"即率其众数万骑归汉。汉封日逐王为归德侯。单于更立其从兄薄胥堂为日逐王"。③ 匈奴内部的矛盾更加明显。

汉宣帝神爵三年（公元前 59 年），握衍朐鞮单于又杀先贤掸两弟。由

① 以下皆见《汉书·匈奴传》，中华书局标点本，1962，第 3787、3788 页。
② 以下皆见《汉书·匈奴传》，中华书局标点本，1962，第 3788、3789 页。
③ 《汉书·匈奴传》，中华书局标点本，1962，第 3790 页。

于他"暴虐杀伐，国中不附。及太子、左贤王数谮左地贵人，左地贵人皆怨"。① 神爵四年（公元前58年），乌桓攻击匈奴东边姑夕王，掠夺了很多匈奴民众，为此握衍朐鞮单于大怒，将要处罚姑夕王，"右贤王曰：'若不爱人，杀昆弟诸贵人。各自死若处，无来污我。'握衍朐鞮单于恚，自杀"。握衍朐鞮单于即位仅仅三年就因为施行暴政而失败。之后，匈奴左大且渠都隆奇投奔右贤王，匈奴的绝大多数民众尽降呼韩邪单于稽侯狦。

呼韩邪单于稽侯狦进入匈奴王庭几个月后，"罢兵使各归故地，乃收其兄呼屠吾斯在民间者立为左谷蠡王，使人告右贤贵人，欲令杀右贤王"。② 呼韩邪单于稽侯狦的做法引发了匈奴内部的分裂，"其冬，都隆奇与右贤王共立日逐王薄胥堂为屠耆单于，发兵数万人东袭呼韩邪单于。呼韩邪单于兵败走，屠耆单于还，以其长子都涂吾西为左谷蠡王，少子姑瞀楼头为右谷蠡王，留居单于庭"。于是在匈奴内部出现了两个单于，但是不久之后在匈奴内部出现了更加复杂的政治斗争，于是有了著名的"五单于之争"。

汉宣帝五凤元年（公元前57年）秋天，屠耆单于派遣日逐王先贤掸兄右奥鞬王担任乌藉都尉，指挥二万骑，"屯东方以备呼韩邪单于"。③ 与此同时，在西部的匈奴呼揭王又"与唯犁当户谋，共谮右贤王，言欲自立为乌藉单于。屠耆单于杀右贤王父子，后知其冤，复杀唯犁当户"。屠耆单于的做法引起了匈奴内部的恐慌，"于是呼揭王恐，遂畔去，自立为呼揭单于"。于是在匈奴内部有了第三个单于。其连锁反应是"右奥鞬王闻之，即自立为车犁单于。乌藉都尉亦自立为乌藉单于"。至此匈奴内部有了屠耆单于、呼韩邪单于、呼揭单于、车犁单于、乌藉单于等五个单于，开始了内部激烈的矛盾斗争。

汉宣帝五凤二年（公元前56年），呼韩邪单于派遣他的弟弟右谷蠡王等人向西奔袭屠耆单于的军队，"杀略万余人。屠耆单于闻之，即自将六万骑击呼韩邪单于，行千里，未至嗕姑地，逢呼韩邪单于兵可四万人，合战。屠耆单于兵败，自杀"。④ 屠耆单于兵败自杀之后，他的部下都隆奇与

---

① 以下皆见《汉书·匈奴传》，中华书局标点本，1962，第3790、3791页。
② 以下皆见《汉书·匈奴传》，中华书局标点本，1962，第3795页。
③ 以下皆见《汉书·匈奴传》，中华书局标点本，1962，第3795、3796页。
④ 《汉书·匈奴传》，中华书局标点本，1962，第3796页。

屠耆少子右谷蠡王姑瞀楼头投降了汉王朝。而车犁单于也投降了呼韩邪单于，呼韩邪单于成了匈奴各部中军事力量最为强大者。

在匈奴内部的动乱斗争中，一部分匈奴人纷纷投降汉王朝，"呼韩邪单于左大将乌厉屈与父呼速累乌厉温敦皆见匈奴乱，率其众数万人南降汉"。①汉王朝封乌厉屈为新城侯，乌厉温敦为义阳侯。此时，李陵的儿子又拥立乌藉都尉为单于，但是不久就被呼韩邪单于捕斩，呼韩邪单于"遂复都单于庭，然众裁数万人"。可是不久之后，屠耆单于的弟弟"休旬王将所主五六百骑，击杀左大且渠，并其兵，至右地，自立为闰振单于，在西边。其后，呼韩邪单于兄左贤王呼屠吾斯亦自立为郅支骨都侯单于"。局势又成了呼韩邪单于、闰振单于和郅支骨都侯单于之争。汉宣帝五凤四年（公元前54年），"闰振单于率其众东击郅支单于。郅支单于与战，杀之，并其兵，遂进攻呼韩邪。呼韩邪破，其兵走，郅支都单于庭"。在这次三个单于的权利争夺中，郅支骨都侯单于取得了胜利。他们都希望得到汉王朝的认可，所以汉宣帝甘露三年（公元前51年），呼韩邪单于和郅支骨都侯单于同时派遣使者到达长安。

由于呼韩邪单于与汉王朝的关系一直比较好，再加上呼韩邪单于自己还有一定的军事力量，所以汉宣帝给了呼韩邪单于很大的帮助，"汉出兵谷助呼韩邪，即遂留居右地"。②而郅支骨都侯单于"自度力不能定匈奴，乃益西近乌孙，欲与并力，遣使见小昆弥乌就屠"。小昆弥的首领乌就屠见"呼韩邪为汉所拥，郅支亡虏，欲攻之以称汉，乃杀郅支使，持头送都护在所，发八千骑迎郅支"。但是老谋深算的郅支骨都侯单于见"乌孙兵多，其使又不反，勒兵逢击乌孙，破之"。郅支骨都侯单于在击败乌孙之后，"因北击乌揭，乌揭降。发其兵西破坚昆，北降丁令，并三国。数遣兵击乌孙，常胜之。坚昆东去单于庭七千里，南去车师五千里，郅支留都之"。即郅支骨都侯单于在汉宣帝支持呼韩邪单于的情况下，另外在西域开辟一个生存空间，匈奴的"五单于之争"结束。

"五单于之争"虽然是匈奴内部的矛盾斗争，但是也与汉匈民族关系有关。从汉匈关系来看，汉王朝明确地表示对呼韩邪单于的支持；从匈奴

---

① 以下皆见《汉书·匈奴传》，中华书局标点本，1962，第3796页。
② 以下皆见《汉书·匈奴传》，中华书局标点本，1962，第3800页。

内部的关系来看，在匈奴的内部斗争当中就有许多匈奴贵族带领自己的部下归附汉王朝，使匈奴的人口总量减少，而且这些匈奴民众在日后的民族融合过程当中，渐渐融入汉民族。总的来看，经过"五单于之争"，匈奴的整体实力更加衰弱，基本上无法与汉王朝对抗。

三　汉元帝对匈奴的攻击与匈奴势力退出西域

汉宣帝黄龙元年（公元前49年），汉宣帝去世，汉元帝即位，年号初元。匈奴呼韩邪单于继续保持与汉王朝的友好关系并且希望汉王朝给予帮助，对此，汉元帝马上下诏命："云中、五原郡转谷二万斛以给焉。"①

远在西域的郅支骨都侯单于自认为远离汉王朝，但是看到汉元帝对待呼韩邪单于很好，从汉王朝那里得到许多物资，所以产生了忌恨，"遣使上书求侍子。汉遣谷吉送之"。② 谷吉一行到达郅支骨都侯单于控制的地区之后，"郅支单于怒，竟杀吉等"。③ 但是，谷吉一行被郅支骨都侯单于杀死的详细情况汉元帝并不知道，"汉不知吉音问，而匈奴降者言闻瓯脱皆杀之。呼韩邪单于使来，汉辄簿责之甚急"。④ 显然，汉元帝是让呼韩邪单于来解释郅支骨都侯单于是否杀害谷吉的事情，实际上这件事与呼韩邪单于没有关系。

汉元帝初元二年（公元前47年），汉王朝派遣车骑都尉韩昌、光禄大夫张猛送呼韩邪单于的侍子返回匈奴，同时也了解谷吉等人的具体情况，"昌、猛见（呼韩邪）单于民众益盛，塞下禽兽尽，单于足以自卫，不畏郅支"。⑤ 面对这样的情况，韩昌和张猛又"闻其大臣多劝单于北归者，恐北去后难约束"，如果呼韩邪单于再与其他匈奴单于联合，对汉王朝是十分不利的，所以韩昌、张猛在没有得到汉元帝同意的情况下与呼韩邪单于结盟："盟约曰：'自今以来，汉与匈奴合为一家，世世毋得相诈相攻。有窃盗者，相报，行其诛，偿其物；有寇，发兵相助。汉与匈奴

---

① 《汉书·匈奴传》，中华书局标点本，1962，第3800页。
② 以下皆见《汉书·匈奴传》，中华书局标点本，1962，第3800、3801页。
③ 《汉书·甘延寿陈汤传》，中华书局标点本，1962，第3009页。
④ 《汉书·匈奴传》，中华书局标点本，1962，第3800页。
⑤ 以下皆见《汉书·匈奴传》，中华书局标点本，1962，第3800、3801页。

敢先背约者，受天不祥。令其世世子孙尽如盟。'"之后，韩昌和张猛"与（呼韩邪）单于及大臣俱登匈奴诺水东山，刑白马，单于以径路刀金留犁挠酒，以老上单于所破月氏王头为饮器者共饮血盟"。对于韩昌和张猛未经过汉元帝同意就与呼韩邪单于结盟的事，汉元帝从汉匈关系以友好作为基本点出发，理解了韩昌和张猛的做法，"诏昌、猛以赎论，勿解盟"。因此，汉王朝与匈奴的主要矛盾就集中到了郅支骨都侯单于身上。

而郅支骨都侯单于杀死汉王朝的使者之后，"自知负汉，又闻呼韩邪益强，恐见袭击，欲远去"。[①] 就在这个时候，恰好康居王不断被乌孙围困，因此康居王"与诸翕侯计，以为匈奴大国，乌孙素服属之，今郅支骨都侯单于困厄在外，可迎置东边，使合兵取乌孙以立之，长无匈奴忧矣。即使使至坚昆通语郅支"。郅支骨都侯单于从来就与乌孙不和，所以"闻康居计，大说，遂与相结，引兵而西"。

康居王为了自己的目的，对郅支骨都侯单于表现出了十分的热情，把女儿嫁给郅支骨都侯单于，郅支骨都侯单于也把自己的女儿嫁给康居王，但是，让康居王没有想到的是，"郅支单于自以大国，威名尊重，又乘胜骄，不为康居王礼，怒杀康居王女及贵人、人民数百，或支解投都赖水中。发民作城，日作五百人，二岁乃已"。[②] 不但康居王被郅支骨都侯单于杀害，派遣的使者也遭到困辱，面对郅支骨都侯单于如此傲慢无理，汉元帝终于在建昭三年（公元前 36 年）派遣陈汤和甘延寿带兵攻击占据西域的郅支骨都侯单于。当汉王朝的军队进入康居东界时，甘延寿、陈汤二人命令汉军不得为寇，而且还私下召见了康居的上层贵族屠墨，"谕以威信，与饮盟遣去。径引行，未至单于城可六十里，止营。复捕得康居贵人贝色子男开牟以为导。贝色子即屠墨母之弟，皆怨单于，由是具知郅支情"。[③] 可见战争还没有开始，形势对汉王朝的军队就是有利的。虽然双方参加战斗的人数不是特别多，但是战斗是十分激烈的，郅支骨都侯单于亲自披甲在城楼上指挥战斗，就连他的几位阏氏也参加了战斗。战斗进行到半夜，汉军攻破了外围防线，杀死了郅支骨都侯单于，五单于当中强大的一个政

---

① 以下皆见《汉书·匈奴传》，中华书局标点本，1962，第3802页。
② 《汉书·甘延寿陈汤传》，中华书局标点本，1962，第3009页。
③ 《汉书·甘延寿陈汤传》，中华书局标点本，1962，第3012页。

治力量从此消亡了。从甘延寿、陈汤出征西域攻击郅支骨都侯单于并且消灭匈奴在西域的军事力量这个历史过程来看，汉匈关系的发展主线当中也还伴随着汉王朝治理西域民族的基本问题。

郅支骨都侯单于被甘延寿、陈汤诛灭之后，呼韩邪单于又是高兴又是担心，所以向汉元帝上书说："常愿谒见天子，诚以郅支在西方，恐其与乌孙俱来击臣，以故未得至汉。今郅支已伏诛，愿入朝见。"①汉元帝竟宁元年（公元前33年），呼韩邪单于进入长安朝贡，礼赐如初，加衣服锦帛絮，比汉宣帝时候得到的东西还要多。在这样的背景之下，呼韩邪单于提出了和亲："自言愿婿汉氏以自亲。元帝以后宫良家子王墙字昭君赐单于。单于欢喜，上书愿保塞上谷以西至敦煌，传之无穷，请罢边备塞吏卒，以休天子人民。"通过和亲来到匈奴的王昭君号宁胡阏氏，与呼韩邪单于生了一个男孩叫作伊屠智牙师，日后为右日逐王。

四 汉成帝至汉更始帝时期的汉匈民族关系

呼韩邪单于在位二十八年，于汉成帝建始二年（公元前31年）去世。呼韩邪单于去世之后，雕陶莫皋立，为复株累若鞮单于。复株累若鞮单于即位之后，马上派遣他的儿子右致卢儿王醯谐屠奴侯作为人质入侍长安，以此向汉王朝表示友好，同时还按照匈奴族内转房婚的文化习俗，娶王昭君为妻，因此王昭君又与复株累若鞮单于生二个女儿，长女云为须卜居次，小女为当于居次。②

汉成帝河平二年（公元前27年），复株累若鞮单于向汉成帝表示希望亲自朝贡，在得到汉成帝的允许后，复株累若鞮单于在汉成帝河平四年（公元前25年）正月，到达了长安，汉成帝"加赐锦绣缯帛二万匹，絮二万斤，它如竟宁时"。③

汉成帝鸿嘉元年（公元前20年），复株累若鞮单于在位十年后去世。

---

① 以下皆见《汉书·匈奴传》，中华书局标点本，1962，第3803页。
② 《汉书·匈奴传》，中华书局标点本，1962，第3808页。对于"居次"，《汉书·匈奴传》注引李奇曰："居次者，若汉言公主也。"又注引文颖曰："当于亦匈奴大族也。"又注引颜师古曰："须卜、当于，皆其夫家氏族。"
③ 《汉书·匈奴传》，中华书局标点本，1962，第3808页。

他的弟弟且糜胥继位，是为搜谐若鞮单于。搜谐若鞮单于即位之后，也是马上派遣王子左祝都韩王朐留斯侯作为人质入侍长安。汉成帝元延元年（公元前 12 年），搜谐若鞮单于准备到长安朝贡，但是"未入塞，病死。弟且莫车立，为车牙若鞮单于"。车牙若鞮单于即位之后，亦派遣儿子右於涂仇掸王乌夷当作为人质入侍长安，以囊知牙斯为左贤王。车牙若鞮单于在位四年，于汉成帝绥和元年（公元前 8 年）去世。匈奴贵族拥立车牙若鞮单于的弟弟囊知牙斯为单于，称为乌珠留若鞮单于。乌珠留若鞮单于即位之后，亦派遣儿子右股奴王乌鞮牙斯作为人质入侍长安，汉王朝马上积极回应匈奴新的单于即位，派遣中郎将夏侯藩、副校尉韩容出使匈奴。

从汉成帝时期的汉匈民族关系来看，汉王朝已经完全处于主动地位，尽管如此，汉成帝仍然十分注意维护汉匈双方的友好关系。在汉成帝在位的 26 年当中，匈奴先后有五个单于在位，而每一个匈奴单于即位，都按照惯例派遣王子作为人质入侍长安，而且每一个匈奴单于都希望亲自到长安朝贡。这样的情况在汉武帝之前是无法想象的，其变化的基本点是汉王朝以强大的国力作为基础，与此同时也要看到汉文化已经开始对匈奴产生很大的影响。

汉成帝在绥和二年（公元前 7 年）去世，汉哀帝即位（公元前 6 ~ 公元前 1 年）。汉哀帝建平二年（公元前 5 年），乌孙卑援疐翕侯带领军队从西部大举进攻匈奴西界，"寇盗牛畜，颇杀其民"。[1] 乌珠留若鞮单于马上派遣左大当户乌夷泠带领五千骑反击乌孙，"杀数百八，略千余人，驱牛畜去"。乌孙的卑援疐对此十分恐慌，立即派遣他的儿子趋逯到匈奴作人质。乌珠留若鞮单于把这件事报告了汉哀帝，汉哀帝认为匈奴没有资格接受乌孙的人质，所以派遣"中郎将丁野林、副校尉公乘音使匈奴，责让单于，告令还归卑援疐质子。单于受诏，遣归"。汉哀帝这样做，目的是要告诉匈奴，当时匈奴与汉王朝的关系已经发生了改变，匈奴处在汉王朝的控制之下，没有权利接受乌孙的王子作为人质。由此可以更加明显地看出汉匈关系所发生的根本性变化。

汉哀帝元寿二年（公元前 1 年），乌珠留若鞮单于亲自到长安朝贡，汉哀帝十分重视，乌珠留若鞮单于离开长安时，汉哀帝让稽留昆跟随乌珠

---

① 以下皆见《汉书·匈奴传》，中华书局标点本，1962，第 3811 页。

留若鞮单于返回匈奴，乌珠留若鞮单于回到匈奴之后，又派遣"稽留昆同母兄右大且方与妇人侍。还归，复遣且方同母兄左日逐王都与妇人侍"。① 可见，虽然汉哀帝在位的时间短暂，但是汉匈关系的主动权已经牢牢掌握在汉王朝的手里。

汉哀帝去世之后，汉平帝即位，因为汉平帝年幼，由太皇太后称制，新都侯王莽秉政。就在汉平帝年幼、王莽秉政的背景下，西域车师后王句姑、去胡来王唐兜都对汉王朝的西域都护校尉产生了怨恨，带领民众投降匈奴，乌珠留若鞮单于接受了这些投降的车师人，并且安置在左谷蠡分布区，之后派遣使者向汉王朝禀告这件事，对此，汉平帝派遣中郎将韩隆、王昌，副校尉甄阜，侍中谒者帛敞，长水校尉王歙出使匈奴，正告乌珠留若鞮单于说："西域内属，不当得受，今遣之。"② 但是乌珠留若鞮单于强调长期以来都是汉王朝控制长城以南，匈奴控制长城以北，而车师并不在这个范围之内。因为当时汉匈的力量对比已经是汉王朝掌握了控制西域的主动权，所以对汉王朝在西域的权利做了规定，即"中国人亡入匈奴者，乌孙亡降匈奴者，西域诸国佩中国印绶降匈奴者，乌桓降匈奴者，皆不得受"，并且把这些规定"遣中郎将王骏、王昌，副校尉甄阜、王寻使匈奴，班四条与单于，杂函封，付单于，令奉行，因收故宣帝所为约束封函还"。

汉王朝颁布的关于汉王朝、匈奴、西域各城郭诸国之间处理逃亡人员的规定，在真正执行的过程当中并没有得到贯彻，"后护乌桓使者告乌桓民，毋得复与匈奴皮布税。匈奴以故事遣使者责乌桓税，匈奴人民妇女欲贾贩者皆随往焉"。③ 对此，"乌桓距曰：'奉天子诏条，不当予匈奴税。'匈奴使怒，收乌桓酋豪，缚到悬之。酋豪昆弟怒，共杀匈奴使及其官属，收略妇女马牛"。乌珠留若鞮单于听到了这件事之后，派遣左贤王带兵攻入乌桓，"责杀使者，因攻击之。乌桓分散，或走上山，或东保塞。匈奴颇杀人民，驱妇女弱小且千人去，置左地，告乌桓曰：'持马畜皮布来赎之。'乌桓见略者亲属二千余人持财畜往赎，匈奴受，留不遣"。显然，王莽的民族政策在西域制造了社会动乱，汉匈的关系也随之发生变化。

① 《汉书·匈奴传》，中华书局标点本，1962，第 3818 页。
② 以下皆见《汉书·匈奴传》，中华书局标点本，1962，第 3818、3819 页。
③ 以下皆见《汉书·匈奴传》，中华书局标点本，1962，第 3820 页。

五　王莽新朝错误的民族政策与动荡的汉匈民族关系

王莽篡位之后，马上执行了一系列错误的民族政策，从而引发了边疆各民族的反抗。其民族政策的核心是降低民族首领的级别，例如降"王"为"侯"等，与此同时，又以财富对匈奴首领进行赎买，但是匈奴仍然不断地向王莽新朝发动攻击。

王莽新朝始建国元年（公元9年），王莽派遣五威将王骏率甄阜、王飒、陈饶、帛敞、丁业等人，要求匈奴单于将汉王朝颁发给匈奴单于的印的名称由"玺"改为"章"。虽然二者仅一字之差，但是在汉文化当中"玺"与"章"的区别是十分大的。王莽新朝的使者到了匈奴之后，换印的事情并不顺利，因为要在授予新印的同时，把旧印拿走，就在交换的过程当中，因为"玺"与"章"的区别双方产生了不同的认识，从而产生了矛盾冲突，《汉书·匈奴传》记载："左姑夕侯苏从旁谓单于曰：'未见新印文，宜且勿与。'单于止，不肯与。请使者坐穹庐，单于欲前为寿。五威将曰：'故印绶当以时上。'单于曰：'诺。'复举掖授译。苏复曰：'未见印文，且勿与。'单于曰：'印文何由变更！'遂解故印绶奉上，将率受。著新绶，不解视印，饮食至夜乃罢。"① 由于匈奴单于没有验印，所以王莽新朝的使者特别担心匈奴单于发现之后会产生矛盾冲突，最后由强悍的燕人陈饶将旧印"引斧椎坏之"。第二天，乌珠留若鞮单于果然派遣右骨都侯当对王莽新朝的使者说："汉赐单于印，言'玺'，不言'章'，又无'汉'字。诸王已下乃有'汉'，言'章'。今即去'玺'加'新'，与臣下无别。愿得故印。""将率示以故印，谓曰：'新室顺天制作，故印随将率所自为破坏。单于宜承天命，奉新室之制。'"对此，乌珠留若鞮单于知已无可奈何，但是因为得到了许多王莽的赏赐，也只好"遣弟右贤王舆奉马牛随将率入谢，因上书求故印"。

尽管如此，王莽错误的政策在边疆少数民族上层人物当中还是留下了巨大的隐患，例如虽然匈奴不能向乌桓征税，却"寇略其人民"②，而其根

① 以下皆见《汉书·匈奴传》，中华书局标点本，1962，第3820、3821页。
② 以下皆见《汉书·匈奴传》，中华书局标点本，1962，第3822页。

源就是"以印文改易，故怨恨"。

由于匈奴对王莽新朝不满，其他西域的城郭诸国对汉王朝的态度也发生了变化。始建国二年（公元10年），西域车师后王须置离暗中准备投降匈奴，被西域都护但钦诛斩，须置离的兄长狐兰支带领车师民众两千余人，驱赶着牲畜，举国投奔匈奴，匈奴单于接受了来投奔的车师民众。车师首领狐兰支与匈奴联合起来，"击车师，杀后成长，伤都护司马，复还入匈奴"。① 在这样的情况之下，王莽新朝在西域的戊己校尉史陈良、终带，司马丞韩玄，右曲候任商等见西域因为王莽的民族政策变化引起了动乱，投降了匈奴。匈奴单于封陈良、终带为乌桓都将军，他们留居在匈奴单于的身边，得到了匈奴单于的信任。汉王朝经营了多年的西域因为王莽错误的民族政策而发生了巨大变化。

王莽新朝始建国三年（公元11年），西域都护但钦上书言匈奴南将军右伊秩訾将带领部众攻击西域诸国，王莽于是进一步把匈奴分为十五单于。听到这个信息之后匈奴单于大怒，认为："先单于受汉宣帝恩，不可负也。今天子非宣帝子孙，何以得立？"② 随即派遣匈奴军队攻击王莽新朝："入塞寇盗，大辈万余，中辈数千，少者数百，杀雁门、朔方太守、都尉，略吏民畜产不可胜数，缘边虚耗。"③ 王莽也进行了反击，但是王莽发动的军事行动极大地影响了中原社会稳定，所以王莽新朝的将领严尤向王莽进谏，具体分析了先秦时期匈奴与华夏族的民族关系，以及秦汉以来匈奴与汉民族的矛盾斗争，认为使用武力解决民族关系是下策，与匈奴进行战争有诸多困难。虽然严尤分析得很好，但是没有得到王莽的采纳，王莽"转兵谷如故"，所以整个社会动荡不安。

此后，匈奴多次攻击驻守在云中葛邪塞的军队，"杀将率吏士，略人民，驱畜产去甚众。捕得虏生口验问，皆曰孝单于咸子角数为寇。两将以闻。四年，莽会诸蛮夷，斩咸子登于长安市"。④ 这样一来又加深了双方的矛盾，其后果是相当严重的。原来的情况是："北边自宣帝以来，数世不

---

① 《汉书·匈奴传》，中华书局标点本，1962，第3822页。
② 《汉书·匈奴传》，中华书局标点本，1962，第3823页。
③ 《汉书·匈奴传》，中华书局标点本，1962，第3824页。
④ 以下皆见《汉书·匈奴传》，中华书局标点本，1962，第3826页。

见烟火之警，人民炽盛，牛马布野。"到了王莽新朝却是："挠乱匈奴，与之构难，边民死亡系获，又十二部兵久屯而不出，吏士罢弊，数年之间，北边虚空，野有暴骨矣。"

王莽新朝始建国五年（公元13年），匈奴乌珠留若鞮单于在位二十一年之后去世，匈奴当时管理政治的大臣右骨都侯须卜当是王昭君女伊墨居次云的女婿，与汉王朝有亲缘关系，所以"常欲与中国和亲，又素与咸厚善，见咸前后为莽所拜，故遂越舆而立咸为乌累若鞮单于"。① 乌累若鞮单于即位之后，伊墨居次云、右骨都侯须卜当都劝说乌累若鞮单于与王莽新朝和亲。王莽新朝天凤元年（公元14年），匈奴伊墨居次云、右骨都侯须卜当派遣使者到王莽新朝的"西河虏猛制虏塞下，告塞吏曰欲见和亲侯"。② 由于和亲侯王歙是王昭君哥哥的儿子，所以中部都尉把匈奴希望和亲的要求向王莽报告，王莽派遣王歙出使匈奴，祝贺匈奴单于即位，并赐给匈奴单于"黄金衣被缯帛"。

乌累若鞮单于在位五年之后，于王莽新朝天凤五年（公元18年）去世，他的弟弟左贤王舆即位，称为呼都而尸道皋若鞮单于。呼都而尸道皋若鞮单于即位之后，"贪利赏赐，遣大且渠奢与云女弟当于居次子醯椟王俱奉献至长安。莽遣和亲侯歙与奢等俱至制虏塞下，与云、当会，因以兵迫胁，将至长安。云、当小男从塞下得脱，归匈奴。当（会）至长安，莽拜为须卜单于，欲出大兵以辅立之。兵调度亦不合，而匈奴愈怒，并入北边，北边由是坏败。会当病死，莽以其庶女陆逯任妻后安公奢，所以尊宠之甚厚，终为欲出兵立之者"。③ 就在这个时候，"汉兵诛莽，云、奢亦死"。于是王莽新朝对匈奴以财富赎买、和亲的策略结束，虽然王莽新朝为了赎买匈奴付出了众多的财富，但是由于在边疆推行错误的民族政策，所以并没有真正解决汉民族与匈奴民族的民族矛盾。

王莽死后，西汉的最后一个皇帝更始帝刘玄在更始二年（公元24年）冬，派遣中郎将归德侯飒、大司马护军陈遵出使匈奴，"授单于汉旧制玺绶，王侯以下印绶，因送云、当余亲属贵人从者"。④ 虽然匈奴力图重新

---

① 《汉书·匈奴传》，中华书局标点本，1962，第3827页。
② 以下皆见《汉书·匈奴传》，中华书局标点本，1962，第3827页。
③ 以下皆见《汉书·匈奴传》，中华书局标点本，1962，第3829页。
④ 以下皆见《汉书·匈奴传》，中华书局标点本，1962，第3829页。

与汉王朝建立一种新的关系，但是汉王朝已经走到了历史的尽头，"会赤眉入长安，更始败"，所以西汉王朝与匈奴的关系也就到此结束。

六 结语

第一，后汉武帝时代汉匈民族关系的总体特征。当匈奴力量衰弱的时候，匈奴就希望与汉王朝和亲，但是当匈奴稍微有一点实力的时候，又会发动对汉王朝的攻击，而在匈奴攻击汉王朝的时候，其内部常常又发生内部的权利争夺和内讧，导致匈奴更加衰弱，因此汉匈民族关系就表现为匈奴向汉王朝请求和亲、攻击汉王朝、遭到汉王朝反击、匈奴内部发生权利斗争、匈奴再次请求和亲，直到匈奴衰亡这样的基本特征。再加上匈奴不断遭遇自然灾害，所以在后汉武帝时代，匈奴发展的总趋势是不断衰弱，汉匈民族关系是汉王朝处于优势地位。

第二，从汉王朝建立开始，汉王朝民族关系和国家战略重点都在北方，主要是汉王朝与匈奴政权的关系。但值得注意的是，汉匈民族关系的另一个重点是汉匈双方对西域控制权的争夺，汉匈关系的发展主线当中还伴随着汉王朝治理西域民族的战略问题，因此汉匈民族关系就具有了统一多民族中国国家建设与发展的全局性、整体性。

第三，从总结历史经验的角度来看，统一多民族中国的边疆建设与民族政策有十分紧密的联系。例如，虽然王莽新朝时期施行对匈奴的财富赎买政策，为了赎买匈奴付出了众多的财富，并且也希望利用和亲来与匈奴建立和平相处的关系，但是由于王莽在边疆推行错误的大民族主义民族政策，所以并没有真正解决汉民族与匈奴民族的民族矛盾，反而使汉匈关系更加复杂。

第四，从世界史的角度来看，后汉武帝时代汉匈民族关系的变化，导致了匈奴内部分裂为南北匈奴，这样的结果引发了世界范围内民族发展历史的两大变化。一是北匈奴的西迁。北匈奴的西迁虽然有一个逐渐向西推进的历史过程，但其最终导致了欧洲民族政治格局的巨大变化，这对人类历史发展具有深远的影响。二是南匈奴进入黄河流域，导致南匈奴在生产生活方面发生了深刻变化，渐渐由游牧生产方式向农耕生产方式过渡，最终在魏晋南北朝时期融入以农耕为主要生产方式的汉民族。

试论汉代的边疆民族观与治边策略

——以《汉书》为中心*

　　汉代，统一多民族中国的历史发展超过了以往的任何时代，特别是在汉武帝时代，统一多民族中国的边疆有了很大的扩展，在新开拓的边疆设置了许多郡县，边疆的民族基本上都纳入了汉王朝的治理之中，要治理这些民族就必须有明确的民族观。在《汉书》中，班固通过民族列传的重新排列、内容的增加，表达了自己的民族观，还通过继承《史记》"太史公曰"的体例创新了"赞"的体例，用"赞"来表达自己的民族史观。在具体的列传当中，也通过汉王朝君臣的辩说来表达汉王朝君臣的民族观。对这些思想的研究，可以推进对汉代民族史研究的深度，也可以看到今天统一多民族中国各民族的团结是历史发展的必然。

　　从民族历史发展的角度对《汉书》进行研究的不少，比较有代表性的是许殿才在《史学史研究》2009 年第 2 期发表的《〈汉书〉中的民族史撰述》，主要是讨论从《汉书》看汉代民族历史和对历史经验的总结；此外，田红文在《贵州民族研究》2014 年第 5 期发表了《论〈汉书〉民族史撰述结构体系与叙史风格》，主要是从史学史角度对《汉书》的民族史研究进行结构体系和叙述风格的论述。但这些论文都没有太多涉及民族关系特点和民族观的研究。因此，本文以《汉书》的相关内容作为文献依据，对汉代的边疆民族观与治边策略进行必要的探讨，以求教于方家。

---

　　* 本文原载于《思想战线》2016 年第 6 期，第 1~7 页。

一　《汉书》的多元一统民族史观

从民族史的角度来看，《汉书》与《史记》关于民族历史的记载有诸多异同，但是《汉书》在许多地方是超过《史记》的。其中最主要的是多元一统的民族史观，即认为所有的边疆民族都属于统一多民族中国，具体表现在以下几个方面。

第一，从《汉书》的体例来看，《汉书》比《史记》更加系统地体现了统一多民族中国边疆发展的历史过程。由于汉武帝以后整个汉王朝的东南方向、西南方向绝大部分都逐渐纳入统一多民族国家的治理之下，不再是边疆地区，所以《史记》中的《东越列传》《南越列传》《朝鲜列传》《西南夷列传》所记载的各民族在汉武帝晚期基本上都已纳入统一多民族国家，这些民族的分布区自然也成了汉王朝的一级行政区，他们已经不是国家战略的主要矛盾方面，所以班固将《史记》中的《东越列传》《南越列传》《朝鲜列传》《西南夷列传》四传合为一传，叫作《西南夷两粤朝鲜传》。因此，《汉书》从表面上看仅仅是体例的变化，实际上反映了统一多民族中国边疆形成与发展的历史过程，也反映了汉代历史学家民族史观的变化，说明在统一多民族的中国之内存在众多的民族是一种历史的客观事实。

第二，从《汉书》关于边疆民族历史发展的记述来看，《汉书》的作者班固继承了司马迁在《史记》当中认为统一多民族中国民族关系的重点在北方的思想，仍然突出汉王朝民族关系和国家战略重点都在北方的匈奴，所以《汉书》将重点放在汉匈民族关系方面。具体来说，就是将《匈奴列传》增为上下两卷，除收录了《史记·匈奴列传》的旧文之外，还增加了李广利投降匈奴之后到淮南王刘玄更始末年的史事，从而使匈奴历史有了完整的记载。从简单的数量上看，《汉书·匈奴列传》共有90页，但是照抄《史记·匈奴列传》者仅10页，《史记·匈奴列传》中没有的内容占80页。尽管如此，《汉书》仍然继承了《史记》"华夷共祖"的民族观，认为匈奴与汉民族有一个共同的祖先，就是黄帝。《史记·匈奴列传》说："匈奴，其先祖夏后氏之苗裔也，曰淳维。"司马贞《索引》注引乐产《括地谱》载："夏桀无道，汤放之鸣条，三年而死。其子熏粥妻桀之众妾，避居北野，随畜移徙，中国谓之匈奴。"① 这至少可以认为，有部分华夏族民众进入北方与当地民族融合。因为在华夏族出现之时，北边就有民族存在，《史记·五帝本纪》载："北逐荤粥，合符釜山，而邑于涿鹿之阿。"司马贞《索隐》注曰："（荤粥）匈奴别名也。唐虞已上曰山戎，亦曰熏粥，夏曰淳维，殷曰鬼方，周曰猃狁，汉曰匈奴。"② 上述记载只能说明北方游牧民族在遥远的时代就与黄河中下游的华夏先民有所接触。《山海经·大荒西经》也载："有北狄之国。黄帝之孙曰始均，始均生北狄。"③ 结合《史记·匈奴列传》和《山海经》所载来看，匈奴与华夏族当有更为密切的关系。而《汉书》几乎没有任何变化，完全引用了《史记·匈奴列传》的记载。

第三，从边疆民族历史研究的内在逻辑来看，《汉书》特别关注与汉匈民族关系相联系的西域问题，所以在《汉书》中出现了《西域传》和《张骞传》。由于西域是汉王朝和匈奴争夺的战略重地，内容十分丰富，故《汉书·西域传》也分为上下两卷，与《匈奴传》共同完整地记述汉王朝国家战略的重点，而且重点强调，西域的民族也是统一多民族中国的民族组成部分。

第四，从边疆民族历史叙述时间的角度来看，《汉书》把汉代民族历史的时间从汉武帝时代一直延伸到了西汉末年，增加了大量的历史文献，把所有的民族列传都安排在一起，重点在西汉当代。因此，《汉书》当中的民族列传就是汉王朝的当代民族史，正是各民族的历史构成了汉代统一多民族中国的历史。

第五，从统一多民族中国发展的整体观来看，司马迁在《史记·五帝本纪》中提出了五帝世系，并以此为起点进一步阐述了以五帝为中心的民族大一统思想或"华夷共祖"思想，反映出作者朴素的民族平等意识。④班固在《汉书》民族列传当中，"进一步发展了司马迁认同的华夷同祖"

---

① 《史记·匈奴列传》，中华书局标点本，1982，第 2879、2880 页。
② 《史记·五帝本纪》，中华书局标点本，1982，第 6 页。
③ 袁珂：《山海经校注》，上海古籍出版社，1980，第 395 页。
④ 王文光、翟国强：《五帝世系与秦汉时期"华夷共祖"思想》，《中国边疆史地研究》2005 年第 3 期。

的意识，强调"用夏变夷"观。① 班固强调"用夏变夷"，说明他把《汉书》民族列传当中提到的绝大多数民族都作为统一多民族国家的成员，即汉王朝边疆的每一个民族都属于统一多民族中国。因此我们可以认为，班固的民族历史发展观，使汉代边疆民族历史呈现出发展的整体性，对于今天研究中国国家发展历史是有积极意义的。

二 从《汉书·匈奴传·赞》看班固处理
汉匈民族关系的基本观点

中国古代的历史研究有一种文化传统，就是作者要对文献所记载的历史进行评述，阐述文献立意、评价文献的得失，甚至还进行价值判断。这种传统最早在《左传》当中有"君子曰"，后来司马迁在《史记》当中有"太史公曰"，到了班固的《汉书》当中有"赞"，这些就形成了中国历史学当中的一种文体，可以称为赞序体。在《汉书·匈奴传》中的"赞"里就具体表达了班固对汉匈关系的历史观和民族观。

《汉书·匈奴传》的"赞"首先对先秦时期历史文献当中的民族观和民族政策进行了简要的归纳，认为："《书》戒'蛮夷猾夏'，《诗》称'戎狄是膺'，《春秋》'有道守在四夷'。"② 由此说明，在农耕文化背景下发展起来的华夏族的文化心理当中，华夏族周边的民族与华夏族是有区别的。在相互的交往过程当中，因为华夏族周边的民族曾经攻击过华夏族，甚至是"掠夺"过华夏族，所以华夏族认为自己的周边民族——"四夷"是华夏族的心腹之患。此外，由于农耕民族不断积累的物质财富和精神财富比较丰富，所以也有一种文化自豪感，因此就有了对周边民族的歧视，这是产生华夏族以及后来的汉民族"贵华夏，贱四夷"民族观的文化心理基础。

正是在这样的文化心理背景下，班固在《汉书·匈奴传·赞》中具体表达了处理汉匈民族关系的基本观点。

第一，班固系统地总结了汉王朝与匈奴的和亲历史由来及其得失，认为和亲是汉王朝建立之初的一种策略，是由当时特定的历史条件决定的。

---

① 刘春华：《司马迁、班固民族思想之比较》，《西域研究》2003 年第 4 期；夏民程：《新中国〈史记〉〈汉书〉民族思想比较研究综述》，《贵州民族研究》2006 年第 1 期。

② 以下皆见《汉书·匈奴传》，中华书局标点本，1962，第 3830 页。

在汉高祖时代，"天下初定，新遭平城之难，故从其言，约结和亲，赂遗单于，冀以救安边境"①，即平城之战后，汉王朝没有能力反击匈奴，在汉匈关系方面就处在劣势，所以采取了和亲的策略，而且这种策略一直到了"孝惠、高后时遵而不违"。尽管汉王朝采取了和亲的策略，但是匈奴仍然寇盗不止，"而单于反以加骄倨"。到了汉文帝的时候，仍然"与通关市，妻以汉女，增厚其赂，岁以千金，而匈奴数背约束，边境屡被其害"。显然，班固认为汉王朝初期与匈奴的和亲是汉王朝迫不得已的一种策略，即"和亲无益，已然之明效也"。事实上，汉王朝在汉匈关系当中之所以处于劣势，主要还是因为刚刚经过楚汉相争之后建立起来的汉王朝没有强大的国家力量去对抗匈奴，同时对匈奴的民族性、民族心理不了解，片面地认为匈奴是一个贪婪的民族，没有看到在生计方式不同的前提下，农业民族和游牧民族有文化的差异性和民族心理的差异性。

第二，到了汉武帝时代，董仲舒曾经站在"贵华夏，贱四夷"的民族观立场，认为汉王朝与匈奴关系的策略要有变化，因为匈奴是一个贪婪的民族，不能以义和他们相处，其原因是"义动君子，利动贪人"②，而匈奴不能"以仁义说也"，仅仅"可说以厚利，结之于天耳"。因此，必须要"与之厚利以没其意，与盟于天以坚其约，质其爱子以累其心，匈奴虽欲展转，奈失重利何，奈欺上天何，奈杀爱子何"。只有这样，才会对汉王朝有好处，具体措施是加强边境的防护，最终的目的是："赋敛行赂不足以当三军之费，城郭之固无以异于贞士之约，而使边城守境之民父兄缓带，稚子咽哺，胡马不窥于长城，而羽檄不行于中国，不亦便于天下乎！"

对于董仲舒处理汉匈民族关系的观点，班固认为与事实相比较并不全面："乃知其未合于当时，而有阙于后世也。"③班固指出，在汉武帝的时候虽然对匈奴的战争也有胜利，但是为此付出的也不少："虽征伐克获，而士马物故亦略相当；虽开河南之野，建朔方之郡，亦弃造阳之北九百余里。匈奴人民每来降汉，单于亦辄拘留汉使以相报复，其桀骜尚如斯，安肯以爱子而为质乎？"由引可见，董仲舒的理论与基本事实不符合，因为如果不把匈奴的王子作为人质，和亲只是一句空话，"是袭孝文既往之悔，

---

① 以下皆见《汉书·匈奴传》，中华书局标点本，1962，第3830、3831页。
② 以下皆见《汉书·匈奴传》，中华书局标点本，1962，第3831页。
③ 以下皆见《汉书·匈奴传》，中华书局标点本，1962，第3831、3832页。

而长匈奴无已之诈也"。此外，如果在边境不部署汉王朝的军队，不修筑军队驻防要塞，是不可能抗击匈奴的。与此相反，如果一味地"赋敛于民，远行货赂，割剥百姓，以奉寇雠"，其结果将是"信甘语，守空约，而几胡马之不窥，不已过乎"。可见，班固认为，处理汉匈民族关系的策略，应该是在和亲的同时也要进行积极的军事防御与进攻，即处理汉匈民族关系要有多维视角。

第三，班固认为，汉匈民族关系的发展是有阶段性的。虽然汉王朝初期遭到匈奴的攻击，处于劣势，但是汉王朝与匈奴的关系到了汉文帝时代开始发生变化。当时汉文帝"赫然发愤，遂躬戎服，亲御鞍马，从六郡良家材力之士，驰射上林，讲习战陈，聚天下精兵，军于广武，顾问冯唐，与论将帅，喟然叹息，思古名臣，此则和亲无益，已然之明效也"。[1] 显然，汉文帝已经看到不进行军事反击，仅仅是靠和亲来解决汉匈矛盾是不可行的。班固进一步指出，到了汉宣帝时代，汉匈关系发生了根本性的变化。汉宣帝继承了汉武帝对匈奴政策，"承武帝奋击之威，直匈奴百年之运，因其坏乱几亡之厄，权时施宜，覆以威德，然后单于稽首臣服，遣子入侍，三世称籓，宾于汉庭"。从这个时期开始，在汉王朝的边疆是这样一种安详的情况："边城晏闭，牛马布野，三世无犬吠之警，黎庶亡干戈之役。"[2] 总之，在汉宣帝以后，匈奴在绝大多数情况下都处于守势，常常是被动的，匈奴对汉王朝的进攻亦常常是在生活困苦的情况下发动的，如果进攻无效，则希望与汉王朝和亲，而且还成为规律。

第四，班固认为，汉匈关系不是一个短时间能够解决的问题，而是一个长期的历史问题，因此对汉匈关系要有长期的思想准备。例如，关于如何处理匈奴单于朝贡的问题，班固认为，大臣萧望之等人没有长期治理匈奴的思想是不足取的。当时萧望之说："戎狄荒服，言其来服荒忽无常，时至时去，宜待以客礼，让而不臣。如其后嗣遁逃窜伏，使于中国不为叛臣。"[3] 对此，班固认为，一方面应该加强汉王朝的边塞建设，另一方面也要处理好与匈奴的关系，做到"盛不忘衰，安必思危，远见识微之明矣。至单于咸弃其爱子，昧利不顾，侵掠所获，岁巨万计，而和亲赂遗，不过

---

① 《汉书·匈奴传》，中华书局标点本，1962，第 3831 页。
② 以下皆见《汉书·匈奴传》，中华书局标点本，1962，第 3832、3833 页。
③ 《汉书·匈奴传》，中华书局标点本，1962，第 3833 页。

千金，安在其不弃质而失重利也"。

第五，班固还就西汉王朝与匈奴几百年的关系进行了相关的总结，认为："夫规事建议，不图万世之固，而偷恃一时之事者，未可以经远也。"①随之进一步指出，从先秦时期开始，华夏族就根据以华夏族为中心的策略，制定了相关的应对策略，即"故先王度土，中立封畿，分九州，列五服，物土贡，制外内，或修刑政，或昭文德，远近之势异也"，而且在此基础之上产生了华夏族和后来汉民族的民族观，这就是："以《春秋》内诸夏而外夷狄，夷狄之人贪而好利，被发左衽，人面兽心，其与中国殊章服，异习俗，饮食不同，言语不通，辟居北垂寒露之野，逐草随畜，射猎为生，隔以山谷，雍以沙幕，天地所以绝外内也。"这里的"内诸夏而外夷狄"，就是华夏族最典型的民族观，即以华夏族作为中国各民族的核心，对华夏族以外的民族就有了一种文化歧视，根据与华夏族的空间距离来确定政治关系。在这样的文化心理之下，汉民族对匈奴的民族政策就是"故圣王禽兽畜之，不与约誓，不就攻伐；约之则费赂而见欺，攻之则劳师而招寇"。为什么华夏族要采取这样的策略？原因是，农耕民族的文化心理认为："其地不可耕而食也，其民不可臣而畜也，是以外而不内，疏而不戚，政教不及其人，正朔不加其国；来则惩而御之，去则备而守之。"因此就要使用羁縻政策，推行"王道"，让匈奴"慕义而贡献，则接之以礼让，羁縻不绝，使曲在彼"，这才是"圣王制御蛮夷之常道也"。

三　汉元帝、汉哀帝时期汉王朝君臣关于治理匈奴的策论

经过汉武帝几次对匈奴的强势攻击之后，汉匈之间的力量对比发生了巨大的变化，汉王朝处在强势的位置，因此如何制定针对匈奴的策略，是汉王朝的君臣必须要面对的问题。于是在汉元帝、汉哀帝时有过两次关于汉民族与匈奴的关系的策论，我们可以把这两次策论称为"后汉武帝时代汉王朝治理匈奴的策略"，从中可以清晰地看到汉王朝君臣的民族观和治理边疆民族的策略。

---

① 以下皆见《汉书·匈奴传》，中华书局标点本，1962，第3833、3834页。

第一次是汉元帝时期（公元前48～公元前33年）关于汉王朝是否接受匈奴呼韩邪单于的和亲请求以及是否"罢边备塞吏卒"的讨论。从表面看呼韩邪单于和亲的请求是主要的，但是实际上核心是希望汉王朝"罢边备塞吏卒"。

在郅支骨都侯单于被诛之后，匈奴呼韩邪单于请求与汉王朝和亲，而且还上书提出"愿保塞上谷以西至敦煌，传之无穷，请罢边备塞吏卒，以休天子人民"。① 对此，汉元帝命令朝廷的官员讨论呼韩邪单于的请求。绝大部分人都觉得匈奴已经没有力量发动对汉王朝的攻击，所以没有必要再在边境地区设置要塞，同时也没有必要在要塞驻扎军队。但是郎中侯应因为长期在边境为官，所以对边境地区的情况十分熟悉，认为不能接受呼韩邪单于"请罢边备塞吏卒，以休天子人民"的请求，汉元帝问侯应为什么这样考虑，侯应进行了系统的回答，颇能够代表汉王朝对匈奴的治理策略。

第一，从历史的角度看，自先秦以来，匈奴就对华夏族和后来的汉族发动不断的侵扰，特别是汉王朝时期更加突出，即"周、秦以来，匈奴暴桀，寇侵边境，汉兴，尤被其害"。② 匈奴作为北方的草原游牧民族，其不断发动对汉民族攻击的历史是必须引起高度重视的，这是汉匈民族关系的焦点，所以对匈奴要有所防备，不能轻易地"罢边备塞吏卒"。

第二，从自然地理的角度来看，从汉民族分布的北部边疆一直到辽东，是匈奴民族兴起和发展的空间，"外有阴山，东西千余里，草木茂盛，多禽兽，本冒顿单于依阻其中，治作弓矢，来出为寇，是其苑囿也"。③ 同时这也是汉匈两个民族争夺的空间，所以"至孝武世，出师征伐，斥夺此地，攘之于幕北"。正因为汉王朝在漠北边疆"建塞徼，起亭隧，筑外城，设屯戍以守之"，汉王朝的北部边疆才得以安宁。然而，漠北的地理条件方便匈奴游牧民族的机动，而进入其以南地区，情况就有所变化，"从塞以南，径深山谷，往来差难。边长老言匈奴失阴山之后，过之未尝不哭也"。正是因为如此，更不能"罢备塞戍卒"，而要做好随时反击匈奴进攻的准备。

---

① 以下皆见《汉书·匈奴传》，中华书局标点本，1962，第3803页。
② 《汉书·匈奴传》，中华书局标点本，1962，第3803页。
③ 以下皆见《汉书·匈奴传》，中华书局标点本，1962，第3804页。

第三，侯应从匈奴的民族性特点进行分析，认为呼韩邪单于现在与汉王朝的力量对比已经不是汉初的情况，是因为"天覆匈奴，匈奴得蒙全活之恩，稽首来臣"，但是"夫夷狄之情，困则卑顺，强则骄逆，天性然也。前以罢外城，省亭隧，今裁足以候望通烽火而已"①，所以汉王朝对边疆要塞的建设是必需的。

第四，从游牧民族的生计方式、文化传统来看，"中国有礼义之教、刑罚之诛，愚民犹尚犯禁"②，而匈奴作为草原游牧民族，难以保证他们不在社会困难的时候向汉王朝的边疆发动进攻，因为游牧民族在困难的时候把掠夺作为一种生产方式，这与农业民族的价值观有根本的差异，所以不能"罢备塞戍卒"。

第五，中国自古以来就有建立关隘的传统，目的是"以制诸侯，所以绝臣下之觊欲也"，所以在边疆建设要塞，"非独为匈奴而已，亦为诸属国降民，本故匈奴之人，恐其思旧逃亡。近西羌保塞，与汉人交通，吏民贪利，侵盗其畜产、妻子，以此怨恨，起而背畔，世世不绝。今罢乘塞，则生嫚易分争之渐"。因此，建设边塞除了防备匈奴之外，还可以防止人员的随便流动造成边境地区的动乱，即"往者从军多没不还者，子孙贫困，一旦亡出，从其亲戚。又边人奴婢愁苦，欲亡者多，曰：'闻匈奴中乐，无奈候望急何！'然时有亡出塞者。盗贼桀黠，群辈犯法，如其窘急，亡走北出，则不可制"。

第六，从经济的角度来看，边疆的要塞建设已经经历了几百年的时间，耗费了无数的钱财，不能随便废弃。此外，边塞是以农业为根本的汉民族防备北方游牧民族的重要工程，也不能随便放弃，"恐议者不深虑其终始，欲以一切省徭戍，十年之外，百岁之内，卒有它变，障塞破坏，亭隧灭绝，当更发屯缮治，累世之功不可卒复。如罢戍卒、省候望，单于自以保塞守御，必深德汉，请求无已。小失其意，则不可测。开夷狄之隙，亏中国之固。非所以永持至安，威制百蛮之长策也"。

侯应的建议得到了汉元帝的采纳，因此汉元帝不准再说"罢边塞事"，与此同时，还派遣车骑将军口谕单于曰："单于上书愿罢北边吏士屯戍，

---

① 《汉书·匈奴传》，中华书局标点本，1962，第3804页。
② 以下皆见《汉书·匈奴传》，中华书局标点本，1962，第3804页。

子孙世世保塞。单于乡慕礼义，所以为民计者甚厚，此长久之策也，朕甚嘉之。中国四方皆有关梁障塞，非独以备塞外也，亦以防中国奸邪放纵，出为寇害，故明法度以专众心也。敬谕单于之意，朕无疑焉。为单于怪其不罢，故使大司马车骑将军嘉晓单于。"汉元帝的回答是有说服力的，即汉王朝的边疆建设并非只针对匈奴，而是在所有的边疆都要进行边塞建设。

第二次是汉哀帝时期（公元前6～公元前1年）关于是否接受匈奴单于朝贡的策论。汉哀帝建平四年（公元前3年），匈奴单于上书请求在第二年到长安朝贡，而这个时候汉哀帝刚刚出现身体不适的情况，有人对汉哀帝说在汉宣帝黄龙元年（公元前49年）、汉元帝竟宁元年（公元前33年）时，因为匈奴单于来朝贡，所以这两位皇帝就去世了，因此汉哀帝十分为难，问计于大臣。绝大部分官员认为没有必要让匈奴单于朝贡，应该让匈奴单于的使者返回。就在这个时候，黄门郎扬雄上书阐释了不同的观点，从中可以看到汉王朝后期对匈奴的治理策略，即对于匈奴，要认识他的民族特性，不能把治理南越等农业民族的策略用来治理匈奴。

扬雄认为，儒家的政治观点是要在没有发生动乱的时候进行治理，军事家最高的胜利是"贵于未战"。[①] 在匈奴单于上书求朝贡的时候，"国家不许而辞之，臣愚以为汉与匈奴从此隙矣"。作为农业民族的汉民族与北方的游牧民族长期以来都不能很好地处理民族关系，"五帝所不能臣，三王所不能制，其不可使隙甚明"。于是扬雄对秦朝以来的汉匈关系进行了分析论证。

扬雄认为，在秦始皇时代，"以秦始皇之强，蒙恬之威，带甲四十余万，然不敢窥西河，乃筑长城以界之"。[②] 到了汉王朝初期，虽然"以高祖之威灵"，但是仍然有"三十万众困于平城，士或七日不食。时奇谲之士石画之臣甚众，卒其所以脱者，世莫得而言也"。汉高祖之后，"高皇后尝忿匈奴，群臣庭议，樊哙请以十万众横行匈奴中，季布曰：'哙可斩也，妄阿顺指！'"。由于没有采取以武力相抗争的战略，而是以和平的方式来解决与匈奴的矛盾，"于是大臣权书遗之，然后匈奴之结解，中国之忧平"。

---

① 以下皆见《汉书·匈奴传》，中华书局标点本，1962，第3812页。
② 以下皆见《汉书·匈奴传》，中华书局标点本，1962，第3813页。

扬雄接着又说，在汉文帝时代，"匈奴侵暴北边，候骑至雍甘泉，京师大骇，发三将军屯细柳、棘门、霸上以备之，数月乃罢"。[①] 到了汉武帝时代，虽然汉武帝不断发动对匈奴的攻击，"设马邑之权，欲诱匈奴，使韩安国将三十万众徼于便地，匈奴觉之而去，徒费财劳师，一虏不可得见，况单于之面乎！其后深惟社稷之计，规恢万载之策，乃大兴师数十万，使卫青、霍去病操兵，前后十余年。于是浮西河，绝大幕，破真颜，袭王庭，穷极其地，追奔逐北，封狼居胥山，禅于姑衍，以临翰海，虏名王贵人以百数"。则汉武帝的武力攻击使"匈奴震怖，益求和亲"，但是匈奴仍然"未肯称臣也"。对此，扬雄感叹道："且夫前世岂乐倾无量之费，役无罪之人，快心于狼望之北哉？以为不一劳者不久佚，不暂费者不永宁，是以忍百万之师以摧饿虎之喙，运府库之财填卢山之壑而不悔也。"

到了汉宣帝时代，汉王朝与匈奴的关系更加复杂，匈奴开始与汉王朝争夺西域。"匈奴有桀心，欲掠乌孙，侵公主，乃发五将之师十五万骑猎其南，而长罗侯以乌孙五万骑震其西，皆至质而还。时鲜有所获，徒奋扬威武，明汉兵若雷风耳。虽空行空反，尚诛两将军。故北狄不服，中国未得高枕安寝也。"[②] 所以扬雄认为汉王朝与匈奴关系的变化是从汉宣帝元康（公元前 65 ~ 公元前 61 年）、神爵（公元前 61 ~ 公元前 58 年）年间开始的，变化的起因不是来自汉王朝，而是匈奴内部的矛盾斗争："匈奴内乱，五单于争立，日逐、呼韩邪携国归化，扶伏称臣，然尚羁縻之，计不颛制。"

扬雄还认为，要想解决好与边疆各民族的关系，必须认识他们的民族特性，因为"外国天性忿鸷，形容魁健，负力怙气，难化以善，易隶以恶，其强难诎，其和难得"。[③] 由于汉王朝君臣没有能够很好地认识匈奴民族的民族特性，"故未服之时，劳师远攻，倾国殚货，伏尸流血，破坚拔敌，如彼之难也；既服之后，尉荐抚循，交接赂遗，威仪俯仰，如此之备也"。

最后扬雄指出："唯北狄为不然，真中国之坚敌也。三垂比之悬矣，前世重之兹甚，未易可轻也。"扬雄的言论虽然没有明确指出汉王朝治

---

① 以下皆见《汉书·匈奴传》，中华书局标点本，1962，第 3813 页。
② 以下皆见《汉书·匈奴传》，中华书局标点本，1962，第 3814 页。
③ 以下皆见《汉书·匈奴传》，中华书局标点本，1962，第 3814、3815 页。

理南越等农业民族比较容易，是因为农业民族没有匈奴那样的军事机动性，对土地具有极强的依赖性，但是对农业民族如朝鲜、南越的治理确实是相对容易的："艾朝鲜之旃，拔两越之旗，近不过旬月之役，远不离二时之劳，固已犁其庭，扫其闾，郡县而置之，云彻席卷，后无余灾。"而由于北方民族的机动性，汉王朝难以对付，所以他们是"真中国之坚敌"。

对于汉王朝如何处理好与匈奴的关系，扬雄又进一步指出，目前匈奴单于希望归附汉王朝，"怀款诚之心，欲离其庭，陈见于前，此乃上世之遗策，神灵之所想望"。[1] 即使汉王朝会为此付出一些财富，也不能"距以来厌之辞，疏以无日之期，消往昔之恩，开将来之隙"。因为，如果拒绝匈奴单于朝贡的请求，汉王朝首先就失去了道义，"夫款而隙之，使有恨心，负前言，缘往辞，归怨于汉，因以自绝，终无北面之心，威之不可，谕之不能，焉得不为大忧乎！夫明者视于无形，聪者听于无声，诚先于未然"。这样一来，历史上所有为了对付匈奴而取得的成果都将成为泡影，所以，应该接受匈奴单于朝贡的请求，"不然，一有隙之后，虽智者劳心于内，辩者毂击于外，犹不若未然之时也。且往者图西域，制车师，置城郭都护三十六国，费岁以大万计者，岂为康居、乌孙能逾白龙堆而寇西边哉？乃以制匈奴也。夫百年劳之，一日失之，费十而爱一，臣窃为国不安也。唯陛下少留意于未乱未战，以遏边萌之祸"。最后，扬雄的意见得到了汉哀帝的采纳，于是"召还匈奴使者，更报单于书而许之"。[2] 从汉匈民族关系史发展的角度来看，正是因为有扬雄这一类人的民族策略，才使进入黄河流域的匈奴在下一个历史时期渐渐融入汉民族，给汉民族增加了新鲜的民族活力和新的民族基因。

四　小结

通过以上的分析可以看到，整个汉代统一多民族中国民族关系的发展主要是围绕汉族与北方匈奴的关系展开的，因此在《汉书·匈奴传》以及

---

① 以下皆见《汉书·匈奴传》，中华书局标点本，1962，第3816页。
② 《汉书·匈奴传》，中华书局标点本，1962，第3817页。

汉元帝、汉哀帝时期汉王朝君臣关于治理匈奴的策论当中，都可以清晰地看到班固处理统一多民族中国民族关系的基本观点，即解决民族关系的矛盾冲突应该因时、因地而改变民族治理的方针和策略，而且还要认识各民族的民族特性。正是在这样的思想指导下，到了后汉武帝时期，统一多民族中国的民族问题得到了较好解决，边疆进一步扩大，民族边疆与王朝国家的向心力增强，民族边疆对统一多民族中国的认同也在增强，这样的历史文化遗产对统一多民族中国的发展是有深远影响的。

历史文本书写与历史悬案的辨析：
再论"庄蹻入滇"*

1975年《思想战线》创刊，主编马曜先生面对"文革"时期学术界"万马齐喑"的局面，首先在《思想战线》1975年的第1、5、6期陆续发表关于庄蹻入滇的学术研究论文，引起了学术界的积极响应。马曜先生首先发表了《庄蹻起义和开滇的历史功绩》一文，接下来诸多学术界的权威学者发表文章加入讨论。虽然当时的研究带有鲜明的时代印迹，但其学术影响是深远的，直到42年后的今天对庄蹻入滇的历史仍然存在争议，所以有必要从学术史的角度，对相关问题进行深入辨析，以求推动中国西南边疆民族历史研究的深入。

一 庄蹻研究的学术史辨析

对庄蹻的记载最早始于司马迁的《史记·西南夷列传》。《史记·西南夷列传》说："始，楚威王时，使将军庄蹻将兵循江上，略巴蜀、黔中以西。庄蹻者，故楚庄王苗裔也。蹻至滇池，方三百里，旁平地，肥饶数千里，以兵威定属楚。欲归报，会秦击夺楚巴、黔中郡，道塞不通，因还，以其众王滇，变服，从其俗，以长之。"① 这是在中国的古代文献当中第一

---

* 本文曾以《历史文本书写与统一多民族国家关系："庄蹻入滇"再论》为题，发表于《思想战线》2017年第4期，第50～55页。

① 《史记·西南夷列传》，中华书局标点本，1959，第2993页。

次记载华夏族进入西南夷地区。①

其后班固在《汉书·西南夷两粤朝鲜传》当中基本引用了《史记》中关于庄蹻的相关事迹："始，楚威王时，使将军庄蹻将兵循江上，略巴、黔中以西。庄蹻者，楚庄王苗裔也。蹻至滇池，方三百里，旁平地，肥饶数千里，以兵威定属楚。欲归报，会秦击夺楚巴、黔中郡，道塞不通，因乃以其众王滇，变服，从其俗，以长之。"②虽然其说几乎完全相同，但是《汉书》与《史记》相比较，删去了一个重要的"蜀"字，说明《汉书》对《史记》当中的相关记载是有自己的看法的。"巴"和"巴蜀"的空间差别是很大的，巴与楚在地理空间上是相连接的，而蜀则在巴郡、黔中郡的西边，从楚国沿长江而上是不会首先到蜀郡的。我们认为这是班固没有使用"蜀"的原因。当然，从总体上来看，《史记·西南夷列传》与《汉书·西南夷两粤朝鲜传》关于庄蹻的记载差别不太大。

东汉末年，荀悦在班固《汉书》的基础上删减压缩改编出了《汉纪》。在《汉纪》中，荀悦第一次提出了关于庄蹻入滇与《史记》《汉书》不同的观点："初，楚庄王使将军庄蹻循江略地黔中以西，蹻至靡莫，地方三百里，其旁平地肥饶数千里，既克定之，会秦夺楚巴、黔中郡，道塞不通，蹻以其众王靡莫，变服，从其俗。"③荀悦的《汉纪》与《史记·西南夷列传》和《汉书·西南夷两粤朝鲜传》关于庄蹻的记载差别主要有两点：一是"楚庄王使将军庄蹻循江略地"，而不是"楚威王时，使将军庄蹻将兵循江"；二是庄蹻到达的地方不是滇池地区，而是"靡莫"地区。司马迁在《史记·西南夷列传》当中已经明确说明"西南夷君长以什数，夜郎最大；其西靡莫之属以什数，滇最大"。靡莫地区就是滇池地区，只不过在这个地区政治势力最为强大的是滇人建立的滇国。所以，《汉纪》与《史记》《汉书》最大的不同是庄蹻进入西南夷地区的时间，即庄蹻是在楚庄王时期还是楚威王时期进入西南夷地区的。

晋代，晋人常璩在《华阳国志·南中志》中对庄蹻入滇的记载开始发

---

① 虽然楚国人早期被视为"蛮夷"，但是到了战国时期其已经完全成为华夏族的重要组成部分。

② 《汉书·西南夷两粤朝鲜传》，中华书局标点本，1962，第3838页。

③ 转引自张增祺《中国西南民族考古》，云南人民出版社，1990，第294页。

生变化，与《史记》《汉书》《汉纪》相比，差别都比较大。其文曰："周之季世，楚顷襄王遣将军庄蹻溯沅水出且兰以伐夜郎，植牂柯，系船于是。且兰既克，夜郎又降，而秦夺楚黔中地，无路得反，遂留王滇池。蹻，楚庄王苗裔也。以牂柯系船，因名且兰为牂柯国。"① 《华阳国志·南中志》中关于庄蹻入滇进入西南夷地区的时间变化了，此其一；庄蹻进入西南夷地区的路线发生了变化，从"庄蹻将兵循江上"变为"庄蹻溯沅水出且兰以伐夜郎"，此其二。

南朝刘宋时期范晔的《后汉书·南蛮西南夷列传》基本接受了《华阳国志·南中志》的一些观点，但是在具体的文字表述当中也有不同："初，楚顷襄王时，遣将庄豪从沅水伐夜郎，军至且兰，椓船于岸而步战。既灭夜郎，因留王滇池。"② 而且《后汉书·南蛮西南夷列传》与《华阳国志·南中志》关于庄蹻进入西南夷地区的记载相比，最大的变化是楚国将军的名字变了，由庄蹻变成了庄豪。

唐代的杜佑在他的《通典·边防典三》中也对庄蹻入滇提出了不同的看法。杜佑认为，关于庄蹻进入西南夷地区的历史，"恐《史记》谬误，班生因习便书，范晔所记，详考为正"。③ 杜佑的观点十分明显，认为《后汉书·南蛮西南夷列传》的一些观点是正确的，但是在具体的文字表述当中说明自己与范晔也有不同，即杜佑没有写"庄豪"，仍然写"庄蹻"，显然认为进入西南夷地区的人是庄蹻。

到了清代，贵州的学者莫与俦认为庄蹻与夜郎有关，所以写了《庄蹻考》一文，肯定《后汉书·南蛮西南夷列传》的一些观点，认为庄蹻是楚顷襄王时代的人，还认为庄蹻是溯江水进入夜郎的。④ 文章主要从庄蹻进入西南夷地区的时间和路线两个方面进行论证，但是这篇文章流传不够广泛，学术影响力一般。

近代，四川大学任乃强先生写了《庄蹻入滇考》。其立论与其他学者有所不同，认为庄蹻入滇的历史背景与秦国和楚国争夺盐有关："按《史记》，秦灭巴、蜀……楚亦乘之，尽取巴东盐泉，包括枳（今涪陵）

---

① 任乃强校注《华阳国志校补图注》，上海古籍出版社，1987，第229页。
② 《后汉书·南蛮西南夷列传》，中华书局标点本，1965，第2845页。
③ 《通典·边防典三》，中华书局标点本，1988，第5056页。
④ 转引自任乃强校注《华阳国志校补图注》，上海古籍出版社，1987，第313页。

以下沿江各邑。时蜀、汉中、巴西地区无盐，仰给于楚，楚得藉为控制，故秦屡出大军争夺之。"任乃强先生认为，庄蹻在此军事战略背景下入滇的道路是从长江溯流而上。[①]

四川大学的蒙文通先生也发表了《庄蹻王滇辨》一文。这篇论文与任乃强先生相比较就十分深入，可以说是关于庄蹻入滇的系统研究，蒙文通先生的主要观点是："在牂柯江流域，有一个古国名牂柯，其古君长中有一个号称庄王（庄豪）的，是牂柯国的开国君长。……庄王所建立的滇、靡莫等国，一直存留到了汉代。庄王建国的故事，流传在这些国家中，也逐渐流传到了临近的昆明等地。庄蹻则是楚之大盗，本无入滇之事，他和庄豪原不相干。"[②] 蒙文通先生的观点是历史上根本没有庄蹻入滇这件事，"庄蹻则是楚之大盗，本无入滇之事，他和庄豪原不相干"。这是无庄蹻入滇说的代表性观点，而且还认为庄蹻是一个楚国的"大盗"。

此后，对庄蹻入滇的学术研究进入了一个相对寂静的历史时期。云南大学的学术刊物《思想战线》在1975年的第1、5、6期陆续发表关于庄蹻的研究论文，绝大部分论文作者都是当时历史学界的领军人物。当然，因为特殊的时代背景，也有非学术界的人士参与讨论。云南大学马曜先生首先发表了《庄蹻起义和开滇的历史功绩》一文，接下来诸多先生加入了讨论，具体有四川大学徐中舒先生的《试论岷山庄王与滇王庄蹻的关系》、中央民族学院石钟健先生的《从政治路线看开滇的庄蹻到底是谁》、云南大学方国瑜先生的《从秦楚争霸看庄蹻开滇》、云南大学李埏先生的《开滇的庄蹻应即起义的庄蹻》、薛若邻[③]先生的《试论庄蹻起义》，段鼎周[④]先生的《先"盗"后"王"宁有理乎》等。所有的论文都在当时的历史背景下希望突出庄蹻是一个农民起义的英雄，希望得出劳动人民创造历史这样的结论。而且这样的观点在2009年出版的《云南简史》当中仍然保留："庄蹻是古代一位农民起义领袖，起义失败后，起义军的领袖庄蹻及其部下，也并未被消灭，他们撤出楚境，走向南下入滇的道路……在我国

① 任乃强校注《华阳国志校补图注》，上海古籍出版社，1987，第314页。
② 蒙文通：《庄蹻王滇辨》，《四川大学学报》（社会科学版）1963年第1期。
③ 作者信息不详。
④ 在昆明冶炼厂工作。

历史上，庄蹻是内地第一个开发西南边疆的伟大历史人物。"①

20 世纪 80 年代，从事考古学研究的张增祺先生在他的代表性著作《中国西南民族考古》一书中发表了专论《"庄蹻王滇"的真伪问题》，提出了云南历史上根本没有庄蹻来过的观点："《史记·西南夷列传》关于庄蹻王滇的记载很可能是一个误传，不宜轻信。也就是说，云南古代史中根本不存在什么楚国将军或者农民起义领袖王滇的问题。战国至西汉初，滇池区域古文化的来龙去脉和上下因袭关系都十分清楚，丝毫看不出'他们（庄蹻）把楚国的先进文化和生产技术带到了滇池区域'。"② 当然，一支长途奔袭的军队来到西南夷地区，大约不可能携带大批具有楚国文化特点的物品，所以在古滇国的文化当中很少见到具有楚国特色的器物，这也是可能的。

2015 年杜玉亭先生等在《云南社会科学》发表了《庄蹻王滇千年争论的学理反思》一文。论文从蔡美彪先生主编的《中华史纲》关于庄蹻入滇开始谈起，进而对蒙文通先生发表的《庄蹻王滇辨》进行辨析，最后对张增祺先生的《滇国与滇文化》进行分析，指出学术研究多重证据的重要性，核心是强调在学术研究当中要"宏微通观，在谨慎求实中创新"。③ 我们认为，杜玉亭先生意在强调学术研究的时代性，即每一个时代的学术研究都要对新的学术研究成果进行必需的学术关照。这样的观点对人多有启发。

总之，关于庄蹻入滇的历史问题有三种观点：一是庄蹻（庄豪）为楚国将军说，二是庄蹻为农民起义的领袖说，三是历史上无庄蹻入滇说。从学术史的角度来看，庄蹻为农民起义的领袖说有其特殊的历史背景，可以作为中国民族历史研究的学术典型案例留存；而历史上无庄蹻入滇说则可以留给后人思考；庄蹻为楚国将军说仍然是值得再研究的。因此我们借用历史人类学的一些分析方法，再次对涉及庄蹻进入西南夷地区的相关文献进行分析，以求对庄蹻的研究有一个新的视角，有一个新的认识，从而丰富中国西南民族历史的研究。

---

① 马曜主编《云南简史》，云南人民出版社，2009，第 20~23 页。
② 张增祺：《中国西南民族考古》，云南人民出版社，1990，第 273、274 页。
③ 杜玉亭、杜雪飞：《庄蹻王滇千年争论的学理反思》，《云南社会科学》2015 年第 1 期。

二 对《史记》《后汉书》庄蹻入滇文本书写的辨析

在上面学术史的辨析当中，我们发现，关于庄蹻入滇的文本书写，《史记·西南夷列传》与《后汉书·南蛮西南夷列传》的差别比较大，而且对后世的学术研究影响很大，所以我们有必要对《史记》《后汉书》庄蹻入滇的文本书写进行辨析。

通过《史记》《后汉书》关于庄蹻入滇文本书写的对比，我们认为，《史记·西南夷列传》与《后汉书·南蛮西南夷列传》关于庄蹻入滇的不同主要在以下几个方面。

第一，《史记·西南夷列传》和《后汉书·南蛮西南夷列传》记载进入滇国的楚国将领不是同一个人。《史记·西南夷列传》为庄蹻，《后汉书·南蛮西南夷列传》为庄豪，而且《后汉书·南蛮西南夷列传》内部还有自相矛盾的地方，即同时出现了"庄豪"和"庄蹻"两个人。《史记·西南夷列传》的记载是"楚威王时，使将军庄蹻将兵循江上"；《后汉书·南蛮西南夷列传》则记载为"楚顷襄王时，遣将庄豪从沅水伐夜郎"。也就是说，《史记》认为是楚威王命令庄蹻带领楚国军队进入西南，而《后汉书·南蛮西南夷列传》认为是楚顷襄王命令庄豪带领军队进入西南，即带领楚国军队进入滇池地区的不是同一个人。此外，还有一点是值得注意的，这就是《后汉书·南蛮西南夷列传》一开始说楚顷襄王"遣将庄豪从沅水伐夜郎"，但是到了下一个自然段一开头就说："滇王者，庄蹻之后也。元封二年，武帝平之，以其地为益州郡，割牂柯、越嶲各数县配之。后数年，复并昆明地，皆以属之此郡。"① 也就是说，《后汉书·南蛮西南夷列传》自己就前后不一致，前面说庄豪，后面马上又说庄蹻。我们认为，有可能是历史上的历史学家在抄写《后汉书·南蛮西南夷列传》的过程当中，第一次把"庄蹻"的"蹻"抄写为"豪"，但是没有引起注意，在第二次出现庄蹻时则抄写正确，因此才会在《后汉书·南蛮西南夷列传》记述庄蹻入滇的180个字当中前后出现"庄豪"和"庄蹻"的矛盾。后人对此虽然多有讨论，但是在《后汉书·南蛮西南夷列传》中也没有更

① 《后汉书·南蛮西南夷列传》，中华书局标点本，1965，第2846页。

改，一直延续至今。当然，也有人认为庄豪就是庄蹻。杜佑在《通典·边防典三》中说："顷襄王时，庄豪王滇，豪即蹻若也。"[1] 尽管如此，杜佑还是底气不足，他的"豪即蹻若也"当中的"若"字就表明这是一种推测，不能够有十分的把握说庄豪就是庄蹻。从下面将要讨论的时间问题来看，进入滇池地区的楚国将军就是庄蹻。

第二，《史记·西南夷列传》和《后汉书·南蛮西南夷列传》关于庄蹻进入西南夷地区的时间不同。《史记·西南夷列传》记载庄蹻入滇的时间是楚威王时，楚威王是公元前 340～公元前 329 年在位。《后汉书·南蛮西南夷列传》记载庄豪入滇的时间是楚顷襄王时，楚顷襄王出生日期不详，但是知道他死于公元前 263 年。可以看出《史记·西南夷列传》《后汉书·南蛮西南夷列传》关于庄蹻（庄豪）入滇的时间相差将近百年。按照《史记》的记载，秦国灭亡巴国、蜀国的时间是在周慎王五年（前 316年），因此从楚国进入西南夷地区的楚国军队才会在迫不得已的情况下返回滇池地区"以其众王滇"，那么进入西南夷地区的庄蹻（或者庄豪）只会在公元前 316 年以前。所以庄蹻进入西南夷分布区的时间应该是在楚威王时，当从《史记·西南夷列传》。

第三，《史记·西南夷列传》和《后汉书·南蛮西南夷列传》关于楚国军队进入西南地区的战略目的在文本书写中是不同的。到了战国晚期，秦国不断与楚国发生战争，楚国力图不让秦国获得"巴、黔中"及其附近地区的控制权，所以《史记·西南夷列传》记载说庄蹻向西的战略目的是"循江上，略巴蜀、黔中以西"。但是因为在与秦国的军事斗争中楚国失败，也就是"会秦击夺楚巴、黔中郡，道塞不通"，这个历史性的变化使庄蹻的命运也发生了变化，庄蹻"因还，以其众王滇"。[2] 为了有效地治理滇国及其民族，庄蹻也就"变服，从其俗，以长之"。这样的结果使西南夷地区的民族基因增加了新的元素，即跟随庄蹻入滇的楚人融入了滇人之中。而《后汉书·南蛮西南夷列传》记载庄豪进入西南的目的是攻击夜郎。在当时楚国的战略目的当中，秦国才是他们的战略对手，而不是夜郎这个"边疆地区"的少数民族政权，所以《后汉书·南蛮西南夷列传》所

---

① 《通典·边防典三》，中华书局标点本，1988，第 5055 页。
② 《通典·边防典三》在此的记载是"因西"，即因此被迫向西，而《后汉书》的记载是"乃还"，见《通典·边防典三》，中华书局标点本，1988，第 5055 页。

记述的楚国战略是与当时的地缘政治格局不符的。此外，任乃强先生认为庄蹻进入西南夷地区与秦国和楚国争夺盐资源有关，他说："楚乘锐图取巴蜀，以固盐泉后方，拓展行盐之地，因以盐利控制其人民，故使庄蹻率军溯江西进。"① 此说在总体上与楚国"循江上，略巴蜀、黔中以西"的战略有关，可为一说。

第四，《史记·西南夷列传》和《后汉书·南蛮西南夷列传》记载楚国军队进入西南夷地区的进军路线不同。《史记·西南夷列传》记载为"使将军庄蹻将兵循江上"。众所周知，在先秦、秦汉时期的历史文献当中，"江"是专门指长江的，所以《史记·西南夷列传》认为庄蹻是从长江逆流而上进入西南夷地区的。《后汉书·南蛮西南夷列传》记载为"遣将庄豪从沅水伐夜郎"。沅水则是长江流域中洞庭湖的支流，从今天的贵州流进湖南，沿途没有大的政治中心、经济中心和军事重镇，不符合楚国军队"略巴、黔中以西"攻城略地的战略目的。对此，任乃强先生还详细地记述了庄蹻"将兵循江上"的具体路线：庄蹻从楚国的都城郢（今江陵）出发，途经夷道（今宜都）、夷陵（今宜昌）、秭归、鱼复（今奉节）到涪口登陆上岸，经陆路进入夜郎分布区，然后到达滇池地区。② 庄蹻经过的所有地方都是历史悠久、经济发达的地方，而且与秦国的势力范围相连接，符合楚国派遣庄蹻"略巴、黔中以西"攻城略地的战略目的，所以庄蹻进入西南夷地区的进军路线应该是沿着长江西进的。

第五，《史记·西南夷列传》和《后汉书·南蛮西南夷列传》记载庄蹻留在西南夷地区的原因不同。《史记·西南夷列传》记载，庄蹻留在滇池地区的原因是"会秦击夺楚巴、黔中郡，道塞不通，因还，以其众王滇"，即庄蹻是因为秦国占领了楚国的巴郡和黔中郡，返回楚国的道路断了，才留在滇池地区的，其原因是被动的。《后汉书·南蛮西南夷列传》说庄豪打败夜郎，占领夜郎民族分布区之后，就留在了滇池地区，即"既灭夜郎，因留王滇池"。这是主动的行为。这一记载同时还说明夜郎是分布在滇池地区的，所以庄豪才能在消灭了夜郎之后留在滇池。这与其他相关的历史文本的书写差别太大，而且还与后来的考古发现有差别。我们认

① 任乃强校注《华阳国志校补图注》，上海古籍出版社，1987，第314页。
② 任乃强校注《华阳国志校补图注》，上海古籍出版社，1987，第315页。

为，夜郎国与滇国在空间上相连接，在民族源流上也应该是同一个民族的不同支系，但夜郎国与滇国不是同一回事。

三　对庄蹻入滇研究的几点认识

对于庄蹻入滇的历史，虽然历史文献记载有一些差别，但是我们认为在中国西南边疆的民族历史中是确有其事的。从对庄蹻入滇的学术史辨析中我们得到了以下几点认识。

第一，中国是一个统一多民族国家，对古今民族历史的研究是中国民族史研究者的学术使命，对存疑的历史问题进行探究也是一种责任。对庄蹻的研究，事关统一多民族中国西南边疆的形成问题，事关统一多民族中国西南边疆的建设与发展问题，因此，对庄蹻历史的研究就与统一多民族中国国家发展历史的整体性发生了关联。从这个角度来讲，庄蹻入滇就是一个具有深远历史意义的事件。对庄蹻入滇的研究，不能仅仅着眼于庄蹻入滇促进了西南夷地区的发展，而应该从统一多民族中国形成与发展的角度来认识庄蹻入滇是西南夷地区各民族在政治上、文化上与华夏族发生紧密联系的一个重大事件，对于统一多民族中国西南边疆的开拓具有重大的历史意义。汉武帝、汉明帝之所以能够顺利在西南边疆设置益州郡、永昌郡，与庄蹻入滇这一类重大历史事件一定是有内在的历史联系的。

第二，在统一多民族中国形成与发展的历史过程当中，历史文本的书写是国家内涵建设的一个重要方面。历史上无数的学人为了统一多民族中国的建设，一直把历史文本的书写作为自己的学术使命。正是这些有历史责任感的学者的中国历史文本书写，使统一多民族中国的文化源远流长。历史文本承载着统一多民族中国的民族精神，是国家发展的力量源泉和重要动力，所以对中国古代历史文本的研究一定要慎重。与此同时，我们也要看到学术研究是具有鲜明的时代特征的，例如庄蹻是农民起义的领袖说就是特定时代的产物。对于每一个研究者而言，从学术史的角度认识每一个学术问题的发展历史有助于推进学术创新。

第三，从民族关系与民族融合的角度来看，战国时期楚人已经完成华夏化的历史过程，成为华夏族的一个重要组成部分，因此庄蹻入滇与西南夷地区的民族交往是战国时期华夏族与西南边疆民族关系的一个部分。庄蹻入滇"变服，从其俗"是一种民族融合，庄蹻带领的楚人最后融入云南相关的民族当中。不管庄蹻带领的楚人融入云南的哪个民族，其结果都是使云南民族当中具有了华夏族的成分。随着历史的发展，这些人最后都成为云南民族的一部分，是统一多民族中国各民族相互离不开的历史发展基础，意义同样非凡。

第五编

对中国民族史学科发展的反思

中国民族史学科的形成、发展、
异化与学科融合*

中国民族史的研究是有悠久历史传统的。西汉王朝国家建立之后，司马迁从建构统一多民族中国历史的需要出发，把民族与国家联系起来，在《史记》当中建立起书写中国民族历史的传统。之后的正史基本上都有关于民族历史的记载，而且还形成了优良的历史传统，推动着中国民族史研究的发展，为统一多民族中国国家的发展奠定了坚实的文化基础。但二十五史当中的中国民族史研究还不是学科意义上的中国民族史研究。

学科意义上的中国民族史研究，开始于梁启超等学者在中国处于边疆危机、民族危机的历史背景下从西方引进民族的相关理论所开展的中国民族史研究；发展的第一个阶段是民国时期，与抗日战争树立中国人的民族自信心有关，而且还有批驳中国文明西来说的学术目的；发展的第二个阶段是中华人民共和国成立之后，这个阶段中国民族史的学科发展在理论上受斯大林民族理论和传统进化论的影响比较大，但是这个阶段中国民族史研究的深度和广度都有了空前的发展，研究成果质量高、数量多，对中国学术界的贡献是巨大的，对统一多民族中国的发展同样意义非凡。

20世纪末期到21世纪初期，中国民族史的学科建设出现了一些变化，表现为从事中国民族史的教学研究人员减少，研究人员开始转向一些相关学科，从而导致中国民族史学科研究领域缩减、研究内容发生变化、研究范式出现民族学研究范式倾向、研究成果减少，整个中国民族史学科进入

　　* 本文曾以《中国民族史学科的发展源流与融合趋势》为题，发表于《广西民族大学学报》（哲学社会科学版）2017年第3期，第125~131页。

了一个发展的低潮时期。总的来说，中国民族史的学科发展开始异化，因此有必要从学术史和学科发展史的角度进行反思，以求引起学术界的关注，调整和修正中国民族史学科未来的发展方向。

一 古代正史中对中国民族史自发的记述与研究

从甲骨文、金文以及《尚书》《诗经》等文献的记载来看，最迟在商代，中国就成为一个统一的多民族国家，《尚书·牧誓》就提到了帮助周人去攻打商人的庸、蜀、羌、髳、微、卢、彭、濮等民族。其他如《左传》《国语》《战国策》等先秦时期的历史文献都有关于中国民族历史的记载，但是这些记载都是不系统的，处于不自觉的中国民族史研究状态，所以就不可能有现代的学科意识。

汉王朝是一个强大的统一多民族国家，但是并没有一部与之相适应的国家历史著作①，因此司马迁的伟大历史功绩就是写出了《史记》，使统一多民族中国有了第一部中国国家历史文本，而且有了关于边疆民族的列传。司马迁所开创的对中国民族历史的文本书写，是中国民族史系统记述与研究的开端。司马迁对统一多民族中国边疆民族历史的记述使中国民族史的研究有了十分明确的时间和空间，有了清晰的研究对象。司马迁对中国民族记述与研究的范式一直影响着王朝国家时期的历史学家。为了论述体例的完整，现把二十五史当中关于中国民族历史研究的基本线索梳理如下。

《史记》通过《匈奴列传》《南越列传》《东越列传》《西南夷列传》《大宛列传》《朝鲜列传》分别记述了中国东南西北四方的少数民族概况。后世的史学家基本都仿照司马迁开创的这一模式来进行民族史的记述。②《汉书》与《史记》相比较有了变化，把《南越列传》《东越列传》《西南夷列传》《朝鲜列传》合并为《西南夷两粤朝鲜传》，把《大宛列传》变

---

① 先秦时期中国没有一部完整的国家史，先秦时期的《战国策》（纵横家的言论）、《国语》（诸侯国历史）、《左传》（鲁国历史），都不是统一多民族中国的国家历史文本。

② 当然，由于元明清三代统一多民族国家对少数民族的治理越来越深入，中国各少数民族都分别生活在特定的行政区域之中，或者是生活在某个土司的治理之下，所以在《元史》《明史》《清史稿》当中就没有专门的少数民族列传，有关少数民族的历史分别在《土司传》《地理志》之中，或者在《藩部传》《属国传》当中。

为《西域传》上下，把《匈奴列传》也改变为《匈奴传》上下。《后汉书》在《史记》《汉书》的基础上有了更加大的变化，没有了《朝鲜列传》，增加了《东夷列传》，内容涉及整个东北亚地区的民族，第一次记载了许多前代没有的民族，第一次有了《西羌传》和《乌桓鲜卑列传》，把西部、西南、中南的民族全部集中为《南蛮西南夷列传》，由于匈奴的融合与分化，所以原来的《匈奴列传》变为《南匈奴列传》。《三国志》中专门的民族史仅见《三国志·魏书·乌丸鲜卑东夷传》，《蜀书》《吴书》中虽无专门的民族专传，但关于氐羌、山越民族的记载散见于《诸葛亮传》等各传中。

《晋书》专设了《四夷传》记载四方民族概况，还首创了"载记"这一综合了本纪、列传、志的体例来记述少数民族及其政权。《宋书》中关于民族史的记载包含《索虏传》《鲜卑吐谷浑传》《夷蛮传》《氐胡传》。《南齐书》设《魏虏列传》《蛮、东南夷列传》《芮芮虏、河南（匈奴）、氐、羌列传》三传来叙述拓跋鲜卑建立的北魏，荆、湘等地的南方民族，以及北方和西北的民族历史。《梁书》在《诸夷传》中记载了海南、东夷、西北诸戎的历史。由于陈朝历史较短，所以在《陈书》中没有民族专传，民族历史的情况散见于各相关列传之中。《魏书》的民族史研究侧重于西域民族、北方民族、东北民族。《北齐书》也没有少数民族的专传，对民族史的记述散见于各传。《周书》的《异域传》中首次出现了关于突厥、稽胡的记载。《北史》侧重鲜卑、匈奴、西域等北方和西北民族的记载。《南史》有《夷貊传》。

《隋书》第一次按方位把中国民族分为"东夷""南蛮""西域"和"北狄"。《旧唐书》有《突厥传》《回纥传》《吐蕃传》《南蛮西南蛮传》《西戎传》《东夷传》《北狄传》。《新唐书》在《旧唐书》的基础上增加了《沙陀传》。《旧五代史》中将各少数民族史事放入《外国传》中。《新五代史》将少数民族的记载放在《四夷附录》中，分为《四夷附录一契丹》《四夷附录二契丹》《四夷附录三其他相关民族》，重点记述契丹、吐谷浑、吐蕃等北方和西北少数民族，对东北、西南民族的记载则很单薄。[①]

---

① 欧阳修所撰《新五代史》是宋以后唯一被列入正史的一部私撰史著。与官修史书相比，私撰史著不必受到种种约束，可以自由表达更多的个人观点。故《新五代史》在内容和形式上都更好地继承了司马迁的民族史修撰特色。

《宋史》有《外国传》《蛮夷传》，分别记述独立的民族政权和纳入宋王朝统治的民族。《辽史》全面记载了契丹历史，《辽史》中的《二国外记》中只记载了契丹东边的高丽和西边的西夏，还用《游幸》《部族》《属国》等表的方式展现民族关系。《金史》是研究女真族最重要的文献，《金史》的《外国传》分别记述西夏和高丽向女真称臣的史事。

《元史》没有用专门的少数民族列传的方式来记录各民族的情况，而是在《地理志》中分别记录了各省民族的情况，这是第一次十分系统地按行省、路、府、州、县这种行政系统来研究民族历史，意义十分重大。《明史》首创了《土司传》来叙述明朝各地少数民族的社会历史。《清史稿》在体例上多同于《明史》，同样无民族专传，用《土司传》来记录湖广、四川、云南、贵州、广西、甘肃的民族情况，凡归理藩院管理的内蒙古、外蒙古、青海、西藏的民族则归入《藩部传》中。

通过上面的概述我们可以看到，中国古代民族史的系统研究开始于司马迁的《史记》，此后的正史都基本按照司马迁的写作范式进行民族历史文本的书写，为中国民族史研究留下了丰富而宝贵的历史文献。

二十五史当中关于中国民族历史的记述与研究虽然与中国民族史学科建设没有直接的关系，但是在客观上为后来的中国民族史学科建设在基本文献方面提供了巨大的支持，为中国民族史学科的发展奠定了坚实的文献基础。

二 20 世纪初期中国民族史学科的形成与发展

20 世纪初期的中国民族史学科的建设是在近代统一多民族中国的民族危机与边疆危机背景之下开始的。当时中国的知识界以民族国家的建设为目的，同时也希望通过中国民族历史的研究来振奋民族精神，于是开始了在民族国家建设背景下严格意义上的中国民族史的学术研究与学科建设。

梁启超的相关论著开创了中国民族历史研究的先河，之后出现了王桐龄、吕思勉、宋文炳、林惠祥、吕振羽、李济等学者关于中国民族史的著作，使中国民族史成为一门现代意义的学科。王桐龄的《中国民族史》实际上是中国汉族史，他提出"蜕化、休养"论，以汉族的发展蜕化为主线，展现了中国多民族的发展历史，明确提出中国汉族是各民族的混合体，应相互团结。吕思勉的《中国民族史》对中国的 12 个族群的发展历史进行了详尽的专题性考证，考据丰富，是一部各民族发展简史。宋文炳的《中国民族史》除了汉、满、蒙、回、藏外，还增加了对南方民族古代和现代发展概况的分析，着重介绍各民族间相互帮助、共同发展的民族关系，并在体例上多有创新。林惠祥的《中国民族史》是民国时期民族史研究的集大成者，分析系统深入，采用古今民族二重分类法，既从横的方面探讨了中国民族的分类，又从纵的方面探寻了各民族的发展历史，并对民族史的性质、研究范围、对象、内容等理论问题首次进行了明确的界定，显示了不同于其他研究者的学科意识。吕振羽的《中国民族简史》第一次用马克思主义唯物史观和平等的民族史观来进行民族史研究。李济的《中国民族的形成》超越了中国传统史学，借助体质人类学、社会学、考古学、牒谱学、田野调查、民族人口与分布分析法等多学科方法和资料探寻各民族的渊源，从全新视角进行民族史研究。[①]

上述学者的中国民族史研究有四个方面的特征：创建了基本的理论体系，拓展了研究领域，完善了研究方法，对民族国家的建构有贡献。[②] 其时代特征是把学术研究与国家、民族的命运相联系，体现了一代学人在国家民族危亡历史背景之下强烈的历史责任感和学术使命感。所以王桐龄、吕思勉、宋文炳、林惠祥、吕振羽、李济等学者关于中国民族史的著作基本代表了民国时期中国民族史研究的最高水平和发展方向。

在所有的这些学者当中，梁启超的历史功勋是最大的。梁启超从 1902 年开始发表有关中国民族史研究的论文，具有代表性的是《政治学大家伯伦知理之学说》《论民族竞争之大势》《新史学》《历史上中国民族之观察》《中国历史上民族之研究》[③] 等。学术界认为梁启超对中国民族史学科建设的贡献可以概括为以下几个方面。第一，梁启超促进了民族史研究向现代独立学科的发展，使民族史的地位上升到了中国史核心的位置，开启

①　王文光、段红云：《民国时期的中国民族史研究及民族史学科的发展》，《广西民族大学学报》（哲学社会科学版）2008 年第 6 期。

②　王文光、段红云：《民国时期的中国民族史研究及民族史学科的发展》，《广西民族大学学报》（哲学社会科学版）2008 年第 6 期。

③　参见梁启超著，吴松、卢云昆、王文光、段炳昌点校《饮冰室文集点校》，云南教育出版社，2001，第 449、787、1628、1678、3211 页。

了从民族角度研究中国历史的先河。第二，梁启超为民族史学注入了近代的观念，为后世确立了写史的指导思想。他倡导的中国民族起源和发展的多元、平等观一直指导着新中国的民族史研究。第三，梁启超打破了古代民族史学的研究范式，为近代民族史学提供了基本路径。他既注重从全局的、进化的观点研究中国各民族的融合，又注重从纵向上探讨各民族古今演变的联系。第四，梁启超改变了只依靠文献的传统研究手段，促进了民族史学方法上的更新。①

梁启超的中国民族史研究从民族定义、民族与种族以及和国民的关系、民族分类、汉族源流、中华民族起源的多元问题、民族融合等方面进行了开创性的研究，最为重要的是梁启超把民族史研究作为中国历史学研究的核心的史学观、中华民族多元起源与发展的民族史学观、各民族共同创造中国历史的民族平等观。因此，梁启超是中国民族史研究和学科建设的开拓者和奠基者。②

除了上述学者关于中国民族史的著作之外，还有众多关于中国民族史研究的著作问世，这些著作有常乃惪的《中华民族小史》、曹松叶的《中华人民史》、张其昀的《中国民族志》、缪凤林的《中国民族史》、刘揆藜的《中国民族史》、郭维屏的《中华民族发展史》、李广平的《中华民族发展史》、张旭光的《中华民族发展史纲》、俞剑华的《中华民族史》等。值得特别注意的是，民国时期已经开始有学者以中华民族的视角切入研究中华民族的历史，所以才会有常乃惪的《中华民族小史》、曹松叶的《中华人民史》、郭维屏的《中华民族发展史》、李广平的《中华民族发展史》、张旭光的《中华民族发展史纲》、俞剑华的《中华民族史》，这些著作也促进了中国民族史学科的形成与发展。

20世纪初期是中国民族史研究从自发到自觉，成为一个现代学科的时期。这个时期的中国民族史研究在特定的救亡图存历史背景下，具有国族建构、民族主义的时代特点。

---

① 彭武麟、李婷轩：《简析梁启超的民族史研究》，《吉首大学学报》（社会科学版）2007年第4期。

② 王文光、赵永忠：《梁启超的中国民族史研究及其对中国民族史学科发展的贡献》，《学术探索》2007年第3期。

三　20世纪中后期中国民族史学科的发展

中华人民共和国成立后，为了建设一个各民族真正平等的新中国，学者们从民族调查、民族识别开始进行了大规模的中国民族史研究，中国民族史在研究的深度和广度上都有巨大发展，在民族源流史、民族关系史、区域民族史研究等方面取得了不少成果，中国民族史学科逐步完善，中国民族史的研究出现了一个空前的高潮，具体表现为以下几个方面。

第一，综合性的中国民族史著作不断出版。具有代表性的著作有江应樑主编的《中国民族史》、王锺翰主编的《中国民族史》、陈连开的《中国民族史纲要》、徐杰舜的《中国民族史新编》、邱树森等的《中国少数民族简史》、翁独健主编的《中国民族关系史纲要》、杨策和彭武麟主编的《中国近现代民族关系史》、王文光的《中国古代的民族识别》。

第二，中国民族断代史比较有代表性的有田继周的《先秦民族史》和《秦汉民族史》、白翠琴的《魏晋南北朝民族史》、卢勋等的《隋唐民族史》、陈佳华等的《宋辽金时期民族史》、罗贤佑的《元代民族史》、杨绍猷等的《明代民族史》、杨学琛的《清代民族史》。

第三，地域性的民族史与民族关系史具有代表性的有尤中的《中国西南民族史》、张雄的《中国中南民族史》、吴永章主编的《中南民族关系史》、杨建新和马曼丽主编的《西北民族关系史》、王文光的《中国南方民族史》。

第四，对中华民族史的研究在这个时期也比较深入，比较有代表性的著作有费孝通主编的《中华民族多元一体格局》《中华民族研究新探索》，陈连开的《中华民族的起源与中华民族的形成》《中华民族研究初探》，潘龙海、陈连开、金炳镐的《中华民族学初探》，陈育宁主编的《中华民族凝聚力的历史探索》，马戎、周星主编的《中华民族凝聚力形成与发展》，张博泉的《中华一体的历史轨迹》，张磊、孔庆榕主编的《中华民族凝聚力学》，等等。

总的来说，20世纪中后期的中国民族史学科可以"概括为三个互相联系的发展阶段，即1950年至1966年以族别史研究为核心的阶段，1978年至1988年以地区民族史和民族关系史等综合研究为主的阶段，1988年至今（按：作者指的是 1998 年）以中华民族进行整体研究的阶段"。①

具体而言，在第一阶段，学者们主要是在全国范围内进行了大规模的民族识别和民族调查工作。在这些学术研究的基础上，到 1979 年最后识别了基诺族，中国的 56 个民族格局确立，其主要工作基本是由民族史研究人员完成的。此外，还在掌握的第一手民族调查资料和调查报告的基础上完成了中国 55 个少数民族的民族简史简志，对中国各少数民族的民族起源、形成和发展历史进行历史学的记述，在民族平等的基础上使 55 个少数民族有了自己的历史文本。中国民族史学科对中国国家建设贡献巨大。

第二阶段是"文化大革命"结束以后到 1988 年，中国民族史的学术研究进入了一个活跃的历史时期。在中国民族史发展的过程当中，原来的族别史研究的成果渐渐被消化，各民族之间的关系史研究、地域民族史的研究在新的历史条件下凸显出来，特别是许多高等院校开始招收中国民族史的研究生，这也加快了中国民族史学科的发展。

第三阶段是从费孝通先生提出"中华民族多元一体格局"的理论开始到 20 世纪末期。这个阶段一方面是中国民族史学科发展到了一个高峰，在学科建设的过程当中出现了一批学术界知名的中国民族史学者，以及民族史专著数百部和论文数万篇，涵盖了民族关系史、地方民族史、族别史等众多领域；另一方面是在中国重新全方位进入世界政治、经济、文化舞台的历史背景之下，历史要求学术界开展对中华民族的研究，所以对中华民族的研究的深度和广度都超过历史上的任何时期，这对中国民族史学科的建设有积极的推进作用。

综上，可以看到，20 世纪中后期的中国民族史在学科建设方面取得了很大成绩，表现为中国民族史的研究已经从 20 世纪初期自觉的中国民族史研究与学科建设上升到了 20 世纪中晚期中国民族史研究的高峰，学科建设取得了历史性的发展，在国家的指导下，中国民族史研究成为学术界主动的、有组织的研究，中国民族史的研究已经和国家命运相联系。

---

① 陈连开：《中国民族史研究的基本特点与发展三阶段》，载《中华民族研究初探》，知识出版社，1994，第 349 页。

四 21世纪初期中国民族史学科发展的异化

21世纪之初,中国民族史学界出版了一批优秀的中国民族史学术著作,其中比较有代表性的有尤中的《中华民族发展史》、蒋炳钊等的《中国东南民族关系史》、李德山等的《中国东北古代民族发展史》、林幹的《中国古代北方民族通史》、萧君和的《中华民族史》、阎明恕的《中国古代和亲史》、龚荫的《中国民族政策史》、崔明德的《中国古代和亲史》、陈连开等主编的《中国近代民族史》、罗贤佑的《中国民族史纲要》、田晓岫的《中华民族发展史》、杨建新的《中国西北少数民族史》。但是,上述这些著作绝大多数都是年事已高的老先生的封笔之作,中青年学者有分量的中国民族史著作不多,由此显示了中国民族史学科发展开始出现衰落、停滞的迹象,最大的问题是中国民族史学科研究后继无人。作为一个学科,如果失去了基本的研究人才与研究队伍,这个学科也就将面临衰落的危险。之所以出现这样的情况,是由深刻而复杂的因素共同造成的。

第一,中国民族史的学科发展过程当中已经具有了强烈的行政色彩,在学科归属上人为地使中国民族史学科不断发生变化。最初是将中国民族史列为历史学一级学科之下的中国民族史二级学科,授历史学学位,但在1994年的学科调整中,将中国民族史并入专门史,而在1998年的学科目录中,又在民族学一级学科之下增加了一个中国少数民族史二级学科,授法学学位。从此,中国民族史的学科属性人为地发生了变化,由历史学门类变为法学门类,学科名称也由中国民族史变为中国少数民族史。因此有学者认为:"从目前社会人文科学的学科分类和管理现状看,民族史研究似乎有些不伦不类和一女二嫁的趋势。……一方面,在历史学看来民族史是属于民族问题研究的范畴而非史学主流;另一方面,在民族学看来民族史又是历史学的范畴而并非民族学研究的正统路数。这种在学科分类和管理中的交叉格局,对于民族史研究的学科建设和发展难免有不利影响。"①

---

① 彭武麟:《回溯与当下——兼论中国近代民族关系史研究的基本对象与路径》,《中央民族大学学报》(哲学社会科学版) 2008年第3期。

其结果是，中国民族史学科虽然有悠久而深厚的学术研究历史传统和丰富的文献支持，但是因为属于民族学学科，所以一些从事中国民族史研究的人员便在大民族学学科框架内去与民族学结合。

第二，由于中国民族史的学科归属出现了变化，因此学科的边界也变得模糊不清。例如百度学术网上的"民族史相关学者"条中说，在民族史研究进程中，大量优秀的文献源于以下学者①，他们推动和引领着学科的发展与进步。但是在他们列举的学者当中，马戎、王铭铭就不是研究民族史的学者。此外，在研究中国民族史排名前八位的相关研究机构2000年以来发表的131篇论文当中②，很多都不是研究传统民族史的论文，而是民族经济、民族教育、民族地理、民族文学等方面的论文。学科边界的模糊与民族概念的学术争论也有关系，彭武麟一针见血地指出："'民族'歧义使得民族史研究的范畴似乎越来越变得模糊不清了。一方面好像所有的史学研究内容都与民族史有关，另一方面民族史具体的研究对象反倒是不能准确把握了。"③

第三，进入21世纪，由于统一多民族中国国家发展的重点发生了变化，当前中国众多的少数民族面临的是经济社会发展问题，因此以经济、文化为中心的研究成为学术研究的一个时代主题，于是众多本来在学科上属于中国民族史的学者便去研究现实问题，因为这样比较容易得到研究项目。正是在这一社会历史背景之下，中国民族史部分研究人员研究的内容发生了变化，开始出现非传统的以文献为中心的研究，而是以田野调查、社会调查材料为中心的研究，中国民族史的研究开始偏离学科传统的轨道。特别是一些研究中国民族史的年轻学者为了所谓的课题去进行与中国民族史不相干的研究，例如一些政府为"民族文化搭台、经济唱戏"而委托的课题，或者是去做一些短平快的民族文化遗产保护课题，这些都导致中国民族史学科的异化。

---

① 具体是马戎、王铭铭、史金波、方铁、何星亮、周伟洲、徐杰舜、王文光、周泓、齐顺清、祁进玉、管彦波、薛宗正等14位学者。

② 这些研究机构是云南大学西南边疆少数民族研究中心、北京师范大学历史研究所、中国社科院民族学与人类学研究所、北京师范大学历史学院、四川大学历史文化学院、云南大学人文学院、中央民族大学历史文化学院、河北师范大学历史文化学院。

③ 彭武麟：《回溯与当下——兼论中国近代民族关系史研究的基本对象与路径》，《中央民族大学学报》（哲学社会科学版）2008年第3期。

第四，21 世纪以来中国的边疆安全与边疆民族问题成为国家关注的重大现实问题，于是对边疆问题的研究勃然兴起，开始有了"中国边疆学"的建构，这使大量原来研究中国民族史的研究人员去从事"中国边疆学"的研究。尽管对中国边疆的研究与中国民族史的研究有关，但是毕竟不是严格意义上的中国民族史研究，因为研究的对象不再是民族，而是中国少数民族分布的空间。与此同时，一些相关学科的学者也开始介入边疆问题的研究，例如出现了与政治学相关的"边疆政治学"，导致一些研究中国民族史的研究人员进入"边疆政治学"的研究领域，分散了中国民族史学科的研究力量。因此，中国民族史的研究队伍出现了分化，中国民族史学科的异化倾向更加明显。

第五，从中国大学内部行政管理的角度来看，由于把中国少数民族史归入民族学一级学科，接下来就是中国少数民族史学科在很多学校被安排在民族学学院或者民族学与社会学学院。在这样的情况下，中国少数民族史的教学计划、人才培养方案都纳入民族学一级学科的教学体系当中，传统的历史学训练被淡化，而学生为了与整个学院的其他学科的同学有共同的学术语言，也自觉不自觉地向民族学大学科靠近，于是中国少数民族史的教学也开始变异，学生们也开始找不到自己的学科归属。

五　结语

第一，中国民族史学科自身要适应中国学术界的变化，在国家发展的宏观历史变化当中去寻找中国民族史学科发展的内在动因和新的增长点。这就必须把民族史研究与统一多民族中国国家历史研究紧密结合起来，重点关注民族与国家这两个变量之间的内在逻辑关系，从国家研究的角度注意民族与国家的"多元一统"关系。

第二，在坚持传统的中国民族史学术研究的同时，也要把研究的空间扩大，在空间上把中国民族史的研究与世界历史的研究紧密结合起来，用世界史的眼光来看待中国民族的发展历史。研究中国民族史的一个目的还可以是："说明中国民族所产文化，以何为基本，其与世界他部分文化相互之影响如何；说明中国民族在人类全体上之位置及其特性，与其将来对人类所应负之责任。"① 因为中国的民族国情是少数民族都分布在边疆，而统一多民族中国的边疆不是固化的，也是一个历史变量，所以与世界历史紧密联系进行研究，我们或许可以有新的发现。例如可以用世界史的眼光来重新研究司马迁的《大宛列传》，认识秦汉时期中国人的民族观；在研究的时间断代上，要把中国民族史的研究时间往近代、现代延伸，向当代推进，关注中国民族发展中的现实问题，开拓中国当代民族史研究领域，把民族史研究与中国当代的发展问题相结合。

第三，从本质上讲，我们仍然认为中国民族史学科是中国历史学的有机组成部分，任何缺少中国民族史的中国历史都是不完整的。反之，离开中国历史发展的整体性去叙述各民族的历史也同样是片面的。梁启超在《中国历史研究法》一文中谈到中国民族史与中国史的关系时曾经说过："举要言之，则中国史之主如下：第一，说明中国民族成立发展之迹，而推求其所以能保存盛大之故，且观察其有无衰败之征。第二，说明历史上曾活动于中国境内者几何？我族与他族调和冲突之迹如何？其所产结果如何？"② 显然，梁启超认为中国历史的核心应该就是中国民族史。

对于中国民族史学科的未来，从学科发展的长远观点来看，目前学科之间的融合是一种趋势，所以中国民族史学科出现的异化应该是多学科综合趋势的一种短时间的现象，所以我们认为，多民族的中国及其悠久的历史，决定了中国民族史仍将是一门充满生命力的学科。

① 梁启超：《梁启超史学论著四种》，岳麓书社，1998，第112页。
② 梁启超：《梁启超史学论著四种》，岳麓书社，1998，第112页。

中国民族史学发展述论 *

从宏观上讲，中国民族史学的任务是阐述中国民族史发展的过程及其规律，分析中国民族史在发展中所反映的时代特点及各种成果在社会上的影响，对中国民族史研究做出评价。就具体的内容而言，中国民族史研究可以分为古代统一多民族中国形成与发展过程中的古代民族史研究、近现代民族国家建构过程中的近现代中国民族史研究。本文力图按照历史发展的顺序对中国民族史学的历史发展过程予以评述。

一

对中国民族史的关注，可以追溯到对中国民族有文字记载的商代。在甲骨文、金文中就已经有了对氐、羌等民族的零星记载，先秦时期的《诗经》《尚书》《春秋》《国语》等古籍中到处散见对古代中国民族群体的记载，《夏书·禹贡》中还记载了最早的民族政策"五服制"。尽管先秦时期的民族历史记述零散简要，常常是只言片语，一带而过，缺乏系统性和逻辑性，但其作为民族史研究的发端，如实展现了当时存在的民族群体类别、战和相交中不断融合的民族关系，为民族史研究提供了最早期的基本史料。

司马迁开创了中国民族史研究的范例。他首创"四夷传"，通过《匈奴列传》《南越列传》《东越列传》《西南夷列传》《大宛列传》《朝鲜列传》分别记述了中国东南西北四方的少数民族概况。这种按地域来分别为

* 本文原载于《思想战线》2012 年第 4 期，第 92～95 页。

少数民族立传的做法开创了中国民族史记述的先河，从民族史学科研究的角度而言，司马迁的《史记》"使中国民族史研究有了明确的研究时空概念、明确的研究对象和丰富的研究内容，严格意义上的中国民族史研究以司马迁作为起点"。[①]

后世的史学家基本都是仿照司马迁开创的这一模式来进行民族史的记述的。《汉书》采用国别史的形式为少数民族立传。《后汉书》增加了《东夷列传》，并首创《西羌传》和《乌桓鲜卑列传》。《三国志》中专门的民族史仅见《三国志·魏书·乌丸鲜卑东夷传》，《蜀书》《吴书》中虽无专门的民族专传，但关于氐羌、山越民族的记载散见于《诸葛亮传》等各传中。《晋书》专设了《四夷传》记载四方民族概况，还首创了"载记"这一综合了本纪、列传、志的体例来记述少数民族政权的首领及其所建立政权的政治、经济、军事、文化等发展全貌。《宋书》中关于民族史的记载包含《索虏传》《鲜卑吐谷浑传》《夷蛮传》《氐胡传》。《南齐书》设《魏虏列传》《蛮、东南夷列传》《芮芮虏、河南（匈奴）、氐、羌列传》三传来叙述托跋鲜卑建立的北魏，荆、湘等地的南方民族，北方和西北的民族的发展情况。《梁书》在《诸夷传》中记载了海南、东夷、西北诸戎的历史。由于陈朝历史较短，所以在《陈书》中没有民族专传，民族历史的情况散见于各相关列传之中。《魏书》"是'正史'中第一部专记少数民族政权史事的史书"[②]，其民族史研究侧重于西域民族、北方民族、东北民族。《北齐书》没有少数民族的专传，对民族史的记述散见于各传，反映了当时各民族间相互征战、遣使朝贡的民族关系。《周书》将少数民族传归入全书最后的《异域传》，并首次有关于突厥、稽胡的记载。《南史》《北史》采用通史体例，使各民族发展情况记载完整，时间发展线索明晰。《北史》侧重鲜卑、匈奴、西域等北方和西北民族的记载。《南史》在《夷貊传》中对东北亚、东南亚、南方民族历史的记载更为翔实。《隋书》的民族史记述按方位分为《东夷传》《南蛮传》《西域传》《北狄传》。《旧唐书》中有《突厥传》《回纥传》《吐蕃传》《南蛮西南蛮传》《西戎

[①] 王文光、张媚玲：《司马迁的民族史研究及其对中国统一多民族国家发展的贡献》，《学术探索》2008 年第 6 期。

[②] 瞿东林：《〈魏书〉的风波》，载瞿东林等《二十五史随话》，人民教育出版社，1988，第47～48 页。

传》《东夷传》《北狄传》来记述少数民族史事。但《旧唐书》表现出重北轻南的倾向，所以对南方、西南少数民族的研究不多。《新唐书》在《旧唐书》的基础上增加了《沙陀传》，《南蛮传》中专设《南诏传》，因此史料更为丰富，记述更为详尽。《旧五代史》中将各少数民族史事放入《外国传》二卷中，以中原纪年为纲，记述了周边十二个少数民族的主要史实。《新五代史》将少数民族的记载放在《四夷附录》中，重点记述契丹、吐谷浑、吐蕃等北方和西北少数民族，对东北、西南民族的记载则很单薄。欧阳修所撰《新五代史》是宋以后唯一被列入正史的一部私撰史著。与官修史书相比，私撰史著不必受到种种约束，可以自由表达更多的个人观点，故《新五代史》在内容和形式上都更好地继承了司马迁的民族史修撰特色。《宋史》共有《外国传》八卷、《蛮夷传》四卷，分别记述独立的民族政权和纳入宋王朝的政治势力的民族。《辽史》全面记载了契丹历史，其中的《二国外记》只记载了契丹东边的高丽和西边的西夏。此外，《辽史》大量运用《游幸》《部族》《属国》等表的方式展现民族关系，《国语解》则保留了契丹语的民族史宝贵资料。《金史》是研究女真族最重要的文献，《外国传》分别记述西夏和高丽向女真称臣的史事。元朝是少数民族建立的政权，故《元史》没有用专门的少数民族列传的方式来记录各民族的情况，而是在《地理志》中分别记录了各省民族的情况，这是第一次十分系统地按行省、路、府、州、县这种行政系统来研究民族历史，意义十分重大。《元史》中记录最详细的是蒙古族史，周边邻国及其民族的历史记述都放到《外夷传》中。《明史》首创了《土司传》来叙述明朝各地少数民族的社会历史。《外国传》记载境外民族历史，其中有许多非外国的民族，而是明王朝政治上的对手，如瓦剌等。再加上《西域传》，可以说《明史》中的民族记载在二十四史中分量最多。《清史稿》在体例上多同于《明史》，同样无民族专传，用《土司传》来记录湖广、四川、云南、贵州、广西、甘肃的民族情况，凡归理藩院管理的内蒙古、外蒙古、青海、西藏的民族则归入《藩部传》中。《清史稿》中没有《外国传》，而把有比较紧密政治隶属关系的国家和地区归到一起，写入《属国传》。

此外，在官家编纂或私人著述的各种类书、丛书、方志、游记、笔记中，也有大量关于民族的记载，较为重要的有常璩的《华阳国志》和樊绰的《蛮书》，这些文献大多记载了作者亲历的民族史事，真实性较高，弥补了正史中忽略的许多地方民族情况，具有较高的学术价值。

通过以上的回顾，我们可以看到中国古代的民族史研究有两点值得充分肯定。

第一，再现了中国民族发展的基本历史过程。中国民族史研究源远流长，古代关于中国民族史的记载和研究有 2000 多年的发展历史。对中国古代民族历史的研究已经成为中国的学术文化传统，成为中国古代文化的一笔宝贵财富。

第二，古代中国民族史研究始终围绕统一多民族中国的历史发展过程展开，是中国国家发展历史的一个重要组成部分。几千年的中国民族史研究反映了中国这个统一多民族国家从民族众多走向融合、统一的历史过程。

与此同时，中国古代民族史研究还表现出以下几个特点。

第一，古代中国民族史研究具有浓厚的政治色彩，以政治的视角为出发点。首先，中国古代的民族史研究内容偏重政治治理、民族的政治关系、民族战争等，忽视经济、文化等方面的内容。其次，除了司马迁的《史记》和欧阳修的《新五代史》外，二十五史几乎都是官修史书，所以记述历史有诸多顾忌，多用曲笔。最后，政局平稳时对民族史的记述就详细，而动荡时期则民族史记述简略。随着政治上的大一统加强，历代民族史的研究呈现从少到多、从简到详的趋势，而且对民族历史研究的深入与国家对各民族统治的深入有关。

第二，中国古代的中国民族史研究具有强烈的大民族主义，表现为"内华夏，外夷狄；贵华夏，贱四夷"的民族史观，所以对民族史的记述一般都放在全书的最末，而且把汉族和汉文化作为评价是非的标准，记载上不仅厚此薄彼，还对少数民族有很多民族歧视和民族偏见。

第三，虽然古代中国民族史研究客观上为今天认识中国各民族和周边国家民族留下了宝贵的原始资料，但是史书质量参差不齐。有的史书修于政治稳定时期，历时久远，汇集众多学者之力，故史料丰富可信，剪裁合理。有的则编修于历史混乱时期，仓促完成，故难免有重复疏漏、繁杂之嫌，如《旧唐书》。有的还是辑本，如《旧五代史》是从《永乐大典》中辑录的，对民族关系的记载依据辑录者的大民族主义观进行了大量删改，难以真实再现当时的民族情况。另外，由于古代中国民族关系的重点在北方，所以在中国民族史的记述中就表现出重北轻南的倾向，北方民族历史的记载和研究的详尽程度远远超过南方民族。

总的来说，古代的中国民族史研究还处于自发的、不自觉的阶段。

二

民国时期中国民族史的研究是在近代中国的边疆危机和民族危机背景下展开的，因而民国时期的中国民族史研究是一个从自发到自觉，逐步向现代学科发展的时期。

面对内忧外患，在亡国灭族的民族危机下，同时受到西方民族学的影响，大批学者开始关注民族史研究的学术价值和现实意义。梁启超先后撰写了《历史上中国民族之观察》《中国历史上民族之研究》等一系列文章，探讨了民族的概念、民族史研究的意义和方法，为民族史学科的建立和发展奠定了基础。在梁启超及王国维、顾颉刚等学者的推动下，中国学术界形成了一股前所未有的民族史研究热潮，至20世纪三四十年代先后出版了一批全局性、综合性的民族史著作。王桐龄的《中国民族史》以汉族的发展蜕化为主线展现了中国多民族的发展历史，明确提出中国人民是各民族的混合体，应相互团结。吕思勉的《中国民族史》对中国的12个族群的发展历史进行了详尽的考证，是一部各民族发展简史。宋文炳的《中国民族史》分析了汉、满、蒙、回、藏族及南方民族古代和现代发展概况，着重介绍各民族间相互帮助、共同发展的民族关系。林惠祥的《中国民族史》是民国时期民族史研究的集大成者，从横的方面探讨了中国民族的分类，从纵的方面探寻了各民族的发展历史，并对民族史的性质、研究范围、对象、内容等理论问题第一次进行了明确的界定，显示了不同于其他研究者的学科意识。吕振羽的《中国民族简史》首次用马克思主义唯物史观和平等的民族史观来进行民族史研究。李济的《中国民族的形成》则借助人类学、社会学、考古学、统计学、牒谱学、田野调查等多学科方法和资料探寻各民族的渊源，拓展了民族史的研究方法。

民国时期的中国民族史研究与古代相比有巨大进步和根本性的变化，可以从以下几点看出。

第一，在构建中国民族国家的时代背景下，民族史的研究由古代的"自发"研究转变为"自觉"的研究。民国学者们的民族史观虽然还残存大民族主义和民族歧视，但已开始重视民族平等。学者们不再从统治者的角度出发，不再侧重于政治统治，而是站在国家和中华民族发展的高度进行学术研究。研究中国民族史，目的在于唤醒民众团结一致构建民族国家，故每本关于中国民族史的著作均强调中国是一个统一的多民族国家，体现了史学与现实紧密结合的研究特点，反映了史学家强烈的社会责任感和时代精神。

第二，中国民族史学开始向具有现代意义的、研究内容丰富的学科发展。民国时期的中国民族史研究摆脱了传统政治史的附属地位，开始有了明确的学科定位。学者们开始探讨中国民族史的性质、意义、研究内容、研究方法等一系列核心问题，构建了包括民族起源、民族融合、各民族共同构建统一国家、南北民族差异等内容的中国民族史研究基本理论体系。

第三，涌现了一批具有较高学术水平的中国民族史专著，使中国民族史研究在学术范式、深度、广度上都向前推进了一大步，奠定了下一个历史时期中国民族史研究的坚实基础。研究者都是具备深厚国学基础的饱学之士或是留学西方的广博学者，对古代民族史资料进行了非常充分而细致的研究，同时也开始借鉴西方学术观点和方法，因此研究质量较高。如果说古代的民族史研究仅仅是在王朝史中开辟专章来记述民族发展历史，相对简略，系统性欠佳，民国时期的几本中国民族史代表性著作则运用不同的研究方法从不同视角详细分析了中国各民族的发展历史，学术水平上了一个新台阶。研究的民族也由最初的"五族共和"扩展到了分布于各地的少数民族，研究领域已开始超越旧有的族源、政治斗争、民族关系等范围，向经济、文化等领域渗透，研究更加专门化。这也为中华人民共和国成立后的中国民族史研究奠定了坚实基础。

第四，受国外民族学、人类学等研究影响深远。民国时期的中国民族史研究在研究方法、实地调查、参考文献等各方面都借鉴了西方学术成果，不再单纯停留在中国传统史学体系依赖文献考据进行研究，具备了现代意义的民族研究理论和研究范式。

三

中华人民共和国成立后，中国民族史研究进入了全新的发展时期，分为三个阶段。

第一阶段。中华人民共和国成立初期，为了弄清国内的民族情况，制定合理的民族政策，在全国范围内进行了大规模的民族识别和民族调查工作。通过这些工作，收集了大量第一手民族调查资料，形成了一系列调查报告和民族简史简志，中国各民族第一次对自己民族的起源、形成和发展历史进行了详细的梳理。此外，学术界还就汉民族的形成、中国历史上的民族关系主流、民族与疆域、民族战争与民族英雄等问题展开了广泛的讨论，推动了民族史理论的深入发展。

第二阶段。"文革"期间，中国民族史的学术研究受制于各种政治运动，基本处于停滞阶段，学科发展、研究方向、研究方法、民族观上都受到负面影响。

第三阶段。20世纪80年代改革开放以来，涌现了大批民族史著作和论文，涵盖了中国民族通史、民族关系史、民族政治史、民族文化史、民族经济史、民族宗教史、民族思想史、地方民族史等专著数百种，论文数万篇，取得了丰硕的成果。相较于民国时期的民族史著作的粗疏简略，这些著作研究领域更加宽广，论述分析更加深入，在深度和广度上都达到了较高的学术水平。

中华人民共和国成立后的中国民族史研究与古代和民国时期的中国民族史研究相比，具有以下特点。

第一，以马克思主义唯物史观和民族平等观为指导，在民族平等、民族团结的基本原则下进行中国民族史研究。但是，因为历史和地域等因素的影响，少数民族的发展普遍滞后于汉族的发展，所以中华人民共和国成立后为了贯彻民族平等，促进民族团结，中国民族史研究的重点倾向于少数民族研究，但一度走入另一极端，以至于出现民族史研究等同于少数民族研究的现象。20世纪90年代后，学术界已达成共识：要重视汉族研究，汉族和少数民族、少数民族和少数民族之间都是密不可分的，只有同时重视汉族和少数民族研究，中国民族史的研究才是完整的。

第二，中国民族史研究从自发、自觉上升到积极主动、有组织的研究。民族史研究已经成为国家发展、政治稳定的需要，中国民族史研究要紧扣时代的重大事件有计划地展开。正因为如此，当代的中国民族史研究不可避免地受到政治运动的影响。例如，民族识别、民族调查是在政府主导下进行的当代中国民族史研究，故规模之大世界罕见，国家的高度重视、学者的优势互补，提高了民族调查的效果，但学术自由和求真务实受到行政干预的影响。

第三，研究内容丰富多彩，涵盖面扩大，表现出视角开阔、新论迭出的格局。中华人民共和国成立后的中国民族史研究有明确的学科定位、长远的学科规划，有一大批老中青学者积极参与，因此研究比较系统化，取得的研究成果也远超上两个阶段。学者们注重理论和方法的创新，对民族史研究中一直存在争议的很多问题进行了论辩，促进了理论的深化；在研究方法上继承了古代和民国的传统，既注重史料的挖掘，又注意借鉴多学科和国外研究成果。同时也坚持理论与现实结合，很多研究成果对今天的民族工作起到了积极的政策参考作用。

四

在对中国民族史研究进行历时性的回顾后，我们还有以下认识。

第一，按照法国年鉴学派布罗代尔的"多元时间"法，我们认为中国相对独立的特殊地理位置、南北各异的生态环境、多民族的社会结构和大一统的思想传统等"长时段"因素对中国民族史研究的历史进程起着决定性和根本性的作用。中国民族史的理论研究只有从长时段角度去探索，才能揭示中国民族发展的根本动因。例如中国民族关系的主流、民族融合、民族迁徙等均与我国的地理和生态有密切联系。在这些因素的作用下，中国民族史研究从古至今长盛不衰，任何政治群体或政权只有关注民族研究，才能在中国立足和发展，因此，不论经历了多少曲折险阻，对民族史的研究都没有中断，忽视统一多民族中国的中国民族史研究是没有理论价值和现实意义的，是没有学术生命力的。

第二，从由"长时段"因素所制约的经济、社会、国家政权更替和文化等"中时段"因素来看，中国南北经济类型的不同决定了民族史研究应该关注南北民族差异问题，应该克服重北轻南的倾向。此外，中国民族史研究随国家、社会变动而变化，具体表现为政治清明、政局稳定时对中国民族史的研究就详细而深入，社会动荡时期则民族史记述简略，所以中国民族史的研究随着中国统一多民族国家的发展呈现由少到多、由简到详的趋势。

第三，从政治变动、外交、战争、人物、立法等重大事件频繁变化的"短时段"因素来看，中国民族史研究的成果反映了每一个历史时期的时代特点和著者的民族史观，中国民族史的研究者始终把自己的研究和时政紧密联系，一些划时代的标志性事件对中国民族史研究影响巨大。

继承与突破：中国西南古代民族史的历史人类学研究前景及其可能 *

　　19 世纪末期到 20 世纪初期，已经职业化了的西方历史学家们开始关注历史学与社会科学相结合的历史学革新问题。1929 年法国斯特拉斯堡大学的历史学教授布洛赫和费弗尔创办了《经济与社会史年鉴》，标志着法国年鉴学派的产生。布洛赫和费弗尔两位教授在《经济与社会史年鉴》发刊词当中写道："目前的状况是，一方面历史学家在研究过去的文献材料时使用着陈旧的方法；另一方面，从事社会、近代经济研究的人正在日渐增加。这两个方面的研究者互不理解，互不通气。"显然，年鉴学派一开始就强调两个问题，一是历史学的研究方法"陈旧"，二是学科之间没有相互联系，没有"打通"。目前关于中国西南民族历史的研究，甚至是整个中国民族史的研究就十分明显地存在这些问题，因此如何"打通"中国西南民族史研究与其他学科的联系，是必须要思考的问题。我们的基本认识是：在学科关系上要继承和突破，在方法论上除了历史学原有的方法之外，最有建设性意义的就是对中国西南民族史进行历史人类学研究，唯此，中国西南民族历史的研究才有可能突破，取得更大的发展。

一　继承：关于中国西南民族史研究的学术轨迹

　　基于上述理论认识，我们认为，对中国西南民族历史的研究，甚至是对中国民族历史的研究，虽然从古代就已经开始，但是后来研究的空间越

---

　　* 本文原载于《西南边疆民族研究》第 25 辑，社会科学文献出版社，2018。

来越狭小，进度越来越缓慢，就是因为没有在方法论上得到突破。为了让这个问题说得更加清楚，在此仍然有必要对中国西南民族历史的研究进行简要的学术史回顾。

1. 中国古代的西南民族史研究

中国是一个多民族国家，中国西南民族对多民族中国的建设与发展是做出过巨大贡献的，因此自古以来在中国古代的历史文献当中就有关于中国西南民族的历史记述。

对中国西南民族的关注，可以追溯到商周时期，在甲骨文和钟鼎文中，就有关于夷、羌的零星记载。其他如《左传》《淮南子》《国语》《尚书》《诗经》《世本》《吕氏春秋》等先秦典籍，对西南民族的记载日增且渐详。

多民族汉朝的建立，出现了大一统的帝国，但是这个强大的帝国却没有一部属于自己的国家历史。正是在这样的历史背景之下，司马迁写成了中国历史上第一部完整的国家史《史记》。在《史记》中，司马迁以汉族为中心，把汉族之外的少数民族称为"四裔"，写了"四裔传"。在《史记》以后的绝大多数正史中都有关于中国西南民族的历史记载，但是各朝的正史对中国西南民族历史的记载详略不均。《史记·西南夷列传》《汉书·西南夷两粤朝鲜传》《后汉书·南蛮西南夷列传》对中国西南民族的记载最为详细；《三国志》没有关于西南民族历史的列传，但是与中国西南民族历史有关的材料却在《诸葛亮传》《霍峻传》《吕凯传》《李恢传》中可以见到；《旧唐书》的《吐蕃传》《南蛮西南蛮传》和《新唐书》的《吐蕃传》《南蛮传》较为详细地记载了唐代中国西南民族的历史；《宋史》的《蛮夷传》有对中国西南民族历史的记载；由于元代西南各民族基本已经纳入了统一多民族中国的政权系统，所以《元史》中没有民族列传，西南民族相关的历史都写入《地理志》中；《明史》则将西南民族历史写入《四川土司传》《云南土司传》《贵州土司传》中。

在上述所有的正史中，历史学家们从多民族王朝国家建设的角度突出王朝国家与西南各民族的政治关系，这对维护国家的统一具有积极意义，是先秦以来"大一统"思想的实践，但是民族的政治关系多数表现为对抗性，没有从文化的角度考虑民族关系的文化属性。其民族观基本都是"华夷有别",特别是汉族历史学家写的"正史"更是充满大民族主义的色彩,因此在记述西南民族历史文化的时候,绝大多数情况下都是以猎奇或者歪曲的文字来表述,以描写落后的"蛮夷"习俗为多,认识上有片面性。

除上述各朝正史中有西南民族的专传外,历代官家编纂或私人著述的各种类书、丛书、方志、游记、笔记中,也有大量关于西南民族的记载,较为重要的有常璩的《华阳国志》,樊绰的《蛮书》,周去非的《岭外代答》,范成大的《桂海虞衡志》,田雯的《黔书》,李京的《云南志略》,钱古训、李思聪的《百夷传》,朱孟震的《西南夷风土记》,李心衡的《金川琐记》,姚莹的《康輶纪行》,陈浩的《黔苗图说》,无名氏的《土官底簿》,郭松年的《大理行记》,龚柴的《云南考略》,肖石斋的《乌蒙纪年》,无名氏的《乌蒙秘闻》,刘彬的《永昌土司论》,赵翼的《平定金川述略》,魏源的《西南夷改流记》,无名氏的《招捕总录》,蒋彬的《南诏源流纪要》,余庆远的《维西见闻记》,等等。前述文献大多根据作者调查所成,学术价值很大。总的来说,这些文献的作者基本都是汉族学者,都有维护王朝国家大一统的思想,大民族主义的意识突出,但与正史相比较,这些文献的文化价值大于政治价值,值得从历史人类学的角度进行文化阐释。

2. 中国近现代的西南民族史研究

1840 年以后,中国社会边疆危机、民族危机凸显,部分中国学者开始对中国西南民族历史文化进行研究。在近代中国著名学者中,较早研究中国西南民族史的人是梁启超。他先后发表了《张博望、班定远合传》《历史上中国民族之观察》《三苗九黎蚩尤考》《春秋蛮夷戎狄考》《中国历史上民族之研究》等文,花了很大篇幅来研究中国西南民族历史,对族属源流的研究颇有见地。

民国时期的中国西南民族史研究在研究范式上发生了巨大变化,部分成果是在实地调查并结合历史文献的基础上完成的。例如,1914 年,丁文江在对云南和四川少数民族进行调查后,在《独立》杂志上发表了《云南的土著人种》《四川会理的土著人种》等论文;1928 年夏天,中山大学语言历史学研究所杨成志到云南进行了为期一年零八个月的民族调查,回广州后发表了《罗罗太上清静消灾经对译(罗罗文——汉文)》《罗罗族的文献发现》《罗罗族的巫师及其经典》《罗罗的语言、文字与经典》《罗罗文明源流探讨》《云南民族调查报告》等论文。其他还有曲木藏尧的《西南夷族考察记》。

当然，由于中国史学的特定学术传统，更多的西南民族史研究还是以文献为主要依据，兼及实地调查。主要论著有：夏光南的《云南文化史》，凌纯声的《唐代云南的乌蛮与白蛮考》，陶云逵的《云南的摆夷族在历史上及现代与政府之关系》，马长寿的《川康民族分类》，徐松石的《粤江流域人民史》和《泰族僮族粤族考》，方国瑜的《滇西边区考察记》和《旅边杂著》，徐嘉瑞的《大理古代文化史稿》，范义田的《云南古代民族之史的分析》，彭桂萼的《云南边地与中华民族国家之关系》，张潜华的《西南民族问题》，吴泽霖的《贵州苗夷社会研究》，丁文江的《爨文丛刻》，李佛一的《车里》及他翻译的《泐史》。

在此期间，许多学者深入民族地区进行调查，完成了许多高质量的成果。1941年，当时的中央研究院历史语言研究所与中央博物馆合作组成了川康民族考察团，马长寿根据调查资料写下了《钵教源流》《嘉戎民族社会史》等论著。其后，马长寿又深入大、小凉山调查，写下了《凉山罗夷考察报告》《凉山罗夷的宗谱》。任乃强在西康调查后，发表了《德格土司世谱》《喇嘛教与西康政治》等文。1943年，林耀华在大凉山调查后写成了《凉山夷家》，1944年又对康北藏族进行深入调查，写成了调查报告《川康北界的嘉戎土司》。江应樑在对四川、云南的彝族进行调查后，写成了《凉山夷族的奴隶制度》。

一些著名的语言学家也结合自己的专业，通过调查研究，完成了多学科综合的民族史研究论文，如罗常培先后发表了《从语言上论云南民族的分类》《论藏缅族的父子连名制》《再论藏缅族的父子连名制》《三论藏缅族的父子连名制》，又如闻宥发表了《民家地名的初步分析》《么些象形文字之初步研究》，这些跨学科的综合研究对研究西南民族史颇有价值，弥补了历史学家常常忽视的问题。

20世纪初期到20世纪中叶，中国西南民族研究与古代相比有了很大的发展，并逐渐成为中国民族历史研究中的一个重要领域，这可以从以下几点表现出来。

第一，从民族史观上看，大部分研究者虽然没有完全杜绝华夏中心论和民族歧视心理，但也注意到重视各民族的平等，强调研究要为各民族的团结与合作服务。产生这种思想的背景是当时中国尚处于半殖民地半封建社会的阴影之下，中国各民族平等的思想有利于反对列强，这是民族史观的重大进步。因此，学者们不再从统治者的角度出发，不再侧重于政治统治，而是站在国家和中华民族发展的高度进行学术研究。

第二，从研究的内容看，已开始超越旧有的民族源流、民族分布研究，向经济、文化等领域渗透，研究更加专门化，学术研究开始规范，许多有利于学科发展的学术观点、学术概念被吸收到民族研究中来，出现了许多专论和专著，不仅数量多，质量也有所提高。

第三，从研究方法上看，已开始注重历史文献与实地调查相结合，同时也开始利用考古学、语言学、宗教学等相关学科的研究成果，以之丰富西南民族史的研究。当然，我们不能就此认为方国瑜教授、江应樑教授的一些田野调查就是历史人类学研究。

第四，与古代相比，西南民族史研究进入了一个自觉的阶段，参加研究的人多为受过专门训练的专家学者，因此，研究的面宽且有一定深度。

中华人民共和国成立后，1956年中共中央开始起草《关于国内民族问题和少数民族历史、语言的科学研究工作十二年综合规划草案》，对少数民族历史格外重视，要编纂少数民族通史、简史、古代民族史、民族关系史等。在此背景下，1959年云南大学历史系设立了中国民族史专业"西南民族史专门化"（专业方向），稍后又改为"云南民族史专门化"，同时建立了云南民族史研究室。20世纪70年代以来，中国西南古代民族研究有了新进展。具体表现在以下几个方面。

第一，西南古代民族历史文献整理研究。其中贡献最大的是云南大学的方国瑜教授，在他的领导下整理出版了《云南史料丛刊》，收录了史料四百余部（篇），上起汉代，下讫清代，每篇史料分为三个部分，首先是方国瑜教授的考证，次为正文，最后是《后记》，这是一项前无古人的工作，是西南民族史基础研究的里程碑。

第二，地区性民族历史的撰写。有方国瑜的《彝族史稿》、江应樑的《傣族史》、尤中的《云南民族史》《中国西南民族史》、马曜主编的《云南各族古代史略》、罗二虎的《秦汉时代的中国西南》、方国瑜的

《中国西南历史地理考释》、邓少琴的《巴蜀史稿》《巴蜀史迹探索》、董其祥的《巴史新考》、段渝主编的《四川通史》、蒙默等人的《四川古代史稿》、祁庆富的《西南夷》、张增祺的《云贵高原的西南夷文化》等。

第三，出版了中国西南各民族的简史，发表了西南古代民族研究的诸多论文，例如关于巴人、蜀人、夜郎、僰人、叟人、昆明人、白蛮、乌蛮研究的大量论文。

第四，从学科研究者的角度来看，现代中国西南民族历史研究出现了一个职业化的研究者群体，把研究中国西南民族历史作为自己的职业生涯，以蒙文通、方国瑜、江应樑、尤中、蒙默、李绍明、木芹等教授最有代表性，他们奠定了现代中国西南民族研究的基础，引领着中国西南民族历史研究的发展。

第五，台湾学者王明珂教授开始以历史人类学的方法研究西南民族史，出版了《华夏边缘——历史记忆与族群认同》《羌在汉藏之间——川西羌族的历史人类学研究》《蛮子、汉人与羌族》《英雄祖先与兄弟民族——根基历史的文本与情境》等专著。

从中国西南民族历史研究的学术回顾中我们可以看到一个最大的特征，这就是研究者认为历史客体是隐藏在史料当中的，只要学者们认真探究，是可以发现历史的真实的。但是由于中国历史常常以王朝国家历史作为研究的中心，所以对问题和人关注不够。布洛赫认为科学实践需要两件东西：论题和人。历史学最终要阐明的论题是人类的意识①，因此对中国西南民族历史的研究，需要特别关注历史当中的人或者人群，要把他们作为研究的主体，而且还要进行分析与阐释，建构可能在史料当中没有的历史客体。而提出"问题"是建构历史客体最基本的方法，从这个意义上讲，中国民族史学就应该是"问题民族史学"。也就是说，历史的客体不一定在文献当中，通过分析与阐释是可以建构历史的；以"问题民族历史"作为起点，可以将历史和现实结合起来，最后服务于理解我们生活的现实世界。

---

① 〔法〕马克·布洛赫：《历史学家的技艺》，张和声、程郁译，上海社会科学院出版社，1992，第105页。

二 突破：中国西南民族史的历史人类学研究之可能

1. 突破的动力与方向

纵观中国西南民族史研究的学术历程，尽管取得了很大的成绩，但是研究者的学术研究方法仍然比较传统，仍然是在对基本文献进行考证、考释，导致研究的视角相对狭窄，研究方法比较单一，研究总体水平的提高较慢。这就有必要革新研究方法，从而推动中国西南民族的研究向纵深发展，因此我们选择了历史人类学方法，从文化的视角对中国古代西南民族历史进行研究。

从学理上讲，历史人类学的概念反映了法国年鉴学派的创新，或者可以认为是年鉴学派理想的一种发展。历史人类学涉及了历史学、人类学、社会学三个传统的学科，但历史人类学既不是这三个学科中的某一个，也不是这三个学科的综合，它是基于年鉴学派理论的新的历史思维，是一种新的历史研究方法。

从学科的角度来看，历史人类学不是任何一个学科的分支学科，而是一种研究方法，它的基本目的是要去修复现代学科分类越来越细化当中出现的学科研究缺失，与此同时也去主动弥合所有人文学科在发展过程当中形成的鸿沟。因此，20世纪60年代历史人类学研究方法呼声的高涨，绝非偶然，因为历史人类学追求学科综合，认为任何研究方法、研究手段，无论是人类学的田野考察方法、社会学的结构分析方法，还是历史学的情节叙事方法，都可以解答历史人类学为了认识人类而提出的问题，所以有必要进行学科综合。①

从方法论上讲，历史人类学成为一种研究方法、一种理论分析范式。1949年，法国年鉴学派的第二代代表人物布罗代尔提出了关于历史发展的"时段"理论，奠定了历史人类学的理论基础。1958年，布罗代尔出版了《长时段：历史和社会科学》，希望经济学家、民族学家、人类学家、社会学家、心理学家都关注历史研究。与此同时，历史人类学也绝不是历史学、人类学、社会学这些学科简单的综合，而是一种认识历史、阐释历史

---

① 《史学概论》编写组：《史学概论》，高等教育出版社、人民出版社，2009，第231页。

的方法，是从历史学的角度出发，研究和回答人类学提出的问题，是历史学和人类学相互渗透、相互结合形成的一种方法论。

我们认为历史人类学方法的宗旨是全面研究人及其文化，强调研究中的整体观与适应性变化，重视探讨研究对象内部的文化要素及其变化过程。历史学家主要是根据史料复原史实，而较少关注深藏其内的文化及其变化机制。如果我们采用历史人类学的研究方法，就会使中国西南民族历史的研究进入一个新的研究状态，相关的研究将会由表及里，有助于探究西南民族历史发展的内因与深层关联。我们认为这就是突破的动力与方向。

2. 关于西南民族史的历史人类学研究已有之实践

虽然在西方学术界 20 世纪 60 年代就开始有历史人类学的研究，但是历史人类学学术方法进入中国学术界的时间晚了十余年。20 世纪 70 年代香港中文大学以科大卫教授为首的研究者开始以历史人类学的方法研究中国华南区域史，20 世纪 90 年代美国耶鲁大学的萧凤霞教授进一步推动了华南区域史的历史人类学研究。在这样的背景下，2001 年，中山大学成立了历史人类学研究中心，继续研究华南，但是他们都没有关注西南民族历史。其他学者真正直接用历史人类学方法研究中国西南民族历史的成果很少，即使有一些相关的成果，也不是直接研究西南民族历史的，例如宋蜀华的《论历史人类学与西南民族文化研究——方法论的探索》，朱艳英的《历史人类学方法与西南少数民族法制史研究》，张原的《历史人类学与西南民族地区商会史研究范式的构建》，等等。[①]

对中国西南民族进行历史人类学研究，而且成果显著的学者是台湾的王明珂教授。王明珂教授 1979 年、1983 年先后毕业于台湾师范大学历史系、历史研究所，接受的是比较传统的中国历史学教育，这奠定了他的中国历史学特别是中国民族史研究的基础；1992 年在美国获得了哈佛大学东亚系的博士学位，在这个过程当中他系统地接受了西方的一些人类学理论和方法，于是把中国传统的历史学与西方的人类学理论方法结合起来研究

---

① 宋蜀华：《论历史人类学与西南民族文化研究——方法论的探索》，《思想战线》1997 年第 3 期；朱艳英：《历史人类学方法与西南少数民族法制史研究》，《玉溪师范学院学报》2011 年第 3 期；张原：《历史人类学与西南民族地区商会史研究范式的构建》，《中央民族大学学报》（哲学社会科学版）2015 年第 2 期。

中国的民族历史，这就有了比外国人研究中国民族历史更多的优势，即研究视角和方法的优势。这从他研究的问题可以看出来，即在研究中国民族历史的基础上研究族群问题、历史记忆、社会记忆等这些具有西方学术范式的学术问题，这是他能够发表出一些引起学术界关注的成果的关键。

以王明珂的《羌在汉藏之间——川西羌族的历史人类学研究》①为例，从中可以看出他的研究和传统的中国西南民族研究相比有了变化，即他主要是用了历史人类学的方法研究中国西南民族历史。因此，我们认为，对中国西南民族史的历史人类学研究首先进行突破的人，应该就是王明珂教授。

云南大学中国西南民族史研究团队近期也开始尝试运用历史人类学方法从事民族历史研究，发表了《国家权力与历史记忆：东汉时期中南各民族的历史人类学研究》《读〈后汉书·南蛮西南夷列传〉札记》《〈史记·西南夷列传〉的历史人类学研究》《〈史记·匈奴列传〉与匈奴社会——从历史人类学的视角》等文章。例如在《〈史记·匈奴列传〉与匈奴社会——从历史人类学的视角》一文中，他们对匈奴社会"贵壮贱老"的习俗的阐释就具有历史人类学研究的意味："匈奴一直以来都在北方草原从事游牧活动，'其畜之所多则马、牛、羊……逐水草迁徙，毋城郭常处耕田之业，壮者食肥美，老者食其余。贵壮健，贱老弱'。这与汉族敬老爱老的文化习俗完全相反，例如汉族的颍考叔遗肉于母、孔融让梨等儒家敬老、畏老的文化习俗在匈奴社会是没有的。为什么匈奴与汉族在对待老人的态度上有如此巨大的反差？我们认为，匈奴生存的自然环境与汉族生存的自然环境不同，更加恶劣，此其一；其二，由特定自然环境决定的游牧经济使匈奴需要不断迁移，从而产生社会流动性；其三，上述条件决定了壮者能维护社会的发展，能有力地抵御外敌的入侵，而老人却在自然灾害、战争发生的情况下给社会造成负担，所以匈奴社会贵壮而贱老。而汉族有较好的自然环境，在农耕定居过程中需要有丰富经验的老人来指导社会的有序发展。故汉族敬老贵老，老人是社会的宝贵财富。"②

---

① 王明珂：《羌在汉藏之间——川西羌族的历史人类学研究》，中华书局，2008。
② 王文光、沈芸：《〈史记·匈奴列传〉与匈奴社会——从历史人类学的视角》，《思想战线》2013年第1期。

三　中国西南民族史的历史人类学研究需再向纵深发展

1. 在文献中做"田野"

第一，要从史料当中去寻找问题历史和历史过程当中的人，书写研究者认为的客观历史，目的是让西南民族历史的客体植根于现实之中，因此"西南民族史研究"就要成为"问题的西南民族史研究"，所有研究的归属都要服务于理解我们生活的世界，而不仅仅是认识过去。

第二，反对简单地使用史料，关注局部的问题，提倡研究中国西南民族历史的整体，用"多元一统"的学术思想来凸显中国西南民族在统一多民族中国发展中的贡献。"多元一统"格局从民族发展历史与国家发展历史的互动关系着眼，强调的是民族与国家的关系，经过统一多民族中国发展的历史实践，"多元一统"观念已经成为中国人崇尚国家统一的文化遗产和鲜明的政治价值取向，中国的大一统与中国国家发展的"多元一统"格局就成了中国各民族的宝贵财富和文化遗产。①

第三，我们将从文化冲突、文化调适与适应的研究角度来看待民族关系。中国历史上，当多民族国家政权的力量开始进入一个新的民族地区时，双方首先在文化上表现出一种差异性，在政治层面就可能产生民族的矛盾冲突，所以这种矛盾冲突实质上就是一种文化冲突。而随着王朝国家治理的深入，被治理的边疆民族渐渐出现了文化调适与适应，因此统一多民族中国得以发展，边疆得以扩展，多民族的格局更加明显。

第四，我们可能的突破是：在方法论上，以历史人类学的方法进行中国西南民族的源流史研究，即对中国西南古代民族进行民族识别研究；在研究内容上，把民族关系作为一种文化关系进行研究，同时也以历史人类学的方法阐释相关历史文献当中的民族志，力求做到与古代民族志文本书写者对话，并且尽最大努力阐释其文化意义。

2. 用"时段"理论指导中国西南民族史研究

法国年鉴学派的代表人物布罗代尔历史人类学的"时段"理论是我们未来研究中基本的理论工具。布罗代尔用三种不同的时间来度量历史，他

---

① 　王文光：《"多元一统"格局与南诏关系史》，《光明日报》2015 年 11 月 19 日，第 11 版。

概括为以千年为单位的"长时段"、以百年为单位的"中时段"、以十年为单位的"短时段",并且提出与这三种时段相关联的概念,即"长时段"对应结构、"中时段"对应局势、"短时段"对应事件。

第一,用"长时段"研究方法研究多民族中国国家发展历史与中国西南民族发展历史的结构关系。我们认为,如果从中国各民族之间的关系着眼进行研究,可以借用费孝通先生的"多元一体"结构理论;如果从中国各民族与多民族中国国家关系着眼,则可以使用多民族中国发展的"多元一统"结构理论,因为中国多民族国家发展的历史告诉我们,多民族中国在绝大多数情况下都是多民族共处于一个大一统的王朝国家当中。研究的核心论题是从汉武帝时代开始,西南民族经历了一个从相对独立发展到融入多民族中国的历史过程,在这个历史过程中西南民族的国家认同是如何建立起来的,最终又如何成为多民族中国不可分割的一个部分。

第二,用"中时段"的研究方法研究两汉时期对西南民族的治理,研究南诏国、大理国与唐朝和宋朝的关系,研究元明清时期西南民族与汉族文化的冲突与调适,以及对汉族文化的认同、吸收,核心是研究两汉时期西南民族与汉王朝,南诏国、大理国与唐朝、宋朝政治关系后面隐藏着的文化意义。

第三,利用"短时段"方法研究西南民族发展过程当中的重大历史事件。例如庄蹻入滇与滇人文化的变迁与涵化,以及当时的民族融合(即庄蹻的"变服,从其俗,而长之"),还有唐朝与南诏国的"贞元会盟",清朝的改土归流事件,等等。核心是要研究这些重大事件对西南民族历史发展的影响,以及对整个多民族中国国家发展进程的影响。

3. 以西南民族文化为中心进行民族志阐释

在二十四史及相关的历史文献中,涉及中国西南民族的记载主要集中在三个方面:民族的源流问题、民族的政治关系、民族志。因此,未来中国西南民族史研究要特别关注这三个问题,以民族文化为中心进行研究。

第一,民族的源流史研究实际上就是古代民族的识别问题。必须从文化的角度对中国西南古代民族进行民族识别,特别是要把重点放在具有同源关系的民族的识别上来,要尽可能地在占有材料的基础上对中国西南古代民族进行现代意义的识别,并且能够为解决现当代仍然存在的民族识别问题提供一些理论依据。

第二，必须改变以政治为中心的研究视角，以文化冲突、文化适应、文化融合的角度研究中国西南民族的民族关系，强调历史上西南民族经过文化冲突之后形成的文化交融是今天西南地区各民族非对抗的、和谐的民族关系的历史基础，即民族团结的历史基础，而不再着眼于纯粹政治的民族关系研究，其中要关注个别历史人物、历史事件对民族关系发展的意义。这对当前民族团结进步示范区的建设也是具有积极意义的。

第三，寻找民族志和民族史研究的结合点，对中国西南民族的民族志描写进行阐释，研究中国西南民族的历史源流与行为习俗、物产与饮食习俗、地理环境与民族性格、民族心理与宗教信仰等。通过这些方面的研究，把每个民族的集体行为概括出来，再从集体行为当中提炼出文化模式和文化类型。

四　小结

总体而言，中国西南民族史的研究虽然已经有悠久的历史，成果众多，但是学科的分野是存在的，现在已经到了一个可以进行学科相互借鉴、相互渗透的时代，因此用历史人类学方法对中国西南民族历史进行研究是一种趋势。一方面，我们必须继承前人研究的成果，立足对历史文献的阐释，在对中国西南民族历史的研究中，去寻找多民族中国民族发展具有普遍意义的规律；另一方面，还要有所突破，把历史文献作为"田野"进行"深描"，在关注宏观历史发展趋势的同时，更要关注微观的文化事项，通过对微观文化事项的研究来反映历史发展的宏观趋势。

后　记

　　承蒙《广西民族大学学报》的厚爱，近些年来我先后在该刊发表了十余篇文章，其中有不少文章是我用历史人类学方法对中国民族史进行尝试性研究的成果。现在秦红增主编希望我把这些文章结成一个集子由他们出版，目的是促使传统的中国民族史研究在研究方法上有些突破。这样的思路是有学术眼光的，令人钦佩。作为个人，我衷心感谢《广西民族大学学报》。

　　论文集当中的文章除了在《广西民族大学学报》发表的之外，还有一些是在其他学术刊物发表的，在此一并向相关学术刊物及其编者致谢。

　　此外，部分论文在撰写的过程中，曾经让一些学生收集资料，进行文字处理，所以在论文发表的时候署过他们的名字，现在将这些论文编为论文集，作为论文的主要完成人理应文责自负，因此就不再署他们的名字了。特此说明。

王文光

2018 年 3 月

图书在版编目（CIP）数据

中国民族史的历史人类学研究／王文光著. -- 北京：
社会科学文献出版社，2018.10
（《广西民族大学学报》人类学文萃. 名家文选）
ISBN 978 - 7 - 5201 - 2875 - 9

Ⅰ.①中…　Ⅱ.①王…　Ⅲ.①民族人类学 - 研究 - 中
国　Ⅳ.①K28

中国版本图书馆 CIP 数据核字（2018）第 118990 号

《广西民族大学学报》人类学文萃·名家文选
中国民族史的历史人类学研究

著　　者／王文光

出 版 人／谢寿光
项目统筹／刘　荣
责任编辑／单远举　程丽霞

出　　版／社会科学文献出版社·独立编辑工作室（010）59367011
　　　　　地址：北京市北三环中路甲 29 号院华龙大厦　邮编：100029
　　　　　网址：www. ssap. com. cn
发　　行／市场营销中心（010）59367081　59367018
印　　装／三河市尚艺印装有限公司

规　　格／开　本：787mm × 1092mm　1/16
　　　　　印　张：17.75　字　数：279 千字
版　　次／2018 年 10 月第 1 版　2018 年 10 月第 1 次印刷
书　　号／ISBN 978 - 7 - 5201 - 2875 - 9
定　　价／89.00 元

本书如有印装质量问题，请与读者服务中心（010 - 59367028）联系

▲ 版权所有 翻印必究